祈願

十七世大寶法王

The Karmapa

佛陀初始時即開示：「一切合成之物皆是無常的。」

每個人心中都有一扇窗子，透過這扇窗子，每個人看到、感覺到的都不一樣。重要的是，我們面臨外界各種境相時，是否能覺知到現象的無常，時時觀修，了知如何分辨取捨，得獲身心的喜悅安樂。

一切有情眾生，不論是否相信佛法，皆有離苦得樂之心。二十一世紀由於科技的發展與應用，造業的力量以無與倫比的速度增加中，已得珍貴人身的我們，有俱足的因緣使我們的生命有覺性、生活有方向；因此我們必須思惟，什麼是這個世代真正有效對治的知識與方法，使我們的生命有意義、生活有快樂。每一個眾生都是獨立的個體，各自的覺受經驗也是獨立的。兩千五百年前，佛陀透過「體悟實證的經驗」，得證本智的心，開展了遍知的智慧，佛陀知道所有幫助我們離苦得樂的方法，正確無誤的告訴我們因果的道理，這是利益一切眾生方法的智慧，虔信佛法者，可依循著這樣的方法生活，以得平安與喜樂。

第七世明就仁波切，以他精進修持與心識理知的「體證」，通過西方科學的實驗儀器，將「大手印根道果」的生活哲學和實修方法，圓滿的予以驗證。明就仁波切如此將佛陀教理的體證經驗與現代科學方法相結合，在本書中以慈悲與智慧指引著修行的道路，真是「發掘心靈伏藏」的老師，我為仁波切利益眾生的努力而歡喜。

人類文化的重要發展大多起源於希望和清晰的遠見。佛陀的法教，本為幫助所有眾生覺知本心自性，使自心的光明覺性得到開展，身心自然喜悅安樂。如今，隨著明就仁波切《世界上最快樂的人》的付梓，我希望閱讀此書者，能超越時空感受佛陀佛法的德輝，可以更細微的觀察自心，從而生起利他的光明心，進而能以實際的行動去關愛眾生；如此社會穩定與世界和樂自然可期，這是二十一世紀守護自己的最好方法，也是我深切的「祈願」。

噶瑪巴鄔金欽列多傑

佛曆2552年 西元2008年2月1日

（詳細文字內容請見第 4 頁）

七歲時，與父親祖古・烏金仁波切（中）、五哥措尼仁波切（左）合影。

①八歲時，攝於位於尼泊爾的出生地——努日。

②從小就喜歡禪修的明就仁波切。十二歲時的禪坐。

③第一次閉關一年後，即十四歲時，哥哥到關房探望時所攝。

④九歲時，即接受父親祖古・烏金仁波切傳授大圓滿與大手印教法。

② | ①
③ | ④

①廿二歲時，與父親祖古·烏金仁波切（左）合影。廿一歲那一年，父親病重，仁波切返回尼泊爾，並在父親圓寂前，領受許多法教與指導。
②喜歡辯經的明就仁波切。
③透過禪修，明就仁波切就掌握並克服了自幼如影隨形的焦慮感，並且透過直接體驗，領悟了上師所教導的真理。

③ ① ②

①明就仁波切創造了一種結合佛法教示與現代科學的方式 讓人們學會如何以「笑」享受快樂人生。

②明就仁波切親身證實了禪修可以改變大腦神經系統的活動模式，他可以辦到，你也可以！

③面對任何挑戰時，明就仁波切不僅有著令人欽羨的沉著，更帶有敏銳、適時的幽默感。

③ ① ②

藉由大腦神經科學實驗，科學家發現，明就仁波切大腦中樞與快樂相關的神經元活動躍升了百分之七百，被《時代》與《國家地理雜誌》譽為世界上最快樂的人！

世界上最快樂的人

自小有恐慌症的人，
竟然被測得有史以來最高的快樂腦波指數，
這個奇蹟是怎麼發生的？

詠給・明就仁波切（Yongey Mingyur Rinpoche）◎著
艾瑞克・史旺森（Eric Swanson）◎執筆　江翰雯／德噶翻譯小組（Tergar）◎譯

目錄

推薦序

我的深切祈願

佛陀初始時即開示：「一切合成之物皆是無常的。」

每個人心中都有一扇窗子，透過這扇窗子，每個人看到、感覺到的都不一樣。重要的是，我們面臨外界各種境相時，是否能覺知到現象的無常，時時觀修，了知如何分辨取捨，得獲身心的喜悅安樂。

一切有情眾生，不論是否相信佛法，皆有離苦得樂之心。廿一世紀由於科技的發展與應用，造業的力量以無與倫比的速度增加中，已得珍貴人身的我們，有具足的因緣使我們的生命有覺性、生活有方向；因此我們必須思惟，什麼是這個世代真正有效對治的知識與方法，使我們的生命有意義、生活有快樂。

每一個眾生都是獨立的個體，各自的覺受經驗也是獨立的。兩千五百年前，佛陀透過「體悟實證的經驗」，得證本智的心，開展了遍知的智慧，佛陀知道所有幫

（十七世大寶法王）

助我們離苦得樂的方法，正確無誤地告訴我們因果的道理，這是利益一切眾生方法的智慧，虔信佛法者，可依循著這樣的方法生活，以得平安與喜樂。

第七世明就仁波切，以他精進修持與心識理知的「體證」，通過西方科學的實驗儀器，將「大手印根道果」的生活哲學和實修方法，圓滿地予以驗證。明就仁波切如此將佛陀教理的體證經驗與現代科學方法相結合，在本書中以慈悲與智慧指引著修行的道路，真是「發掘心靈伏藏」的老師，我為仁波切利益眾生的努力而歡喜。

人類文化的重要發展大多起源於希望和清晰的遠見。佛陀的法教，本為幫助所有眾生覺知本心自性，使自心的光明覺性得到開展，身心自然喜悅安樂。如今，隨著明就仁波切《世界上最快樂的人》中文版的付梓，我希望閱讀此書者，能超越時空感受佛陀佛法的德輝，可以更細微的觀察自心，從而生起利他的光明心，進而能以實際的行動去關愛眾生，如此，社會穩定與世界和樂自然可期，這是廿一世紀守護自己的最好方法，也是我深切的「祈願」。

噶瑪巴鄔金欽列多傑

佛曆二五五二年

（西元二〇〇八年二月一日）

推薦序

我們正在見證歷史

文／丹尼爾・高曼
（《EQ》作者，當代心智科學大師）

我們正在見證科學史上的一件空前大事：科學家與修行者之間嚴肅的持續性對話。對科學家來說，這類交流帶來一些令人省思的衝擊。我所屬的科學領域——心理學——長久以來一直認為，心理學源自廿世紀初的歐洲和美洲。事實上，這樣的觀點不但有文化的侷限性，也缺乏歷史的宏觀，因為心（mind）及心如何運作的理論，也就是心理學系統（psychological system），在世界各大宗教中其實早已有所發展，而且全都源自於亞洲的宗教。

一九七〇年代，我以研究生身分前往印度，開始研究阿毗達磨俱舍論（Abhidharma Kośabhāsya），這是佛教古心理學中相當精闢的經典之一。我原以為心智科學的基本問題探討，是在一世紀前才逐漸萌芽，然而我卻驚異地發現，這個領域其實已經被探索好幾千年了。當時我所專攻的是臨床心理學（Clinical psychology），研究如何紓解各類情緒性痛苦。我很訝異地發現，這套已具有千年歷史的古老系統所闡述的方法，不僅能夠療癒心理上的痛苦，還能深入拓展人性的正向潛能，例如慈悲與同理心。當時在我的研究領域中，我從未聽說過這樣的心理學。

今日，這門古老心智科學的修行者和現代科學家之間的熱烈對話，已發展為積極的研究合作。多年來，達賴喇嘛和「心與生命學會」（Mind and life Institute）數度促成佛教徒、佛法學者與現代科學家對談，成為這種合作關係的催化劑。這原本只是探索性的對談，卻逐步發展成為共同研究，結果佛教心智科學專家和神經科學家（neuroscientists）開始合作設計研究方法，有系統地記錄心智訓練對神經系統的影響。和威斯康辛大學衛斯門腦部造影與行為科學實驗室主任（Waisman Laboratory for Brain Imaging and Behavior）理查．大衛森（Richard Davidson）密切合作的詠給．明就仁波切，就是最積極參與研究的修行者之一。這項研究已經產生一些令人稱奇的結果，若能繼續下去，將徹底改變某些基本科學主張。舉例來說，持續數年穩定且有系統地接受禪修訓練，可以提升人類腦部活動產生正面改變的能力，而其改變程度，是現代認知神經科學（cognitive neuroscience）所意想不到的。

迄今，最驚人的研究結果大概就是包括詠給．明就仁波切在內，一群禪修大師們所參與的一項研究（即詠給．明就仁波切在本書中所提到的）。在一次「慈悲心禪修」的研究中，明就仁波切腦中與快樂相關的主要區域的神經活動，竟然躍升了百分之七百到八百！相較之下，這項研究的一般實驗對象，也就是初學禪修的志願受試者，腦中同一區域的活動只提升了百分之十到十五。就像奧林匹克運動員終其一生投入一萬到五萬五千小時不等的練習一樣，這些禪修大師在多年閉關中不斷磨練自己的禪修技巧，詠給．明就仁波切更是此中奇葩。

從童年開始，明就仁波切就從父親祖古．烏金仁波切那兒領受了甚為深奧的禪修指導（祖古．烏金仁波切是出生於西藏的當代大師之一，一九五〇年代西藏政局巨變之前離開了西藏）；年僅十三歲之時，他心中就興起了進入三年三個月閉關的意願。閉關圓滿之後，即被任命為該閉關中心下一梯次三年三個月閉關行者的指導老師。

詠給．明就仁波切的獨特之處，也在於他對現代科學研究的熱中。他曾多次積極參與「心與生命學會」所舉辦的研討會，也把握每一次與科學家個別談話的機會，請他們解釋各自專精的領域。這些對談經常顯示佛法要點和現代科學見解之間，有許多引人注目的相似處——不僅止於心理學，還包括源自量子論（quantum theory）的最新發展「宇宙論法則」（cosmological principles）。這些對話的精華在本書中也都會提到。

詠給．明就仁波切與科學家對談的更深奧要點，現在已和他平易近人的基礎禪修教導，彙編成一本敘述更廣泛、更實用的入門導引。總之，這的確是一本實用的禪修指南，也是一本能讓人生更美好的手冊。人生旅途就從我們發現自我，踏出第一步的地方開始。

推薦序

做自己心的主人

文／海濤法師

（生命電視台台長）

能為心師，則得安樂。

在《寶雲經》裡，除蓋障菩薩問佛陀：如何才能得到真正的自在、快樂？佛陀並沒有直接回答方法如何，倒是要菩薩先去思考心的狀態、作用與功能。

對於心的狀態，凡夫的我們是再熟悉不過了。今天喜歡著某人，改天也許就不喜歡了；過去肯花時間等候的甜甜圈，沒有新鮮感後就不再願意排隊；明明現在感到新奇、有趣的事，過沒多久就又覺得了無新意、枯燥乏味。面對隨時都可能改變的人心和事物，我們卻常在當下堅持要強做主宰。如此的心，使得我們的認知錯謬、顛倒。不僅如此，心念的活動就像下雨一樣，一滴接著一滴，沒有間斷，光是觀察這些念頭就十分累人，何況是在生活上去跟著它跑、跟著它轉呢？

不受控制的心，其造作的結果使我們產生負面的心態，進而製造許多不善的業，讓我們的來世淪落到惡劣的環境。那樣的處境沒有多少思考的空間，只會使得修行更加困難。狂放不羈、隨時跟著環境而轉的心對我們實在沒有任何好處。有些人執著於外在物欲的追求，卻失去了心的自由和安寧，實在是非常不值得的事！如果能善加控制自己的心念，這顆聽話的「好」心就可以幫我們很多忙，讓我們即使生活困頓，仍然能擁有自在的心情，享受人生中的閒情逸致。唯有停止製造心靈垃圾，才能避免一大堆麻煩，帶給我們真正的喜悅！要獲得安樂，就必須從心出發。

佛陀「不隨於心，能為心師」的教導，傳承千百年至今，一直是修行者努力修學的準則。在當代能夠統御心，而有所成就的法師裡，詠給．明就仁波切即是其中的代表人物之一。仁波切不僅是一位心師——心靈導師，在本書裡也告訴我們如何訓練自己成為「心師」——心的主人。

作者依據傳統根、道、果的修行次第來編排此書。「根」篇，從認識「心」為開始，提供了一些歐美心智科學研究的成果，協助我們從不同於傳統佛法的角度，來深入認識心的作用。由於仁波切是實修出身，因此在敘說抽象概念和理論之餘，也讓我們練習觀察心是如何自然單純地呈現其本然面目。這是空性的體驗，是大手印教法的特色。

佛法修行的核心，的確是心。瞭解這一點，才算是踏入修行的開始——「道」，本書的第二部。心，是我們修行路上的重要伴侶，如何使心一路上安穩且忠誠地陪伴我們，必須花時間訓練、鍛鍊心。而鍛鍊心的方法，唯有禪修。禪修有許多種方式，書中也枚舉了一些方法，從中不難看出仁波切要學者多去體會修止的心法，掌握禪修的要訣。

修心之目的，最主要還是在於徹底轉化我們的心念、思想，進而以慈、悲來保護自己，善待眾生。因此，作者也提到慈心與悲心的培養是禪修的重點。若能有一顆調伏、溫馴的心為基礎，要將它運用來生起其他德行就容易多了。慈悲是修行者最大的財富，心存慈悲者比缺少慈悲者的心更柔和、更懂得付出與寬容。

最後的成「果」，則說明一切正確無誤的努力，只會導致一個目標——究竟的喜樂。平靜是真正的快樂，這是透過見到實相與根除煩惱所獲得。不管結果如何，所花費的時間、心力，都會帶給我們極大的利益，這是一項非常值得投資的菩薩事業。

詠給．明就仁波切相貌莊嚴，而且年輕有活力，弘法更是辯才無礙。此書行文輕鬆活潑，所述故事生動幽默，更重要的是，處處有著仁波切充滿智慧的慈悲話語，慈心與悲心正是成就者外在的顯露。仁波切實為幽默智慧的轉世大成就者！由衷祝福詠給．明就仁波切的弘法事業順利，也祈願所有眾生，於心得自在，於法得自在！

推薦序

我所認識的詠給·明就仁波切

文／陳履安

（財團法人陳誠文教基金會董事長）

這是一本吸引人的書。為什麼呢？

因為，《世界上最快樂的人》是明就仁波切親身的成長經驗、禪修經驗，以及學習科學的經驗，而且他將「揭開快樂的祕密與科學」這個非常嚴肅且深奧的議題，用非常親切、幽默、輕鬆的講故事方式，讓我們自然而然地讀進去了。

並請注意本書作者是笑口常開的明就仁波切，他不僅擁有古老的智慧與靈魂，更擁有年輕、幽默的心靈，他將傳承千年的藏傳佛法與修持以現代科學為佐證，不僅為佛法注入新解，也為徬徨無助的現代人找到一條快樂的生活之道。快樂無須外求，真正的快樂鎖鑰就在我們自己身上，而這也就是明就仁波切在這本書中所要告訴我們的快樂祕密。

本書告訴我們，禪師們和科學家的合作，不僅證明佛法的主觀內審方法和科學的客觀測量方法是相輔相成，以及為科學研究開闢了新的領域，更重要的是，參與者都相信，研究的成果會影響和改變人類對自我的認識，以及對外在世界的看法。

很多人說，現在世界上的種種問題其實是人心的問題。心智的奧祕和探討腦和心的關係，正是本書中禪師們和科學家合作研究的主題。明就仁波切還深入淺出地告訴我們如何改進自心的具體方法，使我們可以活得更快樂，過利人利己的生活。

明就仁波切十二歲正式陞座，十三歲開始閉關禪修，十七歲成為閉關中心的上師，十九歲正式進佛學院，廿三歲出家，是一位當代禪修大師。我所認識的明就仁波切，不僅是一位禪修導師，他的整個生活態度，以及對人、對事的態度，對我們來說，就是一種教導、一種學習。

明就仁波切過去十年來周遊世界各地講學，走過二十幾個國家。不管到什麼地方，他不是只是把自己禪修的過程與經驗說給大家聽，他更會以一種喜悅、開放的心融入所在的任何環境，平易近人地聽人傾訴，所以他也非常瞭解各行各業的人的語言、內心的痛苦，是非常融入當代社會的一位禪師。

他也一直不斷在學習。當他在美國禪堂，透過中文翻譯給我們這些來自台灣的信眾指導時，中文翻譯所用的字詞，他都會用藏文字核對一下，然後笑笑地問說，你剛才講的「煩惱」，是不是就是什麼字?也就是說，當別人在翻譯的時候，他也在聆聽、在學習。所以當他講完課的時候，他也學會了很多中文字。除此之外，我知道他也會帶著他的喇嘛弟子，穿著便服去補習英文和法文。

講課之餘，他也積極參與美國著名大學的科學實驗室所做，關於禪修對人腦活動影響的實驗。因為父親烏金仁波切的關係，他從小就認識許多西方科學家，對物理學、生物學、心理學等西方現代科學充滿好奇，而這些科學家也都樂於指導他，讓他成為一位科學知識非常豐富的仁波切。而他在跟許多大科學家對談的過程中，也會不斷發問，並提出許多佛法與科學雙向交流的具體建議。

二〇〇六年冬天，他在紐約舉辦了一次禪修課程，來自世界各地許多一流的科學家、搖滾樂手、知名電影明星都參加了。期間，他也讓這些來自各個領域的傑出人士彼此分享專業心得，不但創造了一種讓所有參與禪修課程的人充滿歡喜交流的感覺，他自己也在一旁好奇地發問各式各樣的問題。

他就是這麼一位從未停止過學習的仁波切。

《世界上最快樂的人》是明就仁波切的親身學習經驗。我想有幾種人特別會歡喜看這本書——第一種是追求知識的人，也就是對科學、哲學、文學、藝術、生命……等，充滿無限好奇，而且以各種方式追求知識的人；第二種是不快樂的人，因為看到外在世界這麼混亂，自己卻無可奈何而一片茫然的人；第三種是已經開始在學習佛法的人，因為有些人把佛教當成一門宗教或學術在學習，因而不知道佛法真正的道理在哪裡。

此外，我相信這本書對自己在修禪和禪修老師都會有助益。你不需要是佛教徒，你甚至可能從未接觸過佛教經典，但你不必擔心，明就仁波切將一般人印象中佛教深奧的概念、抽象難懂的佛法詞彙，用最簡單的語言表達出來。

最重要的是，明就仁波切在這本書中告訴我們如何讓自己快樂的方法——他不是說教，也不是在傳教，而是以他自己痛苦的成長經驗，以及親身參與科學實驗的實際成果，以確切的證據告訴我們，快樂的祕密其實就存在我們自己的心中。

但要如何禪修？如何透過閱讀這本書，把仁波切所告訴我們的知識變成自己主動的行為？我在麻省理工學院求學時，一位教授教我一個方法，是個非常有效的讀書方法，我一直用到現在。

這個方法是，將整本書的所有章節標題都轉換成問題來問自己。譬如，你可以將「內在的交響樂」改成「內在指的是什麼？」將「心不在頭腦裡」改成「我們的心在不在頭腦裡？」又譬如，「做你自己」可以改成「什麼叫做你自己？」與「如何做你自己？」「空性的修持」改成「什麼叫空性？」與「什麼叫修持？」

將所有標題改成問題時，首先要問「WHAT」（什麼），再問「WHY」（為什麼），然後問「HOW」（如何）——如何做，我能做嗎？這是關鍵，道理講了很多，但能不能做到？究竟要如何做到？這才是最重要的。

你可以把這本書當成一本實用手冊，當讀到你覺得會重新再讀的地方，就將它明顯標示出來，尤其是書中講解禪修的方法部分，你可以特別做個記號，隨時翻閱，隨時提醒自己，因為這就是你每天可以做的功課。你在日常生活中遇到困境或疑問，都可以在書裡找到答案。用這個態度來讀這本書，獲益將非常大。有心想讀一本真正好書的一般社會大眾，這本書絕對值得一讀。

導讀

一位真正佛法成就者的風範

文／艾瑞克・史旺森（Eric Swanson）

本書源起於一個相當單純的任務，那就是將詠給・明就仁波切前幾年在世界各地佛學中心的教學紀錄，整理編輯成具有邏輯架構的文稿。這裡要先說明的一點是，藏文中，「仁波切（Rinpoche）」一詞可略譯為「人中之寶」，是附加在大師名字後的一種尊稱，類似於不同領域研究中被視為專家的人，名字後會加上「博士（Ph. D）」頭銜一樣。根據西藏傳統，被尊稱為仁波切的大師，通常只用「仁波切」來稱呼，不必再加上他的名字。

不過，單純的任務好像都擁有自己的生命似的，常會超出原先的範圍，而成為規模更大的計畫。由於我所收到的文稿大多摘錄自仁波切早年的教學，因此並未反映出仁波切後來參與「心與生命學會」所舉辦的研討會，與歐美科學家對談所獲得，對現代科學知識的詳盡理解，以及他參與麥迪遜市（Madison）的威斯康辛大學衛斯門腦部造影與行為科學實驗室研究計畫的親身經驗。

達賴喇嘛與當代最重要的神經科學家法蘭西斯寇．斐瑞拉兩人於一九八七年所創始，是佛教徒與現代科學家之間的年度公開座談會。

幸好，二〇〇四年底，仁波切的世界巡迴講學告一段落，在尼泊爾多停留了一些時日稍作休息，剛好讓我有機會在仁波切的直接指導下，進行本書的編寫工作。

我必須坦承，一想到要在政府與暴動組織爭戰不斷的國家住上幾個月，我的恐懼其實遠超過興奮。然而，這幾個月所經歷的諸多不便都是值得的。仁波切是我有幸認識，當今最具魅力、最聰明、最博學的老師之一，我甚至還擁有每天跟他相處一、兩個小時的殊勝機緣！

尊貴的詠給・明就仁波切一九七六年出生於尼泊爾的努日（Nubri），是藏傳佛教於西藏地區之外所培育，新生代大師中的新星；他不僅精通實修與哲學訓練傳承，對現代文化議題與細節也非常熟悉；在全球巡迴講學近十年期間，他接觸各階層人士，交談對象從國際知名的科學家，到試圖與憤怒的鄰居解決瑣碎紛爭的市井小民，都包括在內。

仁波切在全球巡迴講學過程中，經歷過許多複雜，甚至是非常敏感的事件，但他都能應付自如，我想，部分應歸功於他從童年時期就開始接受訓練，以備面對嚴苛的公眾生活。

仁波切三歲時，被第十六世噶瑪巴（廿世紀最受世人尊崇的藏傳佛教大師之一）正式認證為十七世紀著名的禪修大師暨學者，更是佛法高階方便道（advanced method）大師——詠給・明就仁波切的第七世轉世。大約在此同時，頂果・欽哲仁波切（Dilgo Khyentse）也告知仁波切的父母，說他也是恰傑・甘珠爾仁波切（Kyabje

Kangyur Rinpoche）的轉世；恰傑．甘珠爾仁波切是一位偉大的實修實證禪修大師，也是一九五〇年代西藏政治動亂期間，首批志願流放異鄉的西藏大師之一，直到圓寂為止，追隨他的東、西方弟子不計其數。

有些讀者並不熟悉西藏轉世制度的特點，因此我覺得有必要在此稍作說明。根據藏傳佛教傳統，已達到至高悟境（enlightenment）的大師，由於大慈大悲的驅使，會一再轉世，以便幫助所有眾生發覺自心、遠離悲痛與苦難，而得到完全的解脫。這些慈悲乘願轉世的男女行者，藏文稱之為「祖古（tulku）」，英文則可略譯為「肉身化現（physical emanation）」。當今最廣為人知的祖古無疑是達賴喇嘛（Dalai Lama），他的現世化身就是為了利益眾生而慈悲乘願的轉世大師體現。

現世的詠給．明就仁波切究竟是透過轉世而延續了同樣深廣的實修功夫和智慧，還是藉由他個人非凡的精進努力而掌握這一切，完全依你個人的觀點而定。然而現世與過去諸世詠給．明就仁波切之間的不同，就在於他具有全球性影響力與知名度。過去諸世的詠給．明就仁波切多少都受限於西藏與世隔絕的地理及文化因素，但現世的詠給．明就仁波切在當今世界環境下，能將他深廣的所學、所知傳達給遍布在亞洲與歐美各地的廣大群眾。

然而，頭銜和出身並不能讓他免於個人的困境，詠給．明就仁波切顯然也得面對自身的問題。他坦承，雖然自己生長在一個充滿愛的家庭，家鄉又是以純樸美景著稱的尼泊爾勝地，但童年時期的他卻深受西方專家可能稱之為「恐慌症（Panic disorder）」的症狀所苦。當他告訴我，他童年時的焦慮程度有多麼嚴重時，我實在無法相信眼前這位親切又魅力十足的年輕人，竟然是在如影隨形的恐懼之中度過童年。而這不僅見證了他性格中卓越過人的力量，更證明了藏傳佛教修持方法的成效。仁波切在本書中介紹的修持方法，讓他完全不須藉助傳統醫藥與療癒方式，就掌握並克服了這些痛苦的折磨。

仁波切的親身見證，並非他戰勝劇烈情緒痛苦的唯一證明。二〇〇二年，在法蘭西斯寇．斐瑞拉博士（Francisco Varela, Ph.D）所訓練出的神經科學家安東尼・露茲博士（Antoine Lutz, Ph.D），以及享譽國際的神經科學家暨國家心理衛生學院科學諮詢理事會會員（Board of Scientific Counselors of the National Institute of Mental Health）理查．大衛森博士所共同主持的一項研究計畫中，詠給．明就仁波切是參與研究的八位資深佛法禪修行者之一。當時，在美國威斯康辛州麥迪遜市的衛斯門實驗室中，明就仁波切接受了一系列的神經科學測驗。這項研究測驗採用最先進的功能性核磁共振造影技術（fMRI），能捕捉腦部不同區域瞬間連續活動變化的動態圖像紀錄，有別於普通核磁共振造影技術（MRI）只提供腦部或身體活動的靜態照片。此外，用來測量腦細胞傳遞訊號時產生微電子脈衝（tiny electrical impulses）的腦波掃描器（EEG equipment）也非常精密。一般腦波掃描程序只使用十六個連接到頭皮的電極，來測量頭顱表面的電流活動，但衛斯門實驗室所採用的設備，是以一百廿八個電極，來測量實驗對象腦內深層電流活動的微細變化。

對這八位訓練有素的禪修行者所做的功能性核磁共振造影及腦電波掃描研究，產生兩個令人注目的實驗結果。在「慈悲心禪修」方面，實驗對象分為兩組：長期修持佛法的行者，與實驗前一星期才遴選出來接受禪修指導，每日進行禪修的對照組。受試者腦部慈愛（maternal love）與同理心（empathy）活動較為頻繁的區域中，前者的活動明顯比後者強烈許多。而詠給・明就仁波切生起這種利他之正面心態的能力更是令人訝異，因為即使沒有恐慌症（panic attack）的一般人躺在核磁共振儀器狹窄的掃瞄艙時，通常還是會產生幽閉的恐懼感，仁波切卻能在可能導致幽閉恐懼的空間中有效地專注自己的心，顯示他的禪修成就已戰勝了恐慌症發作的問題。

更讓人矚目的是，這些資深行者在進行禪修時，腦波活動的讀數遠遠超過一般腦波讀數範圍。據我瞭解，實驗室工程師最初以為是機械故障，趕忙再次檢驗設備之後，不得不排除機器故障的可能性，進而正視這個事實：在這些資深行者腦中，與專注及現象察覺相關的電流活動，完全超越他們曾親眼目睹的範圍。理查・大衛森在二〇〇五年《時代》雜誌（*Times*）的一篇訪談中，以迥異於現代科學家一貫的謹慎語氣說到：「真是太讓人興奮了……我們沒有預料到會出現這樣驚人的結果！」

接下來的篇章當中，仁波切相當坦率地談到他個人的困境，以及試圖克服這些困難時的種種掙扎。他也提到童年時，與後來成為廿一世紀首屈一指的神經科學家——年輕的智利科學家法蘭西斯寇・斐瑞拉相識的經過。斐瑞拉是詠給・明就仁波切的父親祖古・烏金仁波切（Tulku Urgyen Rinpoche）的學生。祖古・烏金仁波

二〇〇五年一月十七日《時代雜誌》（*Times*）〈喜樂的生物學說〉（The Biology of Joy），麥克・理蒙尼（Michael D. Lemonick）著。

切講學的足跡遍及歐洲、北美、亞洲等，也吸引了成千上萬的莘莘學子。斐瑞拉後來與詠給．明就仁波切發展出非常親近的友誼，並為仁波切介紹了西方對人腦本質與功能的觀點。

知道仁波切對科學懷有高度興趣之後，祖古．烏金仁波切的其他學生也開始教他物理、生物及宇宙論等。九歲時所學到的這些初級「科學課」，對仁波切產生了深遠的影響，最後更激勵他去尋找出一種結合藏傳佛教教理和現代科學的可行方法，以幫助那些無法博覽科學書籍，或對佛教心生懷疑，或對大量佛教經典望而卻步，但又渴望找到實用方法以獲得恆常喜樂的人。

但進行這樣的計畫之前，仁波切必須先完成正規的佛學教育。十一到十三歲期間，他在父親位於尼泊爾的住所與印度智慧林（Sherab Ling）之間來回往返。智慧林是藏傳佛教當今最重要大師之一——第十二世泰錫度仁波切（Tai Situ Rinpoche）的駐錫地。在尼泊爾與智慧林多位佛教大師的指導下，仁波切密集地學習經藏（sutra，佛陀親口宣說之言教）、論藏（shastras，古印度佛教大師針對經藏所作的一系列釋論），以及西藏大師們的重要著作和釋論。一九八八年，當這段學習過程接近尾聲時，泰錫度仁波切准許他進入智慧林進行首次的三年三個月閉關。

傳統的三年三個月閉關起源於數世紀前的西藏，是高階禪修訓練的基礎，著重於藏傳佛法禪修精要技巧的密集學習，甄選極為嚴格，只有極度優秀的學生才能參加，而詠給．明就仁波切是藏傳佛教有史以來，被允許進入三年三個月閉關最年輕的學生之一。在這三年期間，仁波切的學習成果令人刮目相看。閉關圓滿之後，泰錫度仁波切立即指定他為智慧林下一梯次閉關的指導上師，也讓十七歲的仁波切因而成為藏傳佛教有史以來最年輕的閉關指導上師。以指導上師身分進行這次閉關之後，仁波切前後共計圓滿了將近七年的正式閉關。

一九九四年第二次閉關屆滿之際，仁波切進入佛教學院，亦即西藏人所稱的「學柵（shedra）」就讀，繼續接受正規教育，密集學習重要佛教經典。一年後，泰錫度仁波切任命他為智慧林主要代理人，監督寺院所有活動，並負責重新開辦智慧林佛學院的工作。在新佛學院，他以學生身分繼續學習，同時也兼任老師一職。接下來幾年，仁波切一方面管理寺院事務，一方面在佛學院執教並學習，同時也指導另一期三年閉關課程。一九九八年，廿三歲的仁波切領受了具足比丘戒。

對大部分的人而言，十九歲正是熱中世俗嗜好的年紀，但詠給．明就仁波切卻從十九歲那年開始，一直維持著緊迫繁重的日程活動，包括督導管理尼泊爾和印度寺院的事務、在世界各地巡迴講學、給予個人指導、持續背誦大量佛教典籍，並盡全力吸收碩果僅存的幾位前輩西藏禪修大師的教導。

跟仁波切相處的這段期間，最讓我印象最深刻的，是他面對任何挑戰時，不僅有著令人欽羨的沉著，更帶有敏銳、適時的幽默感。待在尼泊爾期間，好幾次，當我單調而沉悶地覆述前一天的談話紀錄時，仁波切有時會假裝睡著，或裝出一副要從窗戶逃之夭夭的樣子，我很快就發現他其實是在「點」我，提醒我不要把工作看得太嚴肅，他非常直接地告訴我，某種程度的輕鬆活潑對佛法修持是很重要的。因為，如果如同佛陀成道後首次教導時所說，凡夫生命的本質是痛苦的，那麼，最有效的對治方法之一就是歡笑，尤其是自我解嘲的笑聲。一旦學會了自我解嘲，那麼，經驗中的每一個面向都會呈現光明愉悅的特質。

這大概就是在尼泊爾與仁波切相處的這段期間，他教給我的最重要一課。我非常感激這項教導，一如我欽佩他以自己獨特的能力，結合藏傳佛教的微妙法教與現代科學的神奇發現，對心的本質所提出的深奧見解。我誠摯地祈願本書的每位讀者都能找到自己的道路，穿越日常生活中個人苦痛、不安與絕望的迷宮，並且跟我一樣，學會如何「歡笑」。

最後要說明的是，本書所引用的藏文和梵文經典，大多是翻譯界翹楚所提供的譯文。這些譯文的明晰、學識深度與見解，讓我銘感在心。有幾段未註明譯者的引文，則是我與仁波切仔細商討之後翻譯出來的。仁波切對於古祈請文和傳統經典的深廣理解，更讓我深切見識到一位真正佛法成就者的風範。

第一部

根——理論基礎

一切有情眾生，包含我們自己在內，已經具有證悟的根本因。

岡波巴大師，《解脫莊嚴寶鬘》，英譯：堪布貢秋．嘉晨仁波切（Khenpo Gongchok Gyaltsen Rinpoche）

旅程的起點

如果有任何能夠因應現代科學需求的宗教，那可能就是佛教了。

亞伯・愛因斯坦（Albert Einstein）

如果你是受過訓練的佛教徒，那麼，你就不會把佛教當作一種宗教，而會把它當作一門科學，一種透過技巧探索自身經驗的方法。這些技巧讓你能以非批判性的方式檢視自己的行為和反應，而這些見解能讓你逐漸認清：「哦，原來我的心就是這樣運作的！我必須這樣做才能體驗到快樂，不要那麼做才能避免痛苦的產生。」

基本上，佛法是非常實用的。佛法告訴我們要從事能夠助長平靜、快樂和自信的事，並避免會引發焦慮、絕望和恐懼的行為。佛法修持的重點，並不在於刻意改變想法或行為，以使自己成為更好的人，而是要認識到，無論你如何看待影響自己生命的那些遭遇，你原本就是良善、完整，且圓滿具足的。佛法修持是去認出自心原本具有的潛能；換句話說，佛教注重的並不是讓自己變得更好，而是認識到此時此刻的你，就如你自己一直深切期望的，是完整、良善，且本質上是完好健全的。

你不相信，是吧？

其實，有很長一段時間我也不相信。

首先，我想坦白告訴大家一件事。打從童年開始，恐懼感和焦慮感就不斷困擾著我；每當身處陌生人群之中，我就會心跳加速，冷汗直流。這狀況發生在一位轉世喇嘛身上似乎很奇怪，因為轉世者累世以來不是已經累積了許多善根善行嗎？當時我所經歷的不安根本毫無理由可言。我住在一個美麗的山谷，身邊圍繞的都是親愛的家人、男女出家眾，還有那些致力學習如何喚醒內在平靜與喜樂的人。然而，焦慮感卻與我形影不離。

大約六歲時，我這種狀況才開始有所緩解。在孩童好奇心的促使下，我開始爬上村落附近的山巔，探索歷代佛法修行者終生禪修的各個山洞。有時我會爬進山洞假裝自己在禪修，想當然耳，當時我對禪修根本就一竅不通，我只是坐在那兒，心裡不斷持誦「唵嘛尼唄美吽」——這是幾乎所有西藏人，無論佛教徒與否，都耳熟能詳的密咒。有時我一坐就是好幾個小時，心裡不斷默念這個密咒，雖然我並不瞭解自己在做什麼。但即使如此，我還是開始感受到一股平靜感悄悄潛入心中。

往後三年，我就經常在山洞中靜坐，試圖搞清楚到底要如何禪修。但是，焦慮感仍然持續增強，到最後演變成可能是西方醫學所說的恐慌症。有一陣子，祖父會隨意地給我一些簡單的教導。祖父是一位偉大的禪師，但不願公開自己的成就。後來我終於鼓起勇氣，請母親代我向父親祖古．烏金仁波切請求，讓我正式跟隨他學習。父親答應了，於是在接下來三年之中，他教導我各種不同的禪修方法。

一開始我其實並不十分明白，我努力試著依照父親所教導的方法安住自心，但我的心就是無法安住。事實上，在正式修學的最初那幾年，我發現自己的心竟然比以往更加散亂。讓我心煩意亂的事情真的是繁不勝數：身體的不適、背景的聲響，以及和他人的衝突等。多年之後我才逐漸明瞭，當時的我其實並沒有退步，而是變得更具覺知，更能察覺到念頭與感官知覺之流相續不斷地來去，這是我過去不曾認出的。看到其他人也經歷同樣的過程時，我終於瞭解，這是初學者以禪修方法審察自心時，大多會有的經驗。

雖然我開始有一些短暫的平靜體驗，但恐懼和憂慮卻依然如鬼魅般糾纏著我，尤其是在那段期間，我每隔幾個月就會被送到印度的智慧林，和一群陌生同學一起跟隨新老師學習，然後再被送回尼泊爾，繼續向父親學習。智慧林是第十二世泰錫度仁波切的主座，而泰錫度仁波切是藏傳佛教當代最偉大的大師之一，也是對我影響最深的老師之一，他深廣的智慧和無比的恩德引導了我成長，我實在無以回報。我就這樣在印度和尼泊爾之間來來去去將近三年時間，接受父親和智慧林老師們的正式指導。

十二歲生日前不久，最恐怖的時刻終於來臨了！我被送到智慧林去完成一個特別的儀式，也是我長久以來最最擔憂的一件事：以第一世詠給．明就仁波切轉世者身分正式陞座的坐床典禮。與會者有好幾百人，而我明明是個嚇得要死的十二歲小孩，卻得像個大人物般，要在那裡連續坐上好幾個小時，接受大眾的供養，並給予他們加持。好幾個小時就這樣過去了，我的臉色愈來愈蒼白，站在身邊的哥哥措尼仁波切（Tsoknyi Rinpoche）以為我就要昏倒了。

回顧這段時光，想到老師們對我的仁慈，我實在不明白自己當時怎會如此恐懼。現在分析起來，我當時的焦慮其實是因為我還沒有真正認識自心的真實本性。雖然我對自心本性已經具有知識性的瞭解，但缺乏直接的體驗；唯有對自心本性的直接體悟才讓我真正明白：任何的不安和恐懼只不過是我自心造作的產物，而自心本性不可動搖的寧靜、信心和喜樂，其實比自己的眼睛更貼近自己。

在我開始正式修學佛法的同時，一些奇妙的機緣也隨著到來。雖然當時我並不知道這些新發展對我的生命將有深遠影響，並將加快我個人成長的速度——我開始慢慢接觸到現代科學的觀念和新發現，尤其是關於腦的原理和運作方面的研究。

心的交會

我們必須經歷這個過程，那就是真的坐下來檢視自心，檢視自己的經驗，才能看清楚到底是怎麼一回事。

卡盧仁波切（Kalu Rinpoche），《口傳寶集》（*The Gem Ornament of Manifest Instructions*），英文編譯：卡洛林·派克（Caroline M. Parke）及南西·克拉克（Nancy J. Clarke）

認識法蘭西斯寇·斐瑞拉時，我還是個小孩子。他是一位智利籍生物學家，後來成為廿一世紀最知名的神經科學專家之一。當時我父親的名聲已吸引不少西方學子，因此法蘭西斯寇也來到尼泊爾，跟隨我父親學習佛教審察自心的方法。在課後或修持的空檔，他常會跟我談到現代科學，尤其是他專精的腦部結構與功能領域。當然，他在講解時，會顧慮到一個九歲孩子的理解能力。父親的其他西方弟子知道我對科學有興趣後，也紛紛把他們所知道的生物學、心理學、化學和物理等現代理論傳授給我。這有點像是同時學習兩種語言，一種是佛法，另一種是現代科學。

我還記得，當時我就覺得這兩者之間並沒有多大差異；語言的表達雖然不同，但意義似乎非常接近。不久之後我也開始體會到，西方科學家與佛教科學家探討問題的方法非常類似。傳統佛教經典通常先提出所要檢驗的理論基礎或哲學基礎，也就是「根」（Ground）；接下來再提出種種修持方法，也是一般所稱的「道」（Path）。最後以個人實驗結果的分析，以及進一步研究的建議作為結論，這通常稱為「果」（Fruition）。西方科學的研究架構也很類似，首先提出理論或假設，接下來解釋驗證理論的方法，最後提出實驗結果，並和原先所提假設之間的異同做比較分析。

同時學習現代科學和佛法修持最吸引我的地方是，佛法教導人們以一種內審或主觀的方法明瞭自身具足獲得快樂的能力，西方科學則以一種較為客觀的方式解釋這些教法「為什麼」有用，以及「如何」運作。佛教與現代科學對人心的作用各有卓越的見解，兩者並用，可以更為清晰完整。

往返印度與尼泊爾的時期接近尾聲時，我得知智慧林即將舉辦一期三年傳統閉關課程，閉關指導上師是薩傑仁波切（Saljay Rinpoche）。薩傑仁波切是藏傳佛教界公認最有成就的前輩大師之一，也是我在智慧林最主要的老師之一。溫和仁慈、聲音低沉的他擁有一種神奇的能力，總是能在最恰當的時間說出或做出最對的事情。我相信你們必定也曾遇見過類似這樣的人，他們總是能夠讓你在無形中學到異常深刻的法教，而他們本身的風範就是讓你終生受用不盡的學習。

因為薩傑仁波切年事已高，這可能是他最後一次指導閉關了，因此我真的很想參加。但那時我才十三歲，一般都認為這個年紀還太小，無法承受閉關三年的嚴苛考驗。我懇請父親出面幫我請求，最後泰錫度仁波切終於允許我去參加這次閉關。

描述這三年的經驗之前，我認為需要先花一點時間跟大家說說藏傳佛教的歷史，這也有助於說明我為什麼如此急於參與閉關課程。

傳承的重要性

概念性的知識是不夠的……你必須擁有源自親身體驗的確信。

第九世嘉華噶瑪巴（The Ninth Gyalwang Karmapa），摘自《大手印：了義海》（*Mahamudra: The Ocean of Definitive Meaning*），英譯：伊莉莎白·克拉漢（Elizabeth M. Callahan）

我們所稱的「佛教」，也就是直接探索心及修心的方法，源自一位名為悉達多（Siddhartha）的印度貴族青年所給與的教導。生長於權貴之家的悉達多王子發現，並不是每個人都像他一樣擁有錦衣玉食的生活，親眼目睹人們所經歷的種種可怕苦難之後，他毅然放棄家庭的安全和舒適，而去尋求解除人類痛苦的方法。痛苦的樣貌很多，從揮之不去的『要是』生命中這件事不是這樣，我就會比較快樂」的輕聲埋怨，乃至於病苦、死亡的恐懼，全部都是。

悉達多後來成為一位苦行僧，遊走印度各地拜師學習。這些老師都聲稱已經找到悉達多在尋求的答案，然而他們所給的答案和所教導的修持法，似乎沒有一樣是真正圓滿的。最後，悉達多決定完全放棄外在的尋求，而從痛苦生起的地方追尋解脫痛苦的方法。這時他已經開始懷疑，問題的源頭就在自己的心裡。他坐在印度東北部比哈爾省（Bidhar）菩提迦耶（Bodhgaya）的一棵樹下，深入自己的內心，矢志找到他所追尋的答案，死也不罷休。就這樣晝夜不停地過了許多天之後，悉達多終於找到他所尋求的不變、不滅、廣大無垠的根本覺性（awareness）。從這甚深的禪定境界中起座之後，他再也不是原來的悉達多了，他成為佛陀（Buddha）了，在梵文中，「佛陀」是對「覺醒者」的稱呼。

佛陀體悟的是自己本性的一切潛能，而這潛能先前卻被二元觀限制住了。所謂的二元觀，就是認為有某個獨立存在、原本真實的「我」（self），和某個一樣也是獨立存在、原本真實的「他」（other），兩者是分離且對立的。如同稍後我們會深入探討的，二元觀並不是一種「性格上的瑕疵」或缺陷，而是根植於腦部構造和功能的一種複雜生存機制，但就和其他機制一樣，是可以透過經驗而改變的。

透過向內審察的功夫，佛陀認清了這種改變的能力。往後四十年，錯誤觀念究竟如何深植於心中，以及如何斬斷它們，即成為佛陀遊歷印度教學的主題，並吸引了數百位，甚至可能數千位弟子。兩千五百多年之後，現代科學家開始透過嚴謹的臨床研究，顯示佛陀藉由主觀審察所領悟的見解竟然異常精確。

由於佛陀所領悟及感知的境界遠遠超過一般人對自身及實相本質的認識，因此，就像他之前和之後的大師一樣，佛陀也不得不以寓言、舉例、謎題和隱喻等方式來傳達他所瞭解的一切。換句話說，他必須使用言語。這些法教最後以梵文、巴利文（Pali）及其他語言記錄下來，但也一直以口耳相傳的方式，一代傳一代地流傳下來。為什麼呢？因為當我們聽到佛陀，以及追隨他而獲得相同解脫的大師們所宣說的話語時，我們一定會去「思考」這些話的意義，然後把這意義「運用」在自己的日常生活中。當我們這麼做的時候，會讓腦部組織作用產生改變，讓我們達到佛陀所體驗的相同解脫，為自己創造機會，去體驗佛陀所體驗到的自在。這些我們會在稍後的篇章加以討論。

佛陀涅槃後幾個世紀，他的法教開始傳揚到包括西藏在內的許多國家。西藏因地理位置與世隔絕，恰好提供了歷代師徒能致力於學習和修持的絕佳環境。即生證悟成佛的西藏大師們將畢生所學傳授給最具潛力的弟子，之後，這些弟子又將這智慧傳授給自己的弟子。於是在西藏建立了一個以「經」（以佛陀早期弟子忠實記錄下來的佛陀言教）、「論」（闡釋經典的論著）為基礎不間斷的法教傳承。然而，藏傳佛教傳承的真正力量，在於上師和弟子之間心與心的直接連結，上師將傳承的法教精髓以口傳，而且往往是以祕密口傳的方式傳給弟子，這個方法讓法教得以如此純粹而有力。

由於西藏許多區域都被山巒、河川和山谷層層阻隔，往來不便，也使得歷代大師與弟子們難以彼此分享所學，不同區域的法教傳承因而產生些許不同的演變。目前藏傳佛教主要分為四大教派：寧瑪（Nyingma）、薩迦（Sakya）、噶舉（Kagyu）與格魯（Gelug）派。儘管這四大教派是在西藏不同區域、不同時期形成，但各派的基本教理、修持和信念卻是一樣的。據我所知，四者之間的差異主要在於名詞術語，以及學理與修持方法上的細微差別，就如同基督教新教各派之間的情形。

寧瑪派（Nyingma）是四大教派中最古老者，創立於西元七世紀到九世紀初期的藏王統治時期。藏文中，「寧瑪（nyingma）」一詞可大略翻譯為「古老的」。不幸的是，西藏王朝末代國王朗達瑪（Langdarma）因為政治與個人因素，開始以暴力鎮壓佛教。西元八四二年，朗達瑪遭人刺殺身亡。雖然他的統治只有短短四年，但在他死後幾近一百五十年時間，早期的佛法傳承卻一直停留在類似「地下活動」的狀態。西藏在這段期間也經歷了重大的政治變革，最終重組為一群分立而鬆散聯盟的封建王國。

這些政治變遷提供了某種機會，讓佛法慢慢悄悄地重新伸展它的影響力。印度大師們千里迢迢來到西藏，而有心學習的學生也不畏艱苦，橫越喜馬拉雅山脈前往印度，直接受教於印度佛教大師。在這段期間，噶舉派首先在西藏扎根。藏文「噶（ka）」，可略譯為「言語」或「指示」，而「舉（gyu）」的原本的意義是「傳承」。口傳是噶舉傳承的基礎，上師將法教以口耳相傳的方式傳授給弟子，因此讓法教的傳續得以保存無與倫比的純粹。

噶舉傳承起源於西元第十世紀的印度，當時有一位潛能已臻至完全正覺境地的帝洛巴（Tilopa）大師。帝洛巴所達到的深刻證悟，以及他達到這些證悟所運用的修持方法，歷經師徒相傳數代之後，傳到了岡波巴（Gampopa）大師。岡波巴是一位傑出的藏人，他放棄醫生一職，轉而追隨佛陀的法教，最後將畢生所學全部傳授給四位最具潛力的弟子，這四位弟子又在西藏不同區域各自創立了學派。

四位弟子之一的杜松．虔巴（Dusum Khyenpa）創立了今日所稱的噶瑪噶舉（Karma Kagyu）傳承；「噶瑪」源於梵文的「karma」，可略譯為「行動」（action）或「活動」（activity）。在噶瑪噶舉傳承中，記錄在一百多部典籍裡的學理與實修全套法教，就是由這位名號「噶瑪巴」的傳承上師親自口傳給少數幾位弟子，其中有些是為了將法教完整傳給下一世噶瑪巴而不斷轉世者，藉此保存並保護一千多年來一直以清淨形式流傳下來的無數教誡。

西方文化中完全沒有相當於這種直接且不間斷的傳續形式。我們可以想像到的最接近情景就是，亞伯．愛因斯坦對他最優秀的學生說：「不好意思，我現在要把畢生所學都倒進你腦袋裡，麻煩你保存一段時間。二、三十年後，當我以另一個身體回到這世間時，你要負責把我教導你的一切，倒回這個小孩腦海裡，而你也只能靠我現在傳給你的一些徵兆認出這個孩子就是我。哦，還有——為了以防萬一，你必須把我現在所教你的一切傳授給幾個弟子，這樣才能夠萬無一失。至於這些弟子的特質，你只要依照我現在要傳授給你的教法就能認得出來。」

第十六世噶瑪巴於一九八一年圓寂之前，將這整套珍貴的法教傳給了幾位主要弟子，也就是所謂的「心子」（Heart Sons），賦與他們將法教傳授給下一世噶瑪巴的大任；同時也囑咐他們要將整套法教傳給幾位卓越的弟子，以確保法教能夠完整地保存下去。第十二世泰錫度仁波切是第十六世噶瑪巴最重要的心子之一，他認為我是一位具有潛力的弟子，因此促成我前往印度，追隨智慧林裡的幾位大師學習。

前面我已經提到過，各個教派之間的差別其實並不大，通常只是名相與學習方式有少許不同。例如在教導心的本性時，寧瑪派所用的名相是「卓千」（dzogchen），藏文意義是「大圓滿」（great perfection），我父親和我後來的幾位老師都被公認是這個傳承中成就非凡的大師。而噶舉傳承，也就是泰錫度仁波切、薩傑仁波切，以及智慧林諸位老師修學的主要傳承，關於心的本質的法教總稱為「瑪哈木札」（mahamudra），可大致翻譯為「大手印」（great seal）。這兩套教法之間的差異很小，最大的區別也許在於，大圓滿法教著重深入瞭解自心本性的「見解」（view），而大手印教法則偏重有助於直接體驗心的本質的「禪定實修」（meditation practices）。

在這個有飛機、汽車和電話的現代世界中，老師和弟子們可以方便地到處旅行，過去不同教派之間可能存在的各種差異也不再明顯。然而，有件事卻一直沒有改變，那就是由精通法教的大師那裡得到「直接傳續」的重要性。藉由與一位活生生的大師直接接觸，某種珍貴異常的東西會直接傳過來，彷彿某種活生生、會呼吸的東西從大師的心傳到弟子的心一樣。在三年閉關課程中，上師就是以這種方式將法教傳給弟子，這或許可以說明我為什麼如此急於加入智慧林閉關的原因。

會見我心

了悟心的意義，即了悟了一切。

摘自蔣貢・康楚・羅卓泰耶（Jamgön Kongtrul），《要點提綱》（*Outline of Essential Points*），英譯：瑪麗亞・蒙特那果（Maria Montenegro）

我很希望能夠告訴大家，當我到智慧林安頓下來，加入其他三年閉關者後，一切就開始好轉了。然而，事實卻正好相反，閉關第一年是我生命中最悽慘的狀況之一，所有我曾經歷過的焦慮症狀，如身體緊繃、喉頭緊縮、眩暈，以及團體共修時特別強烈的陣陣恐慌感，全面襲來。按照西方的說法，我得精神崩潰症（a nervous breakdown）了。

我現在會說，我當時所經歷的，其實應該叫做「精神突破」（nervous break-through）。在閉關期間，因完全不受日常生活干擾，我發現自己處於一種必須直接面對自心的狀況。當時，我的心可不是日復一日我所樂於見到的美景；隨著每個星期過去，我所見到的心與情緒景象似乎變得愈來愈恐怖。閉關第一年接近尾聲時，我終於覺悟到，我必須做一個抉擇：在接下來的兩年當中，我是要繼續躲在自己的房間裡，還是真正接受父親及其他老師所教導的真理——不論我所經歷的問題是什麼，那都只是根植於我自己心中的想法和感知的習性。

我決定遵循他們的教導。

連續三天，我待在自己的房間裡，運用本書稍後會敘述的許多技巧禪修。逐漸地，我開始認識到困擾我多年的那些念頭和情緒，其實是脆弱且剎那即逝，也認識到執著於小問題會如何把小問題變成大問題。只是這樣靜靜地坐著，觀察念頭和情緒如何迅速且經常不按邏輯地來來去去；我開始「直接」認識到，念頭和情緒並不像表相上看起來那樣具體或真實。一旦我不再相信它們告訴我的故事之後，我開始見到背後的「作者」——無垠廣闊、無限開放的覺性，也就是心的本性。

試圖以言語捕捉自心本性的直接體驗根本是不可能的事。我們頂多可以說，這種體驗無比平靜，經過重複體驗而逐漸穩固之後，幾乎就不可動搖了。這是透過一切生理、情緒和心理狀態而散發出來一種絕對安好的體驗，甚至連一般可能視之為不愉悅的狀態也都如此。這種安好的感覺不受內外經驗的變化影響，是瞭解佛教徒所說的「快樂」的最明確方式之一。我很幸運，能在獨處的那三天之中瞥見了它。

三天之後，我走出自己的房間，重新加入團體共修。繼續專心禪修兩個星期之後，我總算克服了自幼如影隨形的焦慮感，並且透過直接體驗，領悟了上師所教導的真理。從此以後，我的恐慌症再也沒有發作過。而此次體驗所產生的平靜、自信和安好的感覺，即使在一般認為壓力很大的情況下，也不曾動搖過。我所經歷的這種轉化並不是我個人的功勞，我只是努力地直接運用前人傳下來的真理而已。

出關時我十六歲，出乎意料之外，泰錫度仁波切竟然任命我為下一期的閉關上師，而下一期閉關很快就要開始了。不到幾個月時間，我又回到了關房，教導噶舉傳承的前行和進階修持法門（preliminary and advanced practices，編按：即「共與不共法門」的修持），引導新進的閉關修行者進入我直接領受傳續的同一法脈。當時我雖然是閉關上師，但對我來說，這其實是一個非常珍貴的機會，讓我能夠密集地閉關修持將近七年時間。這一次，我不再驚懼不安地躲在自己的小房間裡了。

第二次閉關接近尾聲時，我的父親建議我到智慧林附近的宗薩佛學院（Dzongsar Monastic College）就讀一年，泰錫度仁波切也欣然同意了。宗薩佛學院院長是堪千・貢噶・旺秋（Khenchen Kunga Wangchuk），他是一位大學者，在此不久前，才遠從西藏抵達印度。我很幸運地能夠在他的直接指導下，深入學習佛教哲學和佛教科學。

傳統佛學院的學習方式和大部分西方大學不一樣。在佛學院，學生不能選課，也不能坐在舒適的教室或講堂裡，聽取教授對特定科目的意見和解釋，或寫論文、考筆試。佛學院學生必須按規定研讀眾多佛教典籍，而且幾乎每天都會有「抽考」；老師會從裝滿學生名條的瓶子裡抽出名條，被抽到名字的學生必須立刻評論某部經典中某個章節的意義。我們的「考試」有時是撰寫所學典籍的評論，有時則是公開的辯論；在這種辯論中，老師們隨機點選學生，針對微妙的各種佛法義理，以無法預料的問題來挑戰學生，要求學生提出精確的答案。

我在宗薩佛學院讀書快滿一年時，泰錫度仁波切要開始進行全球巡迴講學，因此將寺院的管理工作委任給我，讓我在他的指導下監督寺院的日常活動。此外，他也要我負責在寺院裡重新開辦佛學院。在新佛學院，我除了要進修之外，也必須以助理教師的身分從事教學。後來，他又指示我要帶領智慧林接下來幾期的三年閉關。由於他對我恩重如山，我毫不猶豫地接受了這些責任。既然他相信我能完成這些職責，那我有什麼理由懷疑他的決定呢？幸好我活在一個有電話的時代，可以透過電話直接得到他的教導和指示。

四年就這樣過去了，我一邊監督智慧林寺務，一邊在新佛學院中完成學業、從事教學，並給予閉關學員口傳指導。這四年即將結束時，我去了不丹（Bhutan），接受紐舒堪仁波切（Nyoshul Khen Rinpoche）的直接口傳教授。紐舒．堪仁波切是大圓滿教法的大師，擁有非凡的洞見、體悟和才能。我從仁波切那裡領受到殊勝的「Trekchö」和「Tögal」的口傳法教，這兩個法可略譯為「本淨立斷」和「任運頓超」（primordial purity and spontaneous presence）。這些法教一次只傳給一位學生，我有幸能夠被選上領受這些法教的直接傳續，實在是受寵若驚；也因為如此，我由衷地認為紐舒．堪仁波切和泰錫度仁波切、薩傑仁波切，以及我父親是我生命中影響最深遠的老師。

領受這些甚深口傳教授的同時，也間接教導了我異常珍貴的一課——我們為利益他人而做的努力，不論程度多少，都會得到千倍回報的學習和進展機會。當身邊有人情緒低落時，你所說的每一句仁慈的話語，所給予的每一個親切的微笑，都會以一種意料不到的方式回報到自己身上。至於這情況是如何及為何產生的問題，我們稍後再來檢視，因為這與我開始走訪全球各地，並與現代科學大師們有了更直接的共事後，所學習到的生物學和物理學原理有很大關係。

來自西方的亮光

一把火炬就能驅散千劫累積的黑暗。

帝洛巴，《恆河大手印》（*Mahamudra of the Ganges*），英譯：瑪麗亞．蒙特那果

第一次閉關結束後那幾年，由於我的行程排得滿滿的，因此沒什麼時間去注意神經科學及認知研究（cognitive research）相關領域的新發展，或充分瞭解已進入主流研究的物理學新發現。然而意想不到的事情發生了，一九九八年成為我生命中的一個轉捩點。那時，我哥哥措尼仁波切原本安排好到北美講學，但他無法前去，於是我被指派代他前去。這是我第一次遠到西方訪問，那年我廿三歲。不過，搭機前

往紐約時，我萬萬沒有料到，此行所遇見的人將會對我未來多年的思考方向產生重大的影響。

他們慷慨撥出時間，還提供給我堆積如山的書籍、論文、DVD和錄影帶，為我介紹現代物理學的概念及神經科學、認知與行為科學研究的最新發展。我非常興奮，因為關於佛法修持成效的科學研究已經如此豐富且深入，最重要的是，像我這樣沒有受過專業科學訓練的人也都能夠理解。而且，由於我當時的英文程度並不好，所以對於那些付出許多時間，用我能理解的字眼來解釋這些知識的人，我倍加感激。比如說，藏文中並沒有「細胞（cell）」、「神經元（neuron）」或「脫氧核糖核酸（DNA）」這類名詞，他們翻來覆去地用盡所有可能的字眼幫助我理解這些觀念，很像一場複雜的語言大混戰，所以經常都以捧腹大笑收場。

當我忙於進出閉關學習之際，我的朋友法蘭西斯寇．斐瑞拉一直都在幫助達賴喇嘛安排現代科學家與佛教僧人、學者之間的對談。這些對談後來逐漸發展為一系列的「心與生命學會」研討會。在研討會中，現代科學及佛學研究各領域的專家們聚在一起，交換對心的本性和作用的見解。我很幸運能夠參加二〇〇〇年三月在印度達蘭莎拉及二〇〇三年在美國麻州劍橋的麻省理工學院（MIT in Cambridge, Massachusetts）所舉行的兩次研討會。

在達蘭莎拉舉行的那次研討會中，我學到很多關於心的生物機制的知識。但是直到麻省理工學院那次研討會時，我才開始考慮要如何將自己修學多年的心得，介紹給那些對佛法修持或現代科學的複雜性可能不熟悉的人。麻省理工學院那次研討會的重點是，佛教探討「經驗」的內審方法和現代科學客觀方法之間的相關性。

事實上，隨著麻省理工學院這場研討會的進行，問題開始浮現了：將佛教和西方研究方法結合在一起會出現什麼情況呢？把受過如何詳細描述個人主觀經驗的人所提供的訊息，和能測量腦部活動細微變化的機器所提供的客觀數據結合起來，我們可能學到什麼？佛法修持的內審方法能夠提供西方科技研究無法提供的訊息嗎？臨床研究的客觀觀察又能提供佛法修持者什麼呢？

研討會結束後，與會的佛教界人士與西方科學成員一致認同，尋求合作的方式不僅雙方都能獲得極大利益，這種合作本身也代表改善人類生命品質的一大契機。麻省理工學院分子生物學教授兼基因研究中心懷賀學院院長（Whitehead Institute / MIT Center）艾瑞克·藍德博士（Eric S. Lander, Ph. D）在閉幕演說中指出，佛法修持強調如何讓心達到更高層次的覺性，現代科學卻只是把重點放在如何讓精神病患回復到正常狀態。

「為什麼停留在那裡？」他問聽眾，「為什麼我們只滿足於沒有精神病？為何不不追求更健康、更美好的境界？」

藍德博士的問題讓我認真思考如何創造一種方式，讓人們有機會將佛法和現代科學合作所得到的啟示，運用在日常生活所面對的難題。就如同閉關第一年我由困頓中學習到，單靠理論上的瞭解並不足以克服製造日常生活各種傷痛和煩惱的心理與生理習性；透過修持，將理論付諸實行才能真正轉化。

我深深感謝我的佛法老師們，他們在我早年修學期間教導我如此深奧的哲學見解和實際運用方法。我也同樣感謝那些慷慨付出時間、精力的科學家們，因為他們將對西方人來說唾手可得的科學知識，以我能夠理解的語言幫助我學習；我也非常感激他們透過廣泛的實驗研究，證實佛法修持的效果。

我們幸運地生活在人類歷史上的這個獨特時代，西方科學家與佛教科學家通力合作，為全人類提供達到超乎想像安好境界的可能方法！我撰寫本書的目的，即是希望每位讀者都能認識運用這種卓越合作所得到的實際利益，進而將自己的潛能完全體現出來。

內在的交響樂

許多「組件」的聚集，產生了車乘的概念。

《相應部》（*Samyuttanikaya*），英譯：瑪麗亞・蒙特那果

身為佛教徒，我最先學到的道理之一是，有情眾生——即使是只具有基本覺性的生物，都具有三種基本的面向或特徵：身（body）、語（speech）、心（mind，編按：傳統中文佛教習慣用語為「身、語、意」，本書因應作者用法，將「意」全部改為「心」，意義相同）；所謂的「身」，指的當然是我們存在的形體部分；身不斷地變化——出生、成長、罹病、老化，最後死亡；「語」指的不僅是說話能力，還包括我們用來交流的各種訊號，例如聲音、語言文字、姿勢、表情，甚至信息素（pheromones），或稱為「外激素」，或音譯為「費洛蒙」，是哺乳類動物所分泌的一些化學複合物，能夠對其他哺乳類動物的行為和發育產生微妙的影響。「語」和「身」一樣，都是一種無常的經驗，我們透過言語和其他訊號所傳達的訊息不斷來來去去，而當身體死亡時，「語」的能力也隨之消失。

「心」則比較難以形容，它不像「身」或「語」那樣，是某種容易辨認的「東西」；

無論我們如何深入研究生物的此一面向，都無法真正找到任何可以稱為「心」的明確物體。成千上百的書籍和文章都試圖描述這難以捉摸的東西，然而，無論我們花費多少時間、精力，企圖確認「心」是什麼、「心」到底在哪裡，卻沒有任何一位佛教徒，也沒有任何一位西方科學家能夠下定論說：「啊！我找到『心』了！它就在身體的這個部位，看起來像是這樣，是這樣運作的。」

經過幾世紀的研究，我們頂多只能確定「心」沒有特定的位置、形狀、外觀、顏色，沒有位置（如心臟或肺臟的位置）、沒有系統（如循環系統），更沒有功能範圍（如新陳代謝的調節範圍）等具體特質，可以讓我們將它歸入特定的基本生理層面。像「心」這樣難以定義的東西，要是能說它根本不存在，那事情就簡單多了！要是能把「心」納入鬼魅、精靈或仙女那類虛幻事物的世界，那事情也簡單多了！

但是，又有誰能夠真正否認「心」的存在呢？我們能思考、有感覺，能辨認是自己的背在痛或腿麻了；我們知道自己是疲倦或清醒的，是快樂或悲傷的。無法精確指出某個現象的位置或定義某個現象，並不表示這現象不存在；這只表示，我們累積的資訊還不夠，因此無法提出某種可行的模式。打個簡單的比方，科學對「心」的瞭解，和我們對電力這類東西的接受性，兩者有什麼不同？使用電燈開關或電視，並不需要對電路或電磁有深入的瞭解。電燈不亮了，你就換燈泡；電視不能看了，就檢查一下電纜或衛星連線是否接觸不良。你也許得將燒壞的燈泡換掉，也許得把電視與收訊盒或衛星接收器之間的接頭旋緊，或把燒壞的保險絲換掉。再不行，就打電話叫技術人員。但是這些行動都依據一項根本的瞭解或信心：電力是有作用的。

「心」的運作也類似這樣。現代科學已經能夠辨識出許多形成智能、情緒和感官知覺等心智作用的細胞結構及其形成過程，但是，這些實在都還不足以確認「心」到底由什麼所構成的。事實上，科學家們對「心」的活動的檢視愈精細，就愈接近佛法對「心」的理解——「心」是一種不斷的活動（event），而不是一個明確的實體（entity）。

早期佛教經典的英文翻譯，試圖將「心」認定為超越當代科學理解範圍的一種獨特「事物」或「東西」。這些翻譯上的不當，源於西方早期的假設，認為所有經驗最後應該都和某方面的物理性功能有關。近年來，對經典的詮譯則比較接近現代科學對「心」的概念；也就是說，「心」是一種不斷地活動，藉由當下經驗中不可預測因素與神經元慣性之間的互動而不斷進行。

佛教徒和現代科學家都認為，有情或有意識的生物因為具有「心」，所以不同於草或樹之類的其他有機體，當然更不同於那些我們不認為有生命的東西，例如石頭、糖果紙或水泥塊。基本上，「心」是一切有情生物最重要的面向。連蚯蚓也具有心，雖然蚯蚓的心不像人類的心那樣微妙和複雜。不過，簡單可能也有優點，我可從沒聽過有哪條蚯蚓因為擔心股市而整夜失眠的。

佛教徒與大多數現代科學家認同的另一個論點是，「心」是有情眾生本質中最重要的層面。「心」有點像是操作木偶的師傅，而身體和構成「語」的各種溝通形式，則像是木偶師傅手中的木偶。

你可以自己測試一下「心」所扮演的角色：搔一搔自己的鼻子，到底是什麼認出了癢的感覺？身體本身能夠認出癢的感受嗎？是身體指揮自己舉起手來搔自己的鼻子嗎？身體真的有能力區別癢的感受、手和鼻子嗎？再以口渴為例，口渴時，是「心」首先認出口渴的感受，催促你去要杯水，指揮手接過杯子，湊到嘴邊，並告訴自己喝下去；最後，感受到生理需求獲得滿足的愉悅的也是「心」。

雖然我們看不到「心」，但是「心」一直都存在，且不斷在活動。「心」是我們辨認不同事物的能力來源；由於「心」，我們才能夠辨別建築物與樹木的不同、雨和雪的不同、無雲晴空和烏雲滿天的不同。由於擁有「心」是經驗的基本條件，所以大部分人都把它視為理所當然。我們不會特意問自己，到底是什麼東西在想著：「我想吃，我想走，我想坐下。」我們也不會問自己：「心到底是在身體內，還是超越身體？心是否從某處生起，存在某處，然後止於某處？心有形狀或顏色嗎？心是否真的存在，或者只是腦細胞基於長期累積的習性而產生的隨機活動？」不過，如果我們真的想斷除日常生活中經歷的各種痛苦、煩惱和不安，並且徹底領會具有心的意義，那麼，我們就必須嘗試去觀看自己的心，辨認它的主要特徵。

這過程其實非常簡單。只是，一開始時好像很困難，那是因為我們非常習慣於觀看充滿了有趣事物和經驗的「外在」世界。觀看自心有點像是在不用鏡子的情況下，試圖看到自己的後腦勺。

現在，我要出個簡單的考題，示範用一般的理解方式去看待「心」時所產生的問題。別擔心，你不會被當掉，也不需要準備2B鉛筆填寫任何表格。

考題是這樣的：下次當你坐下來吃午餐或晚餐時，問問自己：「到底是什麼在思考這食物好吃或不好吃？是什麼在識別吃的動作？」當下立即的答案很明顯應該是：我的頭腦。但是，實際以現代科學的角度去看腦時，我們會發現答案並沒有那麼簡單。

腦內到底是怎麼一回事？

一切現象都是心的投射。

第三世嘉華噶瑪巴，《大手印祈願文》（*Wishes of Mahamudra*），英譯：瑪麗亞・蒙特那果

倘若我們想要的只是快樂，為什麼需要瞭解腦部呢？為甚麼不能只想一些快樂的念頭？或想像自己的身體充滿了愉悅的白光？或在牆上掛滿可愛的小白兔或彩虹圖片呢？嗯，也許吧……。

不幸的是，試圖檢視自心時，我們會面臨一些重大的障礙，其中一項是根深柢固且往往是沒有意識到的觀念：覺得自己「天生就是這樣，無法改變」。我自己小時候就體驗過這種悲觀、無助的感受，和世界各地的人接觸時，我也一再看到這樣

的心態反映在人們身上。即使我們並非故意這樣想，但這種「我無法改變自心」的想法，卻阻斷了所有嘗試的意圖。

我和一些利用自我肯定、祈禱或觀想來做改變的人談過，他們承認，試了幾天或幾個星期之後，由於看不到立即的成效，他們往往就放棄了。當祈禱和自我肯定都不管用時，他們就把修心的想法當作是一種賣書的行銷噱頭，將之全盤放棄。

穿著僧袍、頂著響亮的頭銜在全球巡迴講學的好處之一就是，通常不可能理會普通人的一些人，都把我當成什麼重要人物一樣，樂意和我交談。和全球各地的科學家對話時，我很驚異地發現，全球科學界幾乎都有一個共識：正因為腦部是如此被建構的，所以腦的確可以對日常生活的態度產生實質的改變。

過去十年間，我和神經學家、生物學家及心理學家們的對談，讓我學到很多非常有趣的觀念。他們所說的內容，有些跟我從小所學的觀念有所出入，有些則以不同的角度肯定我所學到的。然而，無論我們是否達成任何共識，我從這些談話中學到的最珍貴的一課就是，花點時間瞭解腦部的構造與功能，即使只是部分的粗淺理解，也都能提供更有根據的原則，有助於從科學觀點來瞭解我身為佛教徒所學到的技巧「如何」及「為什麼」有效。

在我所聽過關於腦部的比喻當中，最有趣的是加州大學聖地牙哥分校神經科學系（Department of Neurosciences at the University of California, San Diego）的創辦系主任羅伯特．李文斯頓醫生（Robert B. Livingston, M.D.）所提出。他在一九八七年

「心與生命學會」首次研討會中，把腦比喻為「一個和諧且紀律良好的交響樂團」。他解釋道，腦就像交響樂團，由許多組的演奏者構成，藉由共同合作而產生特定的結果，例如：動作、想法、情緒、記憶和生理感受等。當你看到別人打哈欠、眨眼、打噴嚏，甚至只是舉起手臂，儘管這些動作看起來似乎相當簡單，但這些簡單動作所涉及的參與者數量，以及參與者之間的各種互動，卻形成異常複雜的畫面。

我最初幾次到西方的旅程中，收到了堆積如山的書、雜誌以及其他資料，為了更瞭解李文斯頓醫生所說的理論，我必須請人從書海中幫助我瞭解這些資訊。我發現，其中很多資料實在非常專業。在學習過程中，我不禁對那些立志想做科學家和醫學院的學生們相當同情。

幸運的是，我有機會和這些領域的專家詳談，他們把科學術語翻譯成我能理解的簡易名詞。我希望他們也和我一樣，從他們所付出的時間和精力中得到很多利益。在這過程中，不僅我的英文詞彙大增，我也由一般人的角度開始瞭解腦是如何運作的。當我對關鍵性細節更能掌握時，我就愈清楚看到，沒有佛教背景的人如果對李文斯頓醫生所說的「演奏者」角色和本質有基本的認識，就能瞭解佛教禪修技巧如何與為什麼能在生理層次產生作用。

我熱切地想要從科學觀點瞭解自己的腦中到底發生了什麼事，讓我從驚惶失措的孩子，轉變成為能在全球到處旅行的人，並且能毫無畏懼地坐在幾百名前來聽我教學的人面前。我也說不上來自己為什麼這麼好奇地想知道長年修持能產生變化的

〈溫和的橋樑：與達賴喇嘛對談心的科學〉（Gentle Bridges: Conversations with the Dalai Lama on the Science of Mind），傑若米·黑沃（Jeremy W. Hayward）以及法蘭西斯寇·斐瑞拉著，波士頓香巴拉出版社（Boston: Shambhala, 1992），第一八八頁。

生理原因，而我的老師和同儕們大多對於意識的轉化本身已感到滿足。或許我在過去生曾經是個機械師吧。

讓我們再回頭看看腦部。用非常基本的「一般人」說法，大部分的腦部活動似乎是由一群很特別的細胞所構成，這群細胞就稱為「神經元」（neuron）。神經元是非常喜歡交際的細胞，很愛傳話。就某方面而言，它們很像頑皮的學生，總是不停地在傳紙條、說悄悄話，只不過神經元之間的祕密對話，主要是關於感官知覺、動作、解決問題、創造記憶、產生念頭和情緒等。

這些愛傳話的細胞看起來很像樹，主幹被稱為「軸突」（axon），分枝則向外延伸，向遍布於肌肉、皮膚組織、重要器官與感覺器官的其他分枝及神經細胞傳送訊息，並接收它們傳來的訊息。神經細胞藉由與鄰近枝幹之間的空隙傳遞訊息，這些空隙則被稱為「突觸」（synapse）。這些訊息以被稱為神經傳導素（neurotransmitter）的化學分子形式負載穿流於這些空隙之間，產生了腦電波掃描器（EEG，或稱為腦電圖儀）能測量到的電子訊號。有些神經傳導素現在已廣為人知，例如：對憂鬱有影響作用的血清素（serotonin）；跟愉悅感有關的多巴胺（dopamine）；以及面對壓力、焦慮和恐懼時就會分泌的腎上腺素（epinephrine），它也和專注力與警戒性有重大關係。神經元之間電子化學訊號傳輸的科學專有名詞是「動作電位」（action potential），這個名詞對我來說相當奇怪和陌生，可能跟沒受過佛法訓練的人聽到「空性」時的感受是一樣的。

就痛苦或快樂的體驗而言，認識神經元活動似乎是無甚緊要，但其中有幾個細節卻相當重要。神經元彼此聯繫時，會產生某種類似老朋友之間的連結；它們會養成彼此來回傳達同類訊息的習慣，就好像老朋友會強化彼此對人、事或經驗的判斷一樣。這樣的連結就是所謂「心的習氣」（mental habits）的生物基礎，類似我們對某類型的人、事物或地方的自動或直接反應（knee-jerk）。

舉個很簡單的例子，假設我小時候曾被狗嚇到，那麼，我腦中就會產生一組神經元連結，一方面反應恐懼感的生理感受，另一方面則反應「狗好可怕」的觀念。下次我再看到狗的時候，同一組神經元就會開始交談，提醒我「狗好可怕」。這種狀態每出現一次，神經元說話的聲音就會愈大聲，而且愈來愈具說服力，直到這種狀態成為一種慣性，讓我只要一想到狗，就會心跳加速、冷汗直流。

但是，假設有一天我到一位有養狗的朋友家拜訪。一開始敲門時聽到狗在狂吠，接著看到牠衝出來在我身上聞來聞去，我可能會感到非常害怕。但過了一會兒之後，這隻狗習慣了我的存在，於是跑來坐在我腳邊或腿上，甚至還開始舔我，快樂又熱情到我簡直不得不把牠推開呢。

狗的反應是因為牠腦中有一組神經元連結，把我的味道與牠主人喜歡我的各種感受連結起來，而創造了相當於「嘿，這個人還不錯咧！」的模式。同時，我腦中跟生理愉悅感相關的一組新的神經元連結，也開始互相交談，於是我也開始想著「嘿，也許狗是和善的！」之後，每次我再去拜訪這位朋友時，這個新模式就會增強，而舊的模式則會愈來愈微弱，直到最後我終於不再怕狗了。

以神經科學術語來說，這種以新模式取代舊模式的能力稱為「神經可塑性」（neuronal plasticity），藏文則稱之為「雷甦容哇」（le-su-rung-wa），可略譯為「柔軟性」。這兩個術語都可以用，聽起來也都很有學問。總之，純粹從細胞的層次來看，重複的經驗能夠改變腦的運作方式。這就是佛法「如何」能將造成痛苦的內在習性斷除，及其背後「為什麼」有效的原因。

三腦一體

佛陀的形相分為三種……

岡波巴，《解脫莊嚴寶鬘》，英譯：堪布貢秋．嘉晨仁波切

現在我們應該都很清楚了，腦並不是一個單一的物體，「是什麼在想這食物好吃或不好吃」這類問題的答案，也不像表面上看起來那麼簡單。即使是像進食或喝飲料這類相當基本的活動，都牽涉到腦與全身幾百萬個細胞之間，好幾千個協調周密、極其迅速（可能才千分之三秒）的電子化學訊號交流。不過，在結束腦部之旅之前，我們還要考量腦的另一層複雜面。

人腦中的幾百億個神經元可根據其作用分為三層，每一層都隨著物種演化，歷經數十萬年進化，而成為愈來愈複雜的生存機制。三層中的第一層，也是最古老的

一層，是所謂的「腦幹」（brainstem），這是形狀看起來像球莖的細胞群，從脊椎神經頂端直接延伸出來。這一層通常也被稱為「爬蟲類腦」（reptilian brain），因為腦幹跟許多爬蟲類的整個腦部很類似。爬蟲類腦的主要作用在於調節基本的、非自主性功能（involuntary functions），例如：呼吸、新陳代謝、心跳，以及血液循環等，同時也控制所謂的「對抗或逃避」（fight or flight）或「受驚」（startle）反應，這是一種自動反應，迫使我們詮釋突如其來的遭遇或事件是否為潛在威脅，譬如巨大的聲響、不熟悉的氣味、有東西沿著手臂上爬行，或有東西蜷曲在黑暗的角落等。這種時候，不須有意識的指令，腎上腺素便會開始流竄全身，使心跳加速、肌肉緊繃。如果我們感知眼前的威脅大於我們的勝算，便會逃之夭夭；如果認為自己能擊敗它，就會挺身奮戰。這種自動反應對於生存的重大影響是顯而易見的。

大部分爬蟲類的爭鬥傾向多於合作，而且沒有撫育幼兒的天性，母蟲產完卵之後通常就會遺棄巢穴。幼蟲孵化之後，雖然已經具備成蟲的直覺和本能，但身體仍然很脆弱、笨拙，牠們必須靠自己。許多幼蟲在出生幾個小時之後就夭折了。在爬往各自的安全自然棲地中（譬如海龜爬向海洋），往往就被其他動物殺死或吃掉了，而且兇手常常還是自己的同胞。事實上，在爬蟲類的世界裡，父母因為認不出獵物是自己後代，而把新生幼蟲吃掉的現象並不罕見。

隨著鳥類和哺乳類動物等新種脊椎動物的演化，牠們的腦部結構出現了令人驚訝的發展。和牠們的遠親爬蟲類不同的是，這類新物種的新生兒並沒有充分發育到足以照顧自己的程度，所以多少都還需要父母親的哺育。為了滿足這種需求並確保物種的生存，腦部的第二層於是逐漸發展出來。這一層稱為「腦邊緣區域」（limbic region），它像頭盔一樣包圍著腦幹，並納入了一系列功能已設定的神經連結，能刺激哺育的衝動，也就是提供食物及保護，並透過玩耍和其他活動教導新生代重要的生存技巧。

較高度發展的神經傳導路線也賦予這些新物種辨別更大幅度情緒反應的能力，而不只是單純的「對抗或逃避」。舉例來說，哺乳類動物父母親不僅能夠辨認自己幼兒特有的聲音，還能分辨幼兒聲音所代表的意義，諸如：苦惱、愉快、飢餓等。另外，腦邊緣區域也提供更廣泛且更細緻的能力，能「解讀」其他動物透過姿勢、動作、表情、眼神，甚至微微的氣味或信息素所傳達的意圖。由於能夠處理各種不同的訊號，哺乳動物和鳥類因而能夠更靈活地適應不斷改變的環境，奠定學習和記憶的基礎。

我們在稍後討論情緒的角色時，會對腦邊緣系統所具備的驚人結構和能力做更深入的探討。腦邊緣區域有兩個結構值得在此特別一提。第一個叫做海馬迴（hippocampus），位在太陽穴後面的腦顳葉（temporal lobe）。人類有兩個海馬迴，分別位在腦部兩側。海馬迴對於直接經驗的新生記憶扮演著決定性角色，並提供空間、理智和語言（至少對人類而言）的脈絡，讓情緒反應有意義。腦部這區域受到損傷的人很難製造新的記憶，對於海馬迴受傷前的一切，他們記得清清楚楚，但海馬迴受傷後所遇見的任何人與發生的任何事，他們一瞬間就忘記了。海馬迴也是腦中最先受到阿茲海默氏症（Alzheimer's disease）及精神分裂症、重度憂鬱症、躁鬱症等精神疾病影響的區域之一。

腦邊緣系統另一個重要的部分是腦杏仁核（amygdala），這個神經元結構體積很小，形狀像杏仁，位於邊緣系統的底部、腦幹的上方。跟海馬迴一樣，人類腦中這個小小的器官也有兩個：一個在右半腦，另一個在左半腦。腦杏仁核扮演兩種關鍵性角色：感受情緒的能力與製造情緒記憶的能力。許多研究顯示，腦杏仁核受損或摘除時，各種情緒反應的能力也幾乎都會隨之喪失，包括最基本的恐懼衝動和同理心，患者同時也會失去建立或識別人際關係的能力。▼

在建立實用的快樂科學時，我們必須重視腦杏仁核和海馬迴的活動。腦杏仁核和兩個重要部位相連：一是**自律神經系統**（autonomic nervous system），是腦幹中自動調節肌肉反應、心臟反應和腺體反應的部位；另一則是「下視丘」（hypothalamus），是腦邊緣區域基部能間接導致腎上腺素等賀爾蒙分泌的神經元結構，因此，腦杏仁核所製造的情緒性記憶非常強烈，和重要的生物與生化反應密切相關。

當某事件引起強烈的生物反應，例如腎上腺素或其他賀爾蒙大量分泌時，海馬迴就會發出訊息給下方的腦幹，將這事件當作一種模式儲存起來，也就是形成記憶。正因為如此，許多人能夠精確地回憶當初聽到或看到太空梭墜毀事件，或甘迺迪總統被刺殺時，自己在哪裡或在做什麼。極度正面或負面的個人經驗也同樣會以

■《情緒智力》（*Emotional Intelligence*），丹尼爾·高曼（Daniel Goleman）著，第十五頁，紐約班頓出版社（New York：Bantam Books, 1995）。

記憶的模式儲存在腦幹中。

由於這樣的記憶及其相關模式非常深刻，日後，類似事件很容易就會觸發原來的記憶，即使有時候事件的相似度相當低。面對威脅生命的狀況時，這類強烈的記憶反應顯然對生存具有重要的利益；它讓我們辨認並避免食用曾經使我們生病的食物，也讓我們避免跟攻擊性特強的動物或同種成員對抗。但是，它也很可能會混亂或扭曲我們對較普通經驗的感知。舉例來說，常常被父母親或其他成人羞辱及批判的孩子，長大成人之後，在面對權威人物時，可能會有異常強烈的恐懼、怨恨或其他不悅的情緒。這種扭曲反應的產生，通常是因為腦杏仁核用於觸動記憶反應的連結方式不夠精確；只要現在情境中有某個重要因素類似過去經驗中的某個因素，就會撩起儲存在原始經驗中各式各樣的想法、情緒、賀爾蒙反應和肌肉反應。

腦邊緣系統有時也稱為「情緒的腦」（emotional brain）。腦邊緣系統活動的平衡主要靠「皮質層」（neocortex）——腦部的第三層，也是最新發展的一層。皮質層是哺乳動物特有的結構，具有推理、形成概念、計畫，以及調整情緒反應的功能。儘管大部分哺乳動物的皮質層都相當薄，但只要看過貓如何設法撬開衣櫥，或看過狗學會如何操作門把，你就可以見證到動物大腦皮質層的功用。

人類和其他高度進化的哺乳類動物的大腦皮質層，已發展為更大且更複雜的結構。大部分人想到腦時，心中出現的畫面通常就是具有許多突起和溝槽的這層結構。事實上，如果不是這些突起物和溝槽，我們根本就無法想像腦部是什麼，因為發達的大腦皮質層賦予我們想像力，也賦予我們創造、理解及運用符號的能力。皮質層讓我們具有語言、寫作、數學、音樂和藝術的能力；我們的皮質層是理性活動的中心，是解決問題、分析、判斷、控制衝動，以及組織訊息、從過去的經驗與錯誤中學習、同情他人等能力的所在。

僅僅知道人腦由這三層不同的構造所組成的事實，就已經夠令人驚訝了，更神奇的是，無論我們覺得自己有多麼先進或高度發展，任何一個念頭的產生都必須經過腦幹、腦邊緣區域與皮質層這三層構造之間一系列複雜的互動。此外，每一個念頭、感受或經驗似乎都是一組不同的互動關係，所涉及的腦部區域也都是獨特的，不是其他念頭所能啟動的區域。

不見蹤影的總指揮

心不在頭腦裡。

法蘭西斯寇・斐瑞拉，《步入內在生命的科學》（*Step to a Science of Inter-Being*），摘自《覺醒的心理學》，S. Bachelor, G. Claxton and G. Watson (eds.)

不過，我心中還是有個疑問，倘若腦就像李文斯頓博士所說的一樣，是個交響樂團，那不是應該會有個指揮嗎？不是應該有個客觀、可辨認的細胞或器官在指揮一切嗎？我們顯然認為有這樣的東西存在，至少在說「我還沒下定決心」或「我心裡一片空白」，或「我的心當時肯定是亂了套」的時候，我們是如此認為。

在與神經科學專家、生物學家、心理學家，以及現代科學家們對談的過程中，我發現科學界長久以來一直在尋找這樣的「指揮」，花費許多心血，希望找到某種細胞或細胞群負責指揮感官知覺、感知分別、念頭，以及其他心智的活動。然而截至目前為止，即使運用當今最精密的科技，科學家還是沒找到指揮者存在的任何痕跡。他們無法宣稱腦中某一個特定區域就是「我」，就是負責協調不同演奏者相互溝通的指揮。

現代神經學家因此放棄了尋覓「指揮者」的想法，轉而探索遍布腦中的幾百億個神經元如何在沒有中樞指揮的情況下，而能協調彼此活動的原理和機制。這種「統合」、「分派」的行為模式，好比一群爵士音樂家的即興合奏。爵士音樂家在即興合作演出時，每個人演奏的樂章也許略有不同，然而，他們還是有辦法和諧地一起演奏。

試圖在腦部找到「我」，主要是受到古典物理學的影響。物理學的傳統重點是研究支配有限範圍物體的定律▼。根據這個傳統觀點，如果心具有某種作用，例如：影響情緒，那麼就應該有具體的存在處。然而，在現代物理學的架構中，實存物體的觀念很難成立。每當有人找出可能的最小物質元素時，很快就會有人發現，這是由更小的粒子所構成。隨著每一次的新進展，基本物質元素的確認就益發困難。

此外，即使邏輯上可以把腦分解為愈來愈小的部分，一直到最小的次原子（subatomic）層次，誰又能精確指出其中哪一部分確實就是「心」？由於每一個細胞

■古典物理學的研究對象，必須是能夠在空間上標示出它的位置與大小範圍的物體，故稱之為「有限範圍的物體」；而其所研究的目的，則是歸納發展出規範物體行為的準則。

都是由許多更小的部分所組成，而每一小部分又是由更小的部分組成，我們又怎麼可能指出「心」到底是由哪一個部分構成的？

在這一點上，佛法也許能提供一個新視野，以做為科學研究新途徑的參考。在藏傳佛教中，「心」稱為「sem」，可翻譯為「知者」或「能知者」。這個簡單的名相可以幫助我們瞭解，在佛教觀點中，「心」主要是認識及省思自身經驗的能力，而不是某種特定物體。儘管佛陀也說過，腦的確是「心」的生理基礎，然而他也詳加指出，「心本身」並非某種能夠被見到、被觸摸到的東西，甚至無法以語言文字定義。如同眼睛這個器官不是視力，耳朵這個器官並不是聽力一般，腦並不是「心」。

我從父親最初教導我的一些教法中學到，佛教並不把「心」當作一個獨立的實體，而是一種不斷開展、顯露的經驗。我還記得，這個概念一開始時對我而言有多麼奇怪。當時我坐在父親位於尼泊爾寺院的講堂裡，身邊圍繞著來自世界各地的學生。在這小小房間裡，我們擠沙丁魚似地塞滿了整間講堂，幾乎連移動的空間都沒有，不過，從窗戶望出去卻是一大片山巒和森林。父親坐在講堂裡如如不動，無視於眾人身上傳來的陣陣體熱，他說，我們認同的自我——「我的心」、「我的身體」、「我自己」，其實只是相續不斷的念頭、情緒、感官知覺與感知分別等所造成的一種錯覺和幻相。

我不知道是因為說法時父親自身體悟的力量，還是因為跟其他學生擠在長板凳上的侷促感和窗外遼闊的視野形成的強烈對比，還是兩者都有，總之，在那一瞬間，我突然「開竅了」；我體悟到無論是以「我的」心或「我」的觀點去思考，或者如窗外的山巒與天空般，廣闊且開放地去體驗萬物，兩者其實無二無別。

來到西方世界之後，我聽到許多心理學家將「心」或「自我」的經驗比喻為看電影。他們解釋道，看電影的時候，一連串的個別畫面透過投影機而顯現，但我們經驗到的，似乎是相續不斷的聲音與動作；然而，假如我們有機會一個畫面、一個畫面地看，我們的經驗就會截然不同。

這就是父親如何開始教我觀看自心。只要單純地觀看每一個通過自心的念頭、情緒和感官知覺，那個有限的自我幻相就會消融，取而代之的是一種比較平靜、寬廣、安詳的覺知（awareness）。而我從其他科學家身上學到的則是，由於經驗會改變腦部的神經元結構，因此，以這種方式觀看自心時，就能改變那些讓我們不斷感到「自我」的神經元對話。

正念

一再觀看不可觀之心，將可如實觀見真實義。

第三世嘉華噶瑪巴，《噶瑪巴證道歌：了義大手印祈願文》（*The Aspiration of The Mahamudra of True Meaning*），英譯：艾瑞克・貝瑪・昆桑（Eric Phema Kunsang）

佛法修持的要訣在於，當念頭、感受和感知分別生起時，我們只是單純地安住在當時純然的覺性中。在佛教傳統中，這種溫和的覺性（gentle awareness）稱為「正念」（mindfulness），而正念就是單純地安住在心的清明本質中。如同前面所提狗的例子，如果我能覺察自己慣性的念頭、感知分別和感官知覺，而不是被它們牽著走，那麼，它們對我的影響力就會逐漸削減。我體驗到，它們的來去只不過是心的自然作用，就如同波浪在海面或湖面上自然蕩漾。我明白了這就是當年我坐在關房裡，試著克服自小就困擾我的焦慮時所發生的事：只要單純地觀照自心，確實可以改變心的狀態。

現在，你也可以透過一個簡單的練習，開始品嚐這自然明性的自在。首先，身體坐直，自然地呼吸，然後覺知氣息的進與出。當你透過覺知氣息的進出而放鬆時，你可能會開始注意到有好幾百個念頭在心中來來去去；有些念頭很快就過去了，但有些念頭卻會誘發一連串相關的念頭。當你發現自己在追逐某個念頭時，只要重新把注意力放在呼吸上就可以了。這樣做一分鐘試試看。

一開始時，你可能會因為湧過心中的念頭數量和種類竟然這麼多，而感到很訝異，因為形形色色的念頭在你的覺知之下，就如同瀑布衝過陡峭懸崖般，奔騰而下。這種經驗並不是失敗的徵兆，而是成功的象徵，因為你已經開始發現，平時有多少念頭在自己毫不注意的狀態下來來去去。

你也可能會發現自己沉迷在一連串特定的念頭中，不斷追逐著這些念頭，而無視其餘的一切。然後，你突然想起來這個練習的重點是單純地觀看念頭，這時你不需要責怪自己，只要把注意力轉回到呼吸就可以了。

這樣練習一段時間之後，你就會發現，儘管念頭和情緒來來去去，但是心自然的明性卻從來沒有受到干擾或中斷。舉例來說，我有一次前往加拿大新斯科細亞省（Nova Scotia）訪問時，在靠近海邊的一個閉關中心停留了一段時間。抵達當天，天氣好得不得了，晴空萬里，海水湛藍，景色十分宜人。然而，隔天一早醒來，大海看起來卻像一鍋混濁的濃湯。我不禁要問：「這到底是怎麼一回事？昨天那麼清澈湛藍的海水，今天怎麼突然變得這麼骯髒了？」於是我走到海邊，但沒找到造成這個改變的明顯原因，水裡和沿岸都沒有泥巴。然後我抬頭望望天空，看到空中滿布陰暗黝綠的烏雲。這時我才恍然大悟，是雲的顏色改變了海水的顏色！仔細再察看海水時，我發現海水本身仍然是乾淨、清澈的。

從許多方面來看，心就如同海洋一樣；心的「色彩」隨時都在改變，每一天、每一剎那都不斷在改變，反映著「從頭上飄過」的不同念頭、情緒等景象。但是，心本身也猶如海洋一般，從來沒有改變過；無論反映的是什麼，它一直都是乾淨、清澈的。

正念的修持一開始似乎會有點困難，但是，重點並不在於立即成功。現在看起來似乎不可能做到，經過不斷練習就會變得愈來愈容易。沒有什麼是你習慣不了的。試想，你對多少不愉快的事習以為常？例如，穿越車水馬龍的街頭、應付脾氣暴躁的親戚或同事？正念的養成是一個漸進的過程，我們必須建立新的神經元連結，並抑制愛說話的神經元之間舊的對話。這需要耐心，一次一小步，每次短時間，但經常不斷地練習下去。

西藏有個諺語說，「匆匆忙忙到不了拉薩，緩緩行走便能抵達目標。」這個諺語來自東藏，因為從前東藏人都是走路到拉薩，也就是到西藏首都朝聖。為了早日到達拉薩，有些朝聖者以最快的速度行進，但由於速度太快，在途中就累垮或病倒，而不得不折返回老家。反之，那些從容前進的人，到了夜晚就紮營，享受友伴的樂趣，隔天再繼續前進，反而更早抵達拉薩。

經驗因企圖而生，不論身在何方、不論從事什麼活動，最重要的是認知自己的念頭、情緒和感知是自然的現象；既不抗拒，也不迎受，只是單純地認出那個經驗，並讓它自然流逝。如果能夠持續這樣練習，我們將會發現自己逐漸有能力應付以往覺得痛苦、害怕或悲傷的情況。我們將會找到一種不是源於自大或傲慢的自信，我們將會瞭解自己其實一直都受到庇護，一直都很安全，一直都在「家」。

還記得我請你試試看的那個小測驗嗎？在那測驗中，我建議你下次坐下來吃午餐或晚餐時，問問自己：「到底是什麼在想這食物真好吃或不好吃？是什麼認知吃的動作？」在以前，這問題似乎再簡單不過了。但是，現在看來並沒有那麼容易回答了，對吧？

儘管如此，我還是希望你下次坐下來吃飯時，再試一次。如果現在你得到的答案令你迷惑或矛盾，那很好。有人說，迷惑是瞭解的開始，是脫離多話的神經元對你的束縛的第一步；過去，這些嘰嘰喳喳的聲音把你緊鎖在「你是誰」、「你能做什麼」等的特定觀念中。

換句話說，迷惑是邁向真正安樂之道的第一步。

3 超越心，超越腦

了悟心，即是佛。

《須臾智經》（*The Wisdom of the Passing Moment Sutra*），英譯：伊莉莎白・克拉漢

你並不是那個你自以為焦慮而有限的人。任何一位受過正統訓練、具足資格的佛法老師▼都可以依據個人經驗，確確實實地告訴你：真的，你就是慈悲的本身，全然覺知，而且具有為自己及一切人、事、物達到至善的能力。

■在佛學領域中，受過正統訓練、具足資格的老師，通常稱為「具格上師」。

問題在於，你並不知道自己具有這些特質。用我與歐美專家對談所學到的純科學術語來說，大部分人誤將那「由習性造成、神經元構成」的自我形象，認做是真正的自己。這樣的形象通常以二元的方式表現出來：自和他、痛苦和快樂、擁有和缺乏、吸引和排拒。但我也逐漸瞭解到，這些其實都是生存的最基本條件。

然而，當我們的心被這種二元觀著染時，每一個經驗——即使是喜悅和快樂，都會被某種有限感束縛，因為總是有個「但是」潛伏在背後。其中有一種是希求有所「不同」的「但是」：「嗯，我的生日派對很棒，但是美中不足，生日蛋糕不是我喜歡的巧克力蛋糕，而是胡蘿蔔蛋糕。」另外還有一種是希求「更好」的「但是」：

「我很喜歡我的新房子，但是我朋友約翰的房子比我的還大，採光也比我的好多了。」最後，還有一種「害怕」的「但是」：「我實在很受不了我的工作，但現在就業市場這麼差，我怎麼能找到其他工作呢？」

我的個人經驗告訴我，自我的有限感是可以克服的，否則我現在可能還躲在閉關中心的小房間裡，因為害怕與自認無能而不敢去參加團體共修。當年十三歲的我只知道「如何」克服自己的恐懼與不安，後來經由法蘭西斯寇．斐瑞拉、理查．大衛森，以及丹．高曼（Dan Goleman）和塔拉．高曼（Tara Bennett-Goleman）等心理學家和神經科學專家們的耐心指導，我才從客觀的科學角度瞭解這種修持到底「為什麼」有用。這些受限、焦慮、恐懼等感受，只不過是神經元在饒舌而已；在本質上，這些感受等都只是習性，而習性是能夠斷除的。

本然心

真實本性之所以被稱為「真實本性」，是因為無人創造之。

月稱菩薩，摘自《入中論》二二一偈，英譯：阿里．金洲（Ari Goldfield）

身為佛教徒，我最初學到的主要觀念之一是，心的本性是如此浩瀚，完全超越理智所能瞭解的範圍；它既無法用言語來形容，也無法化為條理分明的概念。對於像我這樣喜歡文字，又很習慣於概念性解釋的人來說，這一度是個難題。

佛陀的教法最早是以梵文記錄下來的，在梵文中，心的本性被稱為「tathagatagarbha」（如來藏）。這是個非常微妙的形容，字面意義是「通過此道者的本性」（the nature of those who have gone that way）。「通過此道者」指的是已經完全證悟的人，也就是說他們的心已經完全超越言語所能形容的有限境界。

你可能會覺得這樣講實在沒多大幫助，不懂還是不懂。

「如來藏」一詞還有其他比較不依字面的翻譯，例如：「佛性」（Buddha Nature）、「真實本性」（true nature）、「證悟本質」（enlightened essence）、「平常心」（ordinary mind），乃至於「本然心」（natural mind）。但是，這些詞彙當中，卻沒有任何一個能夠完整表達「如來藏」本身的真正含意，因為只有直接體驗才能真正瞭解「如來藏」。對大部分人來說，一開始時對「如來藏」的體驗，都僅僅是一剎那間的自然一瞥。當我第一次瞥見「如來藏」時，我終於體會到佛經上所說有關「如來藏」的一切都是真實不虛的。

對我們大部分人而言，神經元慣性模式所創造出的「有限的自我形象」遮障了我們的本然心或佛性，但這也只是心的無限潛能所選擇製造的其中一種投射罷了。本然心能夠創造一切，連無明和愚痴也都是它的產品；換句話說，「不認識本然心」也只是心具有無限創造力的另一個例子而已。每當我們感到恐懼、悲傷、嫉妒、貪欲，或任何讓我們自認脆弱或怯懦的情緒時，我們都應該好好鼓勵一下自己，因為我們方才體驗到了心的無限本質。

儘管心的真實本性是無法直接形容的，但這並不表示我們就不應該從理論的角度去瞭解它；即使是有限的理解，也是一種指標，能指出一條通往直接體悟心的本質的道路。佛陀知道這種無法用言語形容的體驗最好是透過故事和隱喻來解釋，所以在經典中▼，他曾將「如來藏」比喻為被污泥覆蓋的黃金。

想像你自己是個尋寶人。有一天，你發現土裡有一塊金屬，你把這塊金屬挖出來帶回家，然後開始清洗它。一開始只有一個小角落顯露出金屬閃亮的質地，但當你把積澱的污泥逐漸洗刷乾淨之後，整塊黃金就顯露出來了。現在，讓我問你一個問題：哪一塊黃金比較貴重？埋在土裡面的那一塊，還是被你洗乾淨的那一塊？答案是，兩者的價值一模一樣，骯髒的金塊和乾淨的金塊只有表面的差別。

同樣的道理也可用來說明本然心。那些讓你無法看到自心全貌的神經元閒話，並不會真的改變心的本性，「我很醜」、「我很笨」或「我很無趣」等各種念頭，也只不過是暫時遮障佛性或本然心光明特質的一種「生物性污泥」（biological mud）。

佛陀有時也將本然心比喻為虛空（space）。所謂「虛空」，並不一定是現代科學所瞭解的太空，而是一種較為詩意的形容，就像仰望無雲晴空或進入寬闊大廳時，那種深邃的開闊感。猶如虛空一般，本然心並不需要依賴先前的因緣條件而成；它就是「它」，無可度量且超越言語形容；它是我們行進活動時不可或缺的舞台，並藉由它來辨識所感知的對境間的不同。

▪此經典即是《大乘無上續論》，或稱《寶性論》。

本然的寂靜

在本然心之中，沒有排拒或接受，沒有減損或增益。

第三世嘉華噶瑪巴，《噶瑪巴道歌集：了義大手印祈願文》，英譯：艾瑞克．貝瑪．昆桑

在這裡我想說明，將本然心與現代科學所描述的太空拿來對照，與其說它是正確的描述，不如說它是有用的譬喻。大部分人想到太空時，就會想到一大片空蕩蕩的背景；在這個背景中，許多事物不斷出現、消失，比如說恆星、行星、彗星、隕石、黑洞，以及小行星，甚至其他尚未被發現的現象等。然而，儘管有星球不斷地在太空中出現又消失，但是我們對太空這個舞台的真正本質的認知從未改變過。到目前為止，太空似乎還沒抱怨過它內部發生的任何事情。人類已經將幾千個，甚至幾百萬個訊息送入宇宙中，卻從來也不曾得到像「一個小行星竟然撞上我最喜歡的星球，真是氣死我了！」或者「哇，好棒哦，一顆新星剛剛誕生了！」這類的回應。

同理，心的本質也不會被我們認定為痛苦的狀態或不愉悅的念頭所影響；它是自然平靜的，猶如跟著父母逛博物館的幼兒的心一樣，當父母忙著判斷或評估展示的藝術品時，幼兒僅只是觀看而已，他不會去猜想某件藝術品價值多少、某個雕像歷史有多悠久，也不會去想某位畫家的作品比另一位的更好。他的觀感是完全單純的，只是接受所見到的。這種單純的觀感在佛教名相中就稱為「本然寂靜」，而這樣的狀態非常類似我們到健身房運動，或完成一件繁重的工作之後，那種完全放鬆

的感受。

有個古老的故事將這樣的體驗形容得很巧妙：有位國王下令建造一座新宮殿，完工之後，國王卻面臨了一個難題，也就是他擁有黃金、珠寶、雕像等琳瑯滿目的寶藏，他必須把所有的寶藏從舊王宮祕密地搬移到新王宮。由於每天都忙於治理朝政，國王自己實在無法完成這件事，但朝廷中卻沒有幾個既能完成這項任務，又不會私吞珍寶的值得信任的人。不過，倒是有個忠心耿耿的將軍，國王相信他一定能祕密且有效率地完成這項任務。

於是，國王召喚了這位將軍，並向他解釋道，由於他是朝廷中唯一值得信任的人，因此請他務必接受這項遷移寶藏的任務，把這些珍寶從舊王宮搬到新王宮。除了要保守祕密之外，最重要的是，一定要在一天之內完成這項工作。假如將軍能夠圓滿達成這項任務，那麼國王就會賜予他大片肥沃的田地、富麗堂皇的樓房、黃金、珠寶等大量財富，足夠他安享天年。將軍於是欣然接受了這項任務，僅僅工作一天就能獲得如此大量財富，足夠三代子孫享用，實在是萬分誘人的條件！

第二天早上，將軍一大早就醒來了，開始把國王的寶藏從舊王宮搬到新王宮；他扛著一箱箱的黃金、珠寶等，在祕密通道中來回奔波，只給自己短短的時間吃午餐、休息一下，以保持體力。最後，他終於把國王的最後一件寶藏成功地搬到新王宮的寶藏室裡了。日落時分，他向國王報告任務已達成。國王向他祝賀嘉賞，並賜予他之前所承諾的肥美土地的地契，當然還有協議好的黃金、珠寶等。

將軍回到家之後，洗了個熱水澡，換上舒適的睡袍，深深吁了一口氣，在房中鋪滿柔軟墊子的床上躺下來。雖然疲累，卻滿足異常，因為他今天竟然完成了這麼艱鉅的任務。在完全的自信心與成就感中，他終於可以全然放下，並且安住在當下的解脫中。這樣全然不用力的放鬆狀態，就是所謂「本然寂靜」。

本然心有著許多面向，其中「本然寂靜」的體驗遠遠超越一般所認為的放鬆，而且完全無法描述；傳統佛教經典將之比喻為啞巴嚐蜜，啞巴顯然體驗了蜜的甜味，但是卻無法形容它。同樣地，當我們嚐到自心的本然寂靜時，這樣的體驗毫無疑問是真實的，然而卻超乎筆墨所能形容。

所以呢，下次坐下來吃東西的時候，試著問自己：「到底是什麼在想這食物真好吃或真難吃？到底是什麼認出了吃的動作？」到時你如果答不出來的話，別太驚訝，反而要祝賀一下自己。當你無法以言語形容一個強烈的體驗時，那就是一種進步的徵兆，這表示，至少你已經輕輕碰觸到自心本性難以言喻的寬廣境界的邊了。這是多麼勇敢的一步啊！有多少人因為安於「不滿足的熟悉感」，根本沒有勇氣踏出這一步。

禪修的藏文是「貢」（gom），字面意義是「逐漸熟悉」，而佛法禪修實際上也就是逐漸去熟悉你的自心本性，這有點像是愈來愈深入瞭解一個朋友一樣。如同交朋友般，我們也要以漸進的方式來探究自己的心，一見如故的交情是少之又少的。禪修和普通社交之間唯一的不同點是，你要深入交往的朋友是你自己。

深入瞭解你的本然心

假設有取之不盡的寶藏就埋在一窮苦人家的後院，這窮人並不知情，而寶藏本身也不會告訴他：「嗨，我在這兒！」

彌勒菩薩《大乘無上續論》，亦作《寶性論》，英譯：羅斯瑪麗．法克斯（Rosemarie Fuchs），經典原文：「貧者不知具寶藏，寶藏不能告其在。」

佛陀常常把本然心比喻為水，本質一直是清澈、乾淨的，污泥、沉積物和其他不淨物也許會暫時讓水變得混濁或污染水質，但是我們可以將這些穢物過濾掉，讓水恢復原來自然的清淨。如果水的自然本質不是清澈的，那麼，不管用再多的濾網，也不可能讓水「變」清澈。

認出本然心特質的第一步，可以從佛陀說過的一則古老故事中一窺究竟。從前，有個窮困潦倒的人住在一棟破舊傾斜的房子裡。這房子的牆面和地板上都鑲嵌著許多珍寶，但他卻毫不知情。儘管擁有這些珠寶，但由於他完全不知道這些珍寶的價值，因此他只好過著又飢又渴、冬冷夏熱的貧苦生活。

一天，有個朋友問他：「你為什麼要過著這麼窮苦的生活？你並不窮啊！你是個有錢人！」

「你瘋了嗎？」他答道：「你怎麼會這麼說？」

「你看看周圍啊！」他的朋友說道：「你這整間房子充滿了珠寶，綠寶石、鑽石、藍寶石、紅寶石，什麼都有！」一開始，這窮人並不相信朋友的話，但過了一陣子之後，他愈來愈好奇，於是從牆上拿了一小塊寶石到城裡去賣。不可置信地，寶石商竟然給了他一筆非常可觀的錢。他用這些錢在城裡買了一棟新房子，當然，他把舊房子裡的財寶全都帶走了。後來，他又為自己添購了新衣裳，廚房裡裝滿了山珍海味，也雇了幫傭，開始過著幸福舒適的生活。

現在我要問你一個問題：到底是誰比較富有？那個住在裝滿珠寶的舊房子裡，卻毫不知情的人？還是那個終於明白自己財富的價值，並過著幸福快樂生活的人？

就像之前有關金塊的問題一樣，正確答案是：一樣富有。這兩人都擁有巨額財富，唯一的差異是，前者多年來都不知道自己擁有什麼，直到認清自己所擁有的財富之後，才終於把自己從貧困與痛苦中解救出來。

我們也都像這樣，只要一天沒有認出自己的真實本性，就會一直受苦；認出自己的真實本性之後，就能夠從痛苦中解脫。無論認清真實本性與否，真實本性的特質一直都是不變的，但開始認出自身具有的真實本性之後，我們就開始轉變了，生命的品質也會跟著改變，你以往夢想不到的事都會跟著發生。

心？生物現象？或兩者兼備？

佛在心中……

《正相合續》（*Samputa Tantra*），英譯：伊莉莎白・克拉漢

未被具體認定的事物並不表示就不存在，從試圖具體確認「心的位置」這件事情上，我們就可以明白：儘管顯示心在活動的證據非常充分，卻沒有任何科學家能具體認定心本身的存在。同樣地，也沒有任何科學家能夠精確地在最基礎的層次上，定義虛空的本質和特性。然而，我們都知道我們有「心」，也都無法否認虛空的存在。心和虛空是我們文化中根深柢固的概念，我們非常熟悉這些概念；對我們而言，心和虛空的存在是一種常態，而且就某種程度而言，再平常不過了。

但是，「本然心」和「本然寂靜」就不是這麼熟悉的觀念了，因此許多人會對這兩者抱持著某種程度的懷疑。但我們至少可以說，運用同樣的推論和直接體驗的方法，我們應該也會對本然心產生一些熟悉感。

佛陀曾以問答的形式教導過，本然心的實相可藉由某些明顯的徵象來顯示。他的問題是：「什麼是所有人共同關心的事？」我在公開教學中問大眾這個問題時，得到各種不同的答案，眾說紛紜。有些人回答說，人們最關切的是如何生存下去、活得快樂、避免受苦、被愛；其他的回答包括：和平、發展、飲食、呼吸、不要改變，以及改善生活品質等；有些人的回答則是處眾與自處皆能和諧、瞭解生命的意義、對死亡的恐懼等。我覺得特別有趣的一個答案是：「我！」

其實，每一個答案都完全正確，代表究竟答案的不同層面。無論是人類、動物或昆蟲，一切有情眾生最基本的關注都是渴望離苦得樂。

雖然每個人的策略可能不同，但最後我們都是為了同樣的結果而努力。即使螞蟻也一刻不曾停歇，或覓食，或擴建巢穴，不斷來回奔波。牠們如此勞碌的原因是什麼？就是為了找到某種快樂，並避免受苦。

佛陀說，達到永恆的快樂與避免受苦的欲望，無疑是我們具有本然心的徵象。事實上，其他徵象還有很多，若要一一列舉，恐怕需要再寫一本書。那麼，佛陀為何特別重視這個徵象呢？這是因為一切眾生的真實本性原來就是全然遠離痛苦，並具足圓滿喜樂的，在追求快樂、避免受苦的過程中，無論我們用的是什麼方法，我們都只是在展現自身的本質。

我們最渴望的永恆喜樂，其實就是本然心「微細而不變的聲音」，這個聲音提醒我們真正能夠體驗到的境界是什麼。佛陀以母鳥離巢的比喻，說明我們的這種渴望——無論母鳥飛到多麼美麗的地方，無論牠在那些地方看到多少新奇有趣的事物，某種力量一直誘使牠回到自己的巢穴。同樣地，無論日常生活多麼讓人沉迷，無論目前墜入愛河、受人讚美，或擁有一份「完美」工作的感受有多麼美好，渴望得到圓滿恆常的快樂，卻一直吸引著我們。

也可以這麼說，我們是患了對真實本性的思鄉病。

做你自己

我們必須認出自己的根本狀態。

措尼仁波切，《無牽掛的尊嚴》（*Carefree Dignity*），英譯：艾瑞克・貝瑪・昆桑／馬西亞・賓德・司密特佛陀曾說，只要讓心如其本然的安住，就可以直接體驗到心的本性。但是如何才能做到這樣呢？這就要回溯一下前面所提到的將軍運寶的故事了。在那則故事中，將軍奉命在一天之內將國王的寶藏從舊王宮搬移到新王宮。你還記得他達成任務時既放鬆又滿足的狀態嗎？當他洗完熱水澡，坐在柔軟的墊子上時，他的心完全平靜下來了，雖然念頭仍舊會冒出來，但他滿足地讓念頭生起、消退，不執著任何一個念頭，也不追逐任何一個念頭。

你應該也曾經在完成漫長且艱困的工作之後，有過類似的體驗。無論是勞力工作或是撰寫報告、完成財務分析等勞心的工作，完成時，你的身心會自然安住在一種快樂的疲累中。

所以，我們現在就來簡短地練習一下如何「安住自心」。這其實不是禪修的練習，而是一種「無修」（non-meditation）；這是非常古老的佛法修持，我父親曾解釋道，它會讓我們放下必須達到某種目標或體驗某種特別狀態，而加諸於自己的壓力。在無修的練習中，我們只是觀看發生的一切，完全不做任何干預；我們只是對探索內在的實驗感興趣的觀察員，所以對實驗結果的好壞不會患得患失。

當然，剛開始學習這個方法時，我還是個很目的導向的孩子；每次坐下來禪修時，我都期待會有美好的經驗。經過相當長一段時間之後，我才開始抓到「只是安住」的竅門：只是觀看，放下對結果的期待。

首先，以舒服的姿勢坐下，保持脊椎挺直，身體放鬆，眼睛張開。當身體的姿勢很舒適、很放鬆時，讓你的心單純地安住三分鐘左右；讓心放鬆，就像剛剛才完成一項漫長、艱鉅的任務一樣。無論發生什麼情況，如念頭或情緒生起、身體不適，或察覺聲音或氣味，或是心裡一片空白，都別擔心。任何發生的或沒發生的，都是在安住自心時的部分經驗。

現在，對心中來去的所有念頭保持覺知，並安住在這樣的覺性中……

安住……

安住……

三分鐘到了之後，問問自己，剛剛那個體驗如何？別評斷它，也別試圖解釋它，只要回顧剛剛所發生的一切，回顧你的感受就行了。你可能經驗到短暫的平靜或廣闊開放的滋味，這非常好。或者，你也可能察覺到百萬個不同的念頭、感受和感官知覺，這也非常好。為什麼？因為不管是哪一種情形，只要你當時對生起的想法或感受至少保持了些微的覺性，那麼，你就是已經直接瞥見了心的自然運作。

現在我要告訴你一個大祕密——任何時刻，當你將注意力安住在往來於心中的一切，這就是禪修；以這樣的方式安住，就是體驗本然心。

禪修跟日常生活中思考、情緒和感受歷程的唯一差異，就在於你是否運用了單純、赤裸的覺性。當你讓心如其本然地安住，不追逐任何念頭，不被任何情緒或感官知覺帶走，這時覺性就會顯現。

我花了很長的時間才明白，禪修竟然這麼簡單，主要是因為它看起來如此平凡，而且跟我日常的感知習性如此接近，以至於我很少會停下來去認出它。就像我在巡迴講學中遇到的許多人一樣，我自己以前也以為本然心一定是某種很特別的東西，跟我所經歷的一切都不一樣，或者更好。

就像大部分人一樣，過去我也經常批判自己的經驗，認為生活中來來去去的憤怒、焦慮、恐懼等念頭都是壞的，是有負面作用的，或至少是跟本然寂靜相互矛盾的。然而佛陀的教法以及這個無修練習的含意卻是，若能讓自己放輕鬆，心裡上退一步，我們就能開始認識到，這種種念頭不過是在海闊天空的心中來來去去的現象，而心就像虛空一樣，無論其中發生什麼，虛空根本不受干擾。

事實上，體驗「本然寂靜」比喝水還容易。想喝水的話，還得費一點功夫呢；你必須去拿杯子，把杯子靠到嘴邊，再把杯子傾斜之後，水才能倒進你嘴裡，然後還要把水吞下去，再把杯子放下來。可是，體驗本然寂靜根本不需要花這些力氣；你只要讓心安住在它本然的寬廣開闊之中就行了，不需要特別的關注，也不需要特別努力。

倘若不知為什麼，你就是無法安住自己的心，這時你可以只是單純地觀察任何念頭、感受或感官知覺的顯現，停留了幾秒，最後消融，於是你認出：「哦，這就是我心中在發生的……。」

無論你身在何處、在做什麼事，最重要的是去認出自己的經驗是很平常的，是你自心真實本質的自然呈現。倘若你不試圖阻斷心中的發生，而只是觀察它，最後你會開始有一種穩定的放鬆感、一種無限的開闊感——這其實就是你的本然心，也就是那自然不受干擾、任由各種念頭來來去去的背景。同時，你也喚醒了新的神經傳導路徑；當這些路徑的連結愈來愈強、愈來愈深時，你就會愈來愈有能力容受每個瞬間從心中蜂擁而過的種種念頭。無論有什麼紛擾的念頭生起，都只會變成激起本然寂靜覺性的觸媒，而這本然的寂靜則包納並滲透、遍滿這些念頭，就好像虛空包被並滲透遍滿現象世界的每個粒子一樣。

心的簡介到這裡告一段落。現在，我們要開始較深入地檢驗心的特性了。你也許會感到很納悶，為什麼我們必須更深入瞭解本然心，概括性的瞭解不就夠了嗎？我們可不可以直接跳到修持的部分？

這樣說吧！當你在黑夜中開車，如果你手邊有一張當地的地圖，而不是只知道大概的方向，你是不是會感到比較安心？如果沒有地圖和路標的指引，你很可能會迷路，你可能會一直轉錯彎或開到岔路上，結果旅途變得比預定中更漫長且複雜；你很可能只是在原地繞圈子。當然，也許你最後還是會到達目的地，但是，如果你事先知道應該要怎麼去，這趟旅程就會輕鬆很多。因此，你不妨把接下來的兩章當作地圖，是一套能夠幫助你更快到達目的地的導引手冊和路標。

空性：超越實相的實相

空性是萬物產生的基礎。

第十二世泰錫度仁波切，《喚醒沉睡的佛》（*Awakening The Sleeping Buddha*）

單純地安住時所體驗到的開闊感，在佛教名相中稱為「空性」（emptiness），但「空性」或許是佛教哲學中最被世人誤解的名相之一。這個名相對佛教徒來說已經很難理解了，對西方讀者而言更是難上加難。因為早期有許多梵文與藏文的英文翻譯，都將空性譯為「空無」（void）、「無物」（nothingness），誤將「空性」和「什麼都沒有」兩者畫上等號。事實上，這與佛陀試圖闡述的真理有著天壤之別。

佛陀確實教導我們，自心本性就是空性（emptiness），事實上，空性也是所有現象的本質。但佛陀的意思並不是指一切現象的本性像真空一樣，完全空無（truly empty）。他所說的空性，在藏文裡由兩個字所組成：「東巴－尼」（tongpa-nyi）；「東巴」（tongpa）的意思是「空」，它所代表的意義是某種超出感官能力所能感知，及概念性思考所能理解的狀態。在佛教名相中，這往往稱為「不可思議」、「無法言喻」、「不可說」等，但也可直接翻譯為「難以想像的」（inconceivable）或「無以名狀的」（unnamble）。而「尼」（nyi）這個字，在藏文日常會話中並沒有任何特別意義，但如果將這個字放在另一個字之後，當作「後加字」時，它表達的是一種「可能性」，也就是任何事物都可能生起、任何事都可能發生的意思。因此，當佛教徒說到空性時，意思並不是「什麼都沒有」，而是指一種能讓任何事物顯現、改變或消失的無限可能性。

在此我們可採用一個現代物理學家觀察原子內部運作時，所看到的奇異又精彩的現象作為類比。根據我的瞭解，一般物理學家認為所有次原子現象的產生，起源於所謂的「真空狀態」（vacuum state），這是次原子宇宙中能量最低的狀態。在真空狀態下，粒子不斷地顯現和消失。因此，儘管看起來似乎是空的，但這個真空狀態卻是非常活躍的，充滿產生一切現象的潛能。就這點而言，真空狀態和「心的空性特質」相當類似。如同真空雖然被認為是「空的」，卻是各種粒子顯現的根源一般，心在實質上也是「空的」，缺乏真實可陳述的特質，然而這無法界定、不全然可知的狀態，卻是一切念頭、情緒和感官知覺不斷生起的基礎。

由於自心的本質是空性，因此你具備了體驗無限可能的念頭、情緒和感官知覺的能力，連對空性的誤解也是從空性中生起的現象！

有一個簡單的例子，也許能幫助你從體驗的層次進一步瞭解空性。

幾年前有個學生來見我，請我為他講授空性。我給了他一些基本的解說，而他看起來滿高興的，事實上應該說他興奮極了。

「真是太酷了！」我們談話終了時，他這樣說道。

在我的經驗中，空性不是只靠一堂課就能輕易瞭解的，所以我指示他接下來幾天都要針對今日所學去做禪修。

幾天之後，這個學生突然出現在我房門外，臉上帶著驚恐的表情；面色蒼白、佝僂著背，而且不斷顫抖，他步步為營地走進房裡，彷彿在探測前面是否有流沙一樣。當他終於走到我的座位前面時，他對我說道：「仁波切，你吩咐我做空性的禪修，但昨天晚上我突然想到，如果一切都是空性，那麼這整棟房子也是空性的，地板也是空性的，底下的地面也是空性的，這樣的話，我們豈不是會穿過地板掉下去，然後穿透到地底下去嗎？」

我等他說完後，問他：「誰會掉下去？」

他想了一下這個問題，然後表情完全變了。「哦，」他叫了出來，「我懂了！如果這棟房子是空性的，而人也是空性的，那麼，根本就沒有人會掉下去，也沒有任何東西可以穿透過去。」

他歎了長長一口氣，身體放鬆了，臉色也紅潤了起來。於是，我要他以今天的新體認再回去做空性禪修。

兩、三天之後，他再度不期然地出現在我房門外，又是臉色蒼白、全身發抖地走進房裡。明顯就可以看出，他正在盡力憋氣，一副很怕把氣呼出來的樣子。

他在我面前坐下，說道：「仁波切，我依照您所指示的去做空性禪修，也瞭解這棟房子是空性的，底下的地基是空性的，我也是空性的。但是，當我愈來愈深入這個禪修，不再看到或感到任何事時，我真的很害怕。倘若我只是空性的，那麼我不是就要死了嗎？這就是為什麼我今天早上跑來見您的原因。假使我只是空性的，那基本上我什麼也不是，那麼，任什麼也無法讓我不消融於空無之中！」

確定他說完之後，我問道：「是誰會消融？」

我等了一會兒，讓他有時間消化這個問題，然後進一步說道：「你誤以為空性是空無了。幾乎所有的人一開始都會犯這種錯誤，試圖以一種觀念或概念性的角度去理解空性，我自己也曾經犯過同樣的錯誤。但是，從概念的角度是絕對不可能瞭解空性的，只有透過直接的體驗才能真正認證空性。我並不是要你相信我說的話，我只是要告訴你，下幾次再正式禪修時要問問自己：『如果萬法的本質是空性，那麼，誰會消融？什麼會消融？誰誕生了？什麼生起了？誰會死去？什麼會死去？』這樣試試看，你得到的答案可能會出乎自己意料之外。」

深深歎了一口氣之後，他同意再試試看。

幾天之後，他回到我的房間，臉上掛著平靜的微笑，告訴我說：「我想，我現在開始懂得什麼是空性了。」

「我遵照您的指示，針對這個主題做了很長一段時間的禪修之後，終於領悟到空性其實並不是空無，因為必須先有『有』，才會有所謂的『無』。空性其實就是一切，是所有我們想像得到的各種可能的『存在』與『不存在』同時顯現而出。所以，假使我們的真實本性是空性，那麼，沒有任何人可說是真的死去或真的誕生了。因為每一刻在我們身上都同時具備有『可以是如此』或『可以不是如此』的可能性。」

「非常好，」我告訴他：「現在，你把剛剛所說的一切都忘掉，因為如果你試圖一字不漏地記著，那麼你就會把所學到的一切變成一種概念。這樣的話，我們就得重新再來一遍了。」

二諦：勝義諦與世俗諦

沒有世俗諦（相對真理）作為基礎，
就不可能講授勝義諦（絕對真理）……

龍樹菩薩，《中觀論頌》，英譯：瑪麗亞・蒙特那果。出自龍樹菩薩《中觀論頌》〈觀四諦品〉偈言：「若不依俗諦，不得第一義，不得第一義，則不得涅槃。」《中論・青目釋》：「第一義皆因言說，言說是世俗，是故若不依世俗，第一義則不可說，若不得第一義，云何得至涅槃？事故諸法雖無生，而有二諦。」

我們大部分人都需要經過一段時間的思考和禪修才能瞭解空性。我在講授這個主題時，通常最先被問及的問題之一就是：「嗯，如果實相的基礎是空性，那麼萬物到底是從哪裡來的？」這是個很好的問題，事實上，這個問題非常深奧。不過，空性和經驗之間的關係並沒有那麼簡單——或者應該說，就是那麼簡單。但就是因為那麼簡單，所以很容易錯失。事實上，由於空性的無限潛能才使得所有現象，包含念頭、情緒、感官知覺，甚至物質等一切，因而能從空性中顯現、移動、改變，最終消失。

量子力學是現代物理學的一支，研究物質的原子與次原子層次，但這並不是我的專長。所以，我們先把量子力學放一邊。我發現說明空性最好的方式，是回到佛陀時代所瞭解的「虛空」比喻：虛空是一種無垠的開闊感，它本身並不是一種「東西」（thing），而是一種無邊無際、不具特性的背景，銀河系、星球、動物、人類、河流、樹木等都在這背景上，透過這背景而顯現和移動。若沒有虛空，這些事物就無法彼此有別或一一顯現；若沒有虛空，就不會有空間容納萬物，也不會有讓萬物被看見的背景；只有在虛空的背景之中，天體和星球等才能夠誕生、移動和消失。我們之所以能夠站立、坐下、進出房間，也是由於我們周圍的空間之故。我們的身體中也充滿了空間：外部的孔竅，讓我們能夠呼吸、吞嚥、說話等；還有內在器官中的空間，如肺部的空間會隨著呼吸而張開或閉合。

空性和現象之間也有著類似關係。倘若沒有空性，就沒有任何事物能夠顯現；倘若沒有現象，我們則無法體驗萬物之源的空性背景。因此就某方面而言，我們得說空性和現象之間有某種關聯，但兩者也有很重要的差異點。空性，或說無限的可能性是實相的絕對本質；由空性所顯現的一切，無論是星球、銀河系、人們、桌子、檯燈、時鐘，甚或我們對時間和空間所體會的一切境，都是這無限可能性的相對顯相，都是無限時空中暫時的顯現。

我也想藉這機會指出絕對真理（absolute reality，勝義諦）與相對真理（relative reality，世俗諦）之間另一個非常重要的區別。根據佛教的理解，以及現代西方科學某些學派的看法，只有永不改變、不會被時間或環境所影響，或不能分解為更小的，或跟他物毫無連結關係的，才能稱之為絕對真實。以這定義為基礎，我所學到的是，空性——這不可計量且難以言喻的潛質、一切現象的背景，既不是被創造出來的，也不受因緣條件影響——是絕對真理。不過，由於本然心是空性的，是全然開闊且不受任何可被命名或可定義的特性所限制，因此，任何人對現象的看法或說法，或者我個人對現象的看法或說法，都不能說是對其真實本性的真正定義。

換句話說，絕對真理是無法以言語、圖像，甚至數學公式符號表達的。我聽說有些宗教同樣也認為這些方式無法表達「絕對」的本質，因此他們也不願以名號或圖像來形容。至少佛教也贊同這一點：我們只能透過體驗來領悟絕對的境界。

然而，完全否認在我們居住的世界裡，萬事萬物會在時空中有所顯現、改變和消失，也是非常荒謬可笑的一件事。人們來來去去，桌子會毀損；有人喝掉杯子中的水之後，水就會不見。經驗不斷在改變的這個層次，就是佛教名相中所稱的「世俗諦」，也就是「相對真理」。而所謂的「相對」，是指相對於不變且難以言喻的絕對真理。

所以，雖然假裝沒有體驗到桌子、水、念頭和星球等事物是非常愚蠢的，但在此同時，我們也不能說這些事物原本就以一種完整、獨立、自足的方式存在。根據定義，原本就存在的任何事物必定是恆常不變的，無法被分解成更小的部分，或不受因緣變遷的影響。

這樣敘述絕對真理和相對真理之間的關係，雖然非常理智，卻無法提供我們瞭解這種關係所需要的直覺性領會，或以現代語言來說，一種「本能式」（gut-level）的領悟。當弟子一再請求佛陀解釋絕對與相對真理之間的關係時，他時常舉夢境為例，指出日常生活中清醒時的體驗，就如同夢境中的體驗一樣。佛陀列舉的夢境自然跟當時弟子日常生活中的事物有關，比如說牛隻、穀物、茅草屋頂和泥牆等。

這些例子對廿一世紀的現代人來說，卻不一定具有同樣的作用。因此，教學時，我通常都會舉對方較為熟悉的例子。譬如說，假設你是喜愛汽車的哈車族，如果你夢到有人送你一部新車，你一毛錢也不用付，那麼你鐵定會感到興奮極了。收到這輛「夢中車」，「夢中的你」心裡一定很歡喜，你會很高興地開車去兜風，很開心地跟親朋好友大大炫耀一番。

然而，假設夢中的你開著車兜風時，突然間，另一輛車撞上了你，車頭全毀，你的腿也斷了。這時，夢中的你心情肯定是一百八十度大轉變，馬上從快樂的天堂掉到絕望的地獄。你的車毀了，你又沒有保「夢中險」，斷腿又讓你痛得哭爹叫娘的。這時，夢中的你可能就開始哭了。夢醒時，枕頭上竟然還濕了一大片呢！

現在我要問你一個問題，這個問題並不難。

夢中的車是真的嗎？

想當然耳，答案是否定的。既沒有工程師設計了這輛車，也沒有工廠製造這輛車；車子既不是由真正的車體零件所組成，也沒有任何分子或原子組成車體的不同零件。然而在夢境中，你所體驗到的這部車卻非常真實。事實上，你將夢境中的一切都視為真實，而且也以非常真實的念頭和情緒回應了這些經驗。但是，無論你的夢境經驗看起來有多麼真實，我們還是不能說這些經驗是原本就存在的，你說是嗎？當你醒來時，夢境就消失了，你在夢中所感知的一切也融入了空性——萬物生起的無限可能性之中。

同理，佛陀教導我們，任何一種體驗都是從空性的無限可能性中生起的顯相。佛陀言教中，最廣為人知的《心經》中說到：

色即是空，空即是色；
色不異空，空不異色。

我們也可用現代人的語言這樣說道：

夢中車是原本不真實的車，原本不真實的車即是夢中車。
夢中車無別於原本不真實的車，而原本不真實的車也無別於夢中車。

當然，可能也會有人爭辯，日常清醒時所體驗的一切跟夢境中所體驗的一切，在邏輯上怎麼能拿來相互比較？畢竟夢醒之後，腿並沒有真的斷了，也沒有一輛撞毀的車停在車道上啊！此外，倘若真實生活中的你真的發生了車禍，現在你可能已經躺在醫院裡，還得面對一筆可觀的修車費呢！

然而，無論是夢境或清醒時刻，你體驗的基礎都是相同的，即念頭、感受和感官知覺等，都是隨著因緣條件的變化而不斷在變化。如果你能將這樣的對照謹記在心，那麼，清醒時刻所經歷的一切就會開始失去對你的影響力；念頭就是念頭，情緒就是情緒，感官知覺就是感官知覺；這一切在清醒的日常生活中輕易且快速地來來去去，正如同在夢境中一般。

你所經歷的一切隨著因緣條件的改變而改變，即使只有一個條件改變了，你的體驗形式也會隨之改變。如果沒有作夢者，就不會有夢境；如果沒有作夢者的心，就不會有夢境；如果作夢者沒在睡覺，也不可能會有夢境。當這些因緣條件都聚合時，夢境才會產生。

空性的禪修練習

心的本質是空性的，雖然是空性，但萬物卻不斷從中生起。

第三世嘉華噶瑪巴，摘自《噶瑪巴道歌集：了義大手印祈願文》，英譯：艾瑞克・貝瑪・昆桑

對空性具有智性的理解是一回事，直接體驗又是另一回事。所以，我們現在再來試試另一個練習，這個練習跟前幾章所說的練習稍微有點不同。這次，你要非常仔細地看著自己的念頭、情緒與感官知覺，看著它們從空性中生起，顯現片刻，然後又消融於空性之中。如果沒有念頭、情緒或感官知覺，就蓄意編造一些，一個緊接著一個，愈多愈好，愈快愈好。這個練習的重點在於，盡量去觀察不同形式的體

驗，愈多愈好。假如不去覺察這些體驗，一不注意，它們就溜走了；所有的念頭、情緒或感官知覺都要觀察到，一個都不要漏失。

一開始，以挺直但放鬆的姿勢坐好，自然地呼吸。安頓好之後，就開始清晰地觀察你的念頭、情緒和感官知覺。記住，假如什麼念頭都沒有，你就開始在心中胡亂製造一番。無論你感知到什麼——痛苦、壓力、聲音等，都要清晰地看著它們，甚至連「這是好的念頭」、「這是不好的念頭」、「我喜歡這個練習」、「我討厭這個練習」等想法，也都可以是觀察的對境，連簡單的感到哪裡發癢也可以拿來好好觀察一番。為了達到最好的效果，這過程至少要持續一分鐘。

準備好了嗎？預備——開始！

看著心的變動……

看著心的變動……

看著心的變動……

好，停。

這個練習的重點是單純地看著從你覺知中經過的一切，看著它們從空性中生起、剎那顯現，然後消融於空性之中。這些變動就好像大海中不斷起伏的浪濤。別想阻擋你的念頭、情緒等，也別追逐它們。如果你追逐它們，如果你讓它們牽著你的鼻子走，你就會受到它們的約制，無法當下開放、即興地回應。反之，如果你試圖阻擋你的念頭，那麼你的心可能就會變得很狹小、很緊繃。

這是很切要的重點，因為許多人都誤以為禪修就是要刻意停止念頭和情緒的自然變動。你也許可以暫時阻擋這變動，甚至因此而達到短暫的平靜，但這種平靜只不過是僵屍般的平靜罷了；這種毫無念頭和情緒的狀態，完全不具識別能力而且也不是清明的。

如果你能練習讓自己的心如實呈現，那麼你的心終究會自己安頓下來，你會開始有一種寬坦的感覺，你清晰、無偏地體驗事物的能力也會逐漸增強。一旦能夠以覺性看著這些念頭和情緒的來去，你就會開始認出它們全都是相對的現象；它們之所以能夠被界定，完全是由於它們和其他經驗之間的關係。能夠辨識快樂的念頭是因為它和痛苦的念頭不同。這就好像某人個子很「高」，是和個子比他矮的人比對的結果。事實上，這人本身既不高，也不矮。同理，除非是跟其他念頭相比較，否則念頭或感覺本身並不能被定義為正面或負面。如果沒有這樣的比較，念頭、情緒或感知就只是念頭、情緒和感知罷了，它們本身並沒有任何天生固有的特質或特性。除非透過比較，我們無法對它們下任何定義。

從物理學的角度看經驗

物質實體並非存在於空間之中，而是空間性的延展。依此，「虛空」的概念便失去了它的意義。

亞伯・愛因斯坦，《相對論》（*Relativity*，第十五版）

與現代科學家的對談中，我驚異地發現，量子力學原理跟佛教徒對空性與顯相關係的理解，有著許多相似之處。但由於所使用的語彙不同，經過好長一段時間之後，我才發現其實我們的觀點是一致的：現象，藉由無數類事件的因緣和合，一瞬間、一瞬間地展現。

為了充分領會這些相似處的意義，我發現瞭解古典物理學原理是非常重要的，因為這是量子力學發展的基礎。「古典物理學」是一個通稱，泛指基於第十七世紀奇才牛頓（Isaac Newton）及追隨他腳步的科學家們，根據實驗觀測所建立的一系列理論。古典物理學從宏觀的角度，闡述自然界的基本物理現象和運作法則。根據古典物理學的看法，宇宙是一個運作有序的巨大機器。根據這種機械理論模式，如果我們知道宇宙中每一個粒子的位置和速度（velocity，指粒子的速度和移動的方向），也知道它們之間在某個特定時間點的作用強度，我們就可能預測宇宙中每一個粒子在未來任何時間點的位置和速度。同理，我們也可以根據對宇宙目前狀態的完整描述，得知宇宙過去的全部歷史。宇宙的歷史可說是個別粒子依據絕對及可知因果定律所連結而形成的歷史巨網。

然而古典物理學的定律和理論，主要是奠基於對宏觀體系的觀測，諸如行星和恆星的移動，以及地球上物體之間的互動。但是，十九和廿世紀的科技發展和進步，讓科學家能研究愈來愈微細的現象行為。他們的實驗開始顯示，微觀體系（如原子、分子、核子等）的物理現象，並不像古典物理所描述的宏觀體系那麼有規則、那麼可預測。這些實驗形成量子力學的基礎，也成為現代物理學的基本架構。

這些實驗有一些令人意外的發現，例如我們平常所認定的「物質」，可能不像我們過去相信的，是實體而且可以明確定義的。次原子層次的觀測顯示，「物質」的行為相當奇特，有時展現粒子的特性，有時卻展現波的特性。據我所瞭解，我們其實無法同時準確測知粒子和波的位置和速度。所以，根據粒子的位置和速度，即能描述宇宙狀態的傳統觀念於是瓦解。

如同量子力學是由古典物理學定律逐漸發展出來，佛陀針對經驗本質的描述也是漸進的，是根據聽聞法教者理解程度的進展，逐步加深他所提出的見解。歷史上，佛陀所闡述的法教被分為三個系列或三個階段，也就是所謂的「三轉法輪」。「法」，在梵文中稱為「達磨」（dharma），在這裡的意思是「真諦」（truth），也可以說是「事物的本質」。佛陀首次開講的地方是鹿野苑（Deer Park）的一處空地。鹿野苑位在瓦拉納西（Varanasi）附近，屬於現今印度的貝拿勒斯轄區（Benares）。初轉法輪的法教以可觀察的實質經驗為基礎，闡述了實相的相對本質。這些法教總結為眾所周知的「四聖諦」；不過，更貼切的說法應該是「洞悉事物本性的四種清淨見解」（Four Pure Insight into the Way Things are）。簡單地說，這四種見解是：

一、凡夫的生命受制於痛苦（苦）；

二、痛苦起源於苦因（集）；

三、苦因可以息滅（滅）；

四、有簡單的修行之道可幫助我們息滅苦因（道）。

二轉法輪和三轉法輪時，佛陀開始講述絕對真理的特性。二轉法輪的教示是在位於印度東部比哈爾省（Bihar）靈鷲山所講述的，主題是空性的本質、慈心（loving-kindness）、悲心（compassion）和菩提心（bodhicitta，梵文，也稱為「覺醒之心」）。三轉法輪時，佛陀則說明佛性的基本特質，講述地點分布在印度各處。

三次轉法輪的教導各有特色，除了對心的本質、宇宙，以及心如何感知經驗有不同的解釋之外，也用於澄清當時佛陀追隨者們的疑惑。佛陀涅槃之後，他的追隨者對如何詮釋他所宣說的法教，時或具有不同的意見，其中有些人可能並沒有聽聞佛陀前後三次轉法輪的全部教導；所以他們之間意見不一致，其實也是很自然的，因為佛陀一再強調，只靠知識性理解是不可能領會這些言教的根本要義，唯有透過直接體驗才能真正有所了悟。

那些只聽過初轉教導的人後來發展成兩個學派：「說一切有部」（Vaibhasika，或簡稱「有部」或「分別部」）和「經部」（Sautantrika）。根據他們的見解，極微小的粒子（finitesimally small particles）被視為絕對「真實」，也就是說，極微小的粒子本身是完整的，無法分解為更小的部分。這樣的極微小粒子在藏文中稱為「度趁」（dul-tren）或「度趁恰美」（dul-tren-cha-may），可大致譯為「微小至極的粒子」或「不可再分割的粒子」，在漢傳佛教名相中稱為「微塵」或「無方分極微塵」。這些基本粒子被視為一切現象的基本組成元素，不可能消融或消失，只會轉變為不同形式。例如：當木塊燃燒時，木頭「不可再分割的粒子」並沒有消失，只是轉變為煙或火焰，這跟「能量不滅定律」（law of conservation of energy）並無不同。能量不滅定律也稱為「能量守恆定律」，是物理學的一項基本法則，意指能量既沒有被創造，也不會被消滅，只會被轉化為不同形式，例如：汽油的化學能量可被轉化為啟動汽車的機械能量。

此刻的你可能滿頭霧水，弄不清楚現代物理學的發展跟達到個人喜樂到底有什麼關係。但是，如果你耐著性子繼續聽我說下去，這之間的關係就會愈來愈清楚。

佛陀後期的教法說明「極微小的粒子」或「不可再分割的粒子」可以被轉化的事實時表示，所謂的極微粒子，其實也只是一種無常或暫時的現象，因此不能被視為根本或絕對「真實的」。兩千五百年之後，愛因斯坦以他最著名的方程式「$E=mc^2$」證明了這一點。這簡潔的方程式說明粒子就像是一個能量小包包。

舉個日常生活的實例：水。在寒冷的環境下，水會變成冰；在室溫下，水則是液體；將水加熱之後，水會變成為蒸汽。在研究室的實驗中，水分子可被分解為氫原子和氧原子，但是當我們深入檢驗這些原子時，它們又是由更小、更小的次原子所組成。

有部和經部的見解跟古典物理學說之間，存在著一種很有趣的相似之處。根據古典物理學（為了使這些觀念更易瞭解，我可能過份簡化了這個例子），物質基本元素和宏觀物體，例如行星、恆星及人體，可以以位置和速度等可精確測量的特質來描述。此外，透過和地心引力及電場等作用力之間的完美協調互動，它們在時間和空間中的運動是可以預測的。古典物理學在預測宏觀現象的行為方面，例如星球的運行等，仍然是非常有用的。

不過，十九世紀的科技發展提供了許多新工具，讓物理學家能夠觀察物質現象的微觀細節。廿世紀初期，英國物理學家湯姆森（J.J. Thomson）進行了一連串的實驗，發現原子並不是一個固定本體，而是由一些更小的粒子所構成，例如：帶電的粒子——電子（electron）。另一物理學家拉塞福（Ernest Rutherford）以湯姆森的實驗為基礎，提出了原子模型（model of the atom），上過高中化學或物理的人應該都很熟悉，在這個類似微型太陽系的原子模型中，電子繞著中心的原子核（nucleus）運動。

拉塞福的「太陽系」原子模型學說的問題是，它不能解釋原子加熱或以其他方式獲得能量後，為什麼必定會發射出某種特定能量的光。不同的原子有不同的能階組，稱為「原子光譜」（atom spectrum）。一九一四年，尼爾·波爾（Neils Bohr）發現，將原子內部的電子當作一種波時，就能準確說明原子光譜的現象。這是量子力學早期的一大成就，迫使科學界開始重視粒子也具有波動性質的這個奇異新理論。

大約在此同時，亞伯·愛因斯坦也指出，我們不一定要把光當成波，我們可以把光當作粒子，也就是他所稱的「光子」（photons）。愛因斯坦所引證的實驗現象是，當超過某種頻率的光束照射到金屬板上時，金屬板中的電子會吸收光的能量而脫離金屬表面產生電流。繼愛因斯坦的發現之後，許多物理學家便開始以實驗證明各種形式的能量，基本上都可以用粒子來敘述。這樣的觀點跟「有部」所有現象都是由極微小粒子所組成的見解非常類似。

當現代科學家繼續研究次原子的世界時，他們仍然面對同樣的問題：次原子（「實相」或「經驗」的建構基石）有時呈現波的特性，有時呈現粒子的特性。因此，他們只能測定次原子會呈現某種特性或行為的或然率（probability）。在實際運用方面，量子理論顯然很正確，雷射光、電晶體、超級市場光電子掃描機和電腦晶片的發展等就是很好的證明。然而量子理論對宇宙現象的詮釋，仍停留在一種相當抽象的數學敘述階段。不過我們也要記住，數學是一種符號語言，是一種以數字和符號代替文字所寫成的詩歌，表達潛藏於世俗經驗背後的實相。

▪這個現象在物理學中稱為「光電效應（photo-electric effect）」。光電效應由德國物理學家赫茲所發現，當光束照射在金屬材料時，若是此光束的頻率超過某一臨界值，則金屬材料會發射出電子，而所發射電子的能量取決於光的頻率，而與光的強弱無關。長久以來，古典物理學都不能夠解釋這個現象，一直到愛因斯坦提出了光子論或光量子論，亦即光是由跟頻率有關之能量單位的「粒子」所組成的，光電效應才開始有了理論的解釋。

可能性所帶來的自由

對生起的一切保持清新的覺性……就足夠了。

第九世嘉華噶瑪巴，《大手印：了義海》，英譯：伊莉莎白・克拉漢

佛陀在早期的教導中指出，痛苦的產生主要是因為我們執著於某種原本存在或絕對「真實」的經驗，包括相信有原本真實的自我（人我）和原本真實存在的物質現象（法我）。當聽法弟子的程度愈來愈高時，佛陀就開始較直接地演說空性及佛性

的見解。同樣地，古典物理學家對於物體的本質和行為的認識，也是在十九世紀末期多位科學家的努力之下，逐漸重新加以定義並修正。

誠如先前提到的，現代科學家在觀察物質的次原子層次行為時，發現次原子世界的元素在特定實驗條件下，表現得很像是物質的粒子，但在其他條件下則表現得像波。從許多方面來看，這些「波與粒子雙重性（wave-particle duality）」的觀察研究顯示了新物理學，即量子力學的誕生發展。

我可以想像得到，科學家剛開始觀察到這些奇異的行為時，可能會感到很不習慣。我們可以簡單類推一下，想像某個你自認為很熟的人，剛剛才把你當成知心好友看待，半小時之後，卻表現得好像從來沒見過你一樣。你可能會把這樣的行為稱為「兩面人」（two-faced）。

另一方面，這必定也非常令人興奮，因為對物質變化的直接觀察，而開展了研究的新視野，這跟我們開始積極觀察自心活動，而打開新視野的情況非常類似。有好多要看！有好多要學習！

秉持科學家一貫的投入與努力，廿世紀初期的物理學家又開始尋求新的探討方法，以解釋粒子具有波動性的現象。以波爾原子內電子具有波動性的理論藍圖為基礎，科學家最後成功地以精密的數學方程式重新描述次原子的世界，說明為何已知宇宙中每一個粒子都可由波的角度去理解，而每一種波也都可由粒子的角度去理解。換句話說，組成宏觀世界的粒子一方面可被視為「物」（things），另一方面又可視為延展於時空中的波動現象。

那麼，物理學跟快樂有什麼關係？我們都覺得自己是實質且獨立的個體，具有明確的目標和性格，但如果我們坦然看待現代科學的新發現，就不得不承認，我們對於自我的看法實在是很不完整。

佛陀的言教通常被分為兩類：一是有關智慧或理論的教導，另一則是針對方便道（方法）或修持的教導（即佛教名相所說的「教證二法」）。佛陀自己時常將教法和證法比喻為鳥的雙翼，若想展翅高飛，非得要有一雙翅膀不可。「智慧」的羽翼是不可或缺的，如果我們對自己的目標一點基本認識都沒有，無論「修持」的翅膀再怎麼拍動，也將徒勞無功。譬如上健身房健身的人，不論是汗水淋漓地踩踏跑步機或使命地舉重，他們至少都大略知道自己到底想從中獲得什麼。直接認證自己天生擁有獲得喜樂的能力也是一樣，我們必須先弄清楚目標是什麼，才能藉由適當的努力來達成目的。

現代科學，尤其是量子物理學與神經科學，提供我們探討及開展智慧的另一種方法。對廿一世紀的現代人來說，這比佛教藉由主觀分析而洞悉實相本質的傳統更容易接受，也更容易證明。現代科學不僅能夠站在確實且科學化的分析角度，解釋佛法修持為何有效，同時也對佛教所認識的，基於因緣變化而瞬間顯現又消失的短暫現象「無方分極微塵」，提出了微妙且深刻的觀察，但是，我們必須更深入科學的領域，才能發現兩者之間有何相似之處。

感知的相對性

心的本質本自清淨，
完全超越語言文字、概念和思惟。

蔣貢・康楚・羅卓泰耶，《大千世界》（*Myrid World*），英譯與編輯：昆恰・邱林國際委員會（International Committee of Kunkhyab Chöling）

將空性定義為「無限的可能性」，只是陳述了這個極為複雜名相的基本意義而已。早期的英文譯者可能都忽略了空性較微妙的一層意義：空性是由這無限可能性所生起的一切，無論是念頭、字句、星球或桌子，都不是真實存在的「事物（thing）」，而是許多因緣條件聚合的結果。如果其中任何一項因緣條件改變或去除了，就會出現另一個完全不同的現象。如同二轉法輪所陳述的要點，量子力學也傾向於將經驗描述為事件發生的多種可能性，而非只是「單一可能性的連續事件導致單一結果」。說來也奇怪，這相當接近佛教對絕對實相（勝義諦）的看法，也就是說，理論上各種結果都有可能發生。

互為緣起

凡是依賴因緣條件的一切，都可以說是空性的……

《馬卓巴請問經》（*Sutra requested by Madropa*），英譯：阿里．金洲

舉個簡單的例子來說，假想有兩張不同的椅子，其中一張四支椅腳都結實堅固，而另一張有兩支椅腳是好的，另外兩支椅腳卻壞了。坐在四支椅腳都結實堅固的那張椅子上時，你會覺得很舒服。但坐在另外一張椅子上，你最後可能會摔得四腳朝天。表面上看起來，兩者都是椅子，但你坐在這兩張椅子上的經驗顯然完全不同，因為兩者的基本因緣條件不一樣。

各種不同「因」的聚合，在佛教名相中稱為「互為緣起」（interdependence）。「互為緣起」的法則隨時都在我們周遭的世界中運作著，例如一粒種子本身具備了成長的潛能，但是只有在某種特定的因緣條件下，這潛能才能展現出來，才能變成一棵樹、一叢灌木或一株爬藤。種子需要被種下、灌溉，也需要適量的光線。然而，即使在合適的條件下，從土裡會長出什麼，也還得看種下的種子本身到底是什麼。蘋果種子不會長成橘子樹，橘子種子也不會變成一棵突然冒出蘋果的樹。因此，即使只是一粒種子，也適用「互為緣起」的法則。

同樣地，我們在日常生活中所做的選擇也都具有相對性效應，都會啟動因緣條件的作用，而在相對實相的範疇中產生必然的後果。相對的選擇就像是把石頭投入

水池中，即使丟得不遠，不管它落在哪兒，同心漣漪必定都會從石頭掉落的地方往外擴散，要這樣的結果「不」發生是絕對不可能的。（當然，除非你瞄準的功夫差到沒把石頭丟進池塘，還砸進了鄰居的窗戶。這樣的話，你得到的會是一組完全不同的後果。）

同樣地，你對自己的看法，比如說「我不夠好」、「我太胖了」，或「昨天我犯了一個嚴重的錯誤」等，都是依據先前的因緣條件而來的。但這也許是因為你前一天晚上沒睡好，或今天早上有人說了什麼你不中聽的話；或者，你只是肚子餓了，你的身體亟需維他命或礦物質才能正常運作；身體缺水這類單純事情都可能會導致疲勞、頭痛，或讓你無法專心。許多因素會影響「你是誰」的相對經驗，但這並不能改變「你是誰」的絕對實相。

在威斯康辛州實驗室中接受神經科學家的檢驗時，我問了很多關於現代科學家如何理解感知作用的問題。佛教徒有自己的理論，但我對西方科學的觀點感到很好奇。我得知，由純粹神經科學的觀點而言，任何感知動作都需要三個要素：一是外來的刺激物，例如：可見的形體、聲音、氣味、味道，以及我們碰觸或碰觸到我們的東西；二是感官；第三個則是一組腦神經迴路，用來組織並理解感官所接收到的訊息。

以對香蕉的視覺感知為例，和我交談過的科學家解釋道，視神經，也就是眼睛內的知覺神經元，首先偵測到的是一根長長的、黃色的、彎彎的東西，其中一端還可能有咖啡色的斑塊。被這個刺激物刺激之後，神經元就開始發射訊息到視丘（thalamus）——腦部正中央的一個神經元組織。視丘有點像是老電影裡常看到的中央電話總機一樣，會先將感官所接收到的訊息做某些彙整分類，之後再傳送到腦部其他區域。

視神經接收到的訊息經過視丘分類之後，會被傳送到腦邊緣系統，也就是腦中負責處理情緒以及痛苦和愉悅感的主要區域。這時，腦會立即判斷所見的刺激物——就這例子而言，這根長長、黃黃、彎彎、一端有著咖啡色斑塊的東西，到底是好是壞，或是中性的東西。這有點像我們和某些人見面時，可能會產生的一種特別的感受，類似「直覺反應」（gut reaction），只不過這種反應並不只是出現在肚子裡（編注：gut英文原意為腸、內臟）。用這樣的簡略描述比用「腦邊緣區域中的神經元刺激反應」這種細節說法要簡單多了。

腦邊緣區域在處理這項訊息時，同時也會把它「上傳」到大腦皮質層，也就是腦中主要負責分析的區域。腦皮質層會把這項訊息組織成某種模式——更明確地說法是「概念」，而這些概念即成為我們日常生活所依賴的指南或地圖。大腦皮質層會評估這個模式，並判定刺激視神經細胞的這個物體是一根香蕉。這時，如果大腦皮質層之前已製造過「香蕉」的模式或概念，它就會根據以往的經驗提供各種相關細節，例如香蕉的味道、我們是否喜歡這個味道，以及其他跟香蕉這概念有關的種種細節。而這些細節讓我們進一步決定如何對我們視為香蕉的這個物體，做出更精準的適當反應。

以上描述的只是感知過程的概略輪廓，然而，即使對這過程的一瞥也能提供一些線索，幫助我們瞭解即使只是一個再普通不過的物體，如何能成為快樂或痛苦的原因。一旦到達認出「這是香蕉」的階段，我們實際上看到的，已經不是原本的物體了，而是大腦皮質層所建構出來的影像。這個影像受到極多因素的影響，包括環境、期待、先前的經驗，以及我們神經迴路特殊的結構等。在腦中，這個感知過程與這一切因素可說是互為緣起，持續相互影響。腦皮質層提供我們藉以辨認、命名所認知的物體，並預測與其相關的行為或「規則模式」，影響極為深遠。因此我們的確可以說，是腦皮質層塑造了我們的世界。換句話說，我們並不是「在看」香蕉的絕對實相，而是「在看」一個由心理所建構出來的影像。

為了說明這個觀點，在一九八七年首屆「心與生命學會」研討會中，李文斯頓博士描述了一個簡單的實驗。這實驗讓一組實驗對象觀看一組精心設計過，垂直線和平行線長度完全一樣的英文字母「T」。當實驗對象被問及這兩條線哪一條比較長或一樣長時，他們給的答案可分為三種，而每一種答案都和他們的背景有關。住在平地或主要在平地長大的人，例如：荷蘭人大多傾向認為平行線比較長；相反地，住在山區或在山區長大的人，由於較常看到垂直物體，大多覺得垂直線比較長。只有少數的實驗對象能夠認出這兩條線的長度相同。

純粹就生物學的角度而言，腦是塑造和修正感知作用的積極參與者。雖然科學

■〈溫和的橋樑：與達賴喇嘛對談心的科學〉（Gentle Bridges: Conversations with the Dalai Lama on the Science of Mind），p183-184，傑若米．黑沃（Jeremy W. Hayward）、法蘭西斯寇．斐瑞拉（Francisco J. Varela）合著，波士頓香巴拉出版社（Boston: Shambhala, 1992）。

家並不否認在身體範圍之外，還有一個「真實的世界」，但他們也普遍認為，即使感官經驗看起來似乎非常直接且即時，它所涉及的過程卻遠比表面上看起來細微且複雜多了。如同法蘭西斯寇·斐瑞拉後來在研討會上解釋的，「彷彿是腦實際讓世界透過感知而顯現。」▼

腦部在感知過程中所扮演的活躍角色，是決定我們內心一般狀態的重要關鍵。對於那些勇於嘗試心智訓練，想要逐步改變多年積習的人來說，這個活躍的角色開啟一種可能性，即透過不斷的修心訓練可讓腦部發展出新的神經元連結，這不僅能轉化既有的感知，更可超越焦慮、無助感和痛苦等心理狀態，進而邁向較持久的喜樂與平靜經驗。

對於任何一個圈囿在「生命就是如何……如何……」的人來說，這無疑是個好消息。你所經驗的一切，無論是念頭、情緒或感官知覺，並不像表面上看起來那麼牢不可破或無法改變。你所感知的一切只是約略近似事物的真實本性而已，事實上，你所居住的宇宙以及你心中的宇宙形成了一個完整的宇宙。一些神經科學家、物理學家與心理學家向我解釋，現代科學以客觀理性的語言從嶄新的角度去描述實相，已開始將「存在」的神奇偉大還原到我們心中。

▼同前注。

從神經科學看主體和客體

二元對立的思想是心的動態能量。

蔣貢．康楚．羅卓泰耶，《生起次第與圓滿次第》（*Creation and Completion*），英譯：喇嘛．耶喜嘉措（Lama Yeshe Gyamtso）

現在，我們對物理學和生物學的認識已經增加了一點，所以可以開始問一些比較深入的問題，繼續探討空性的絕對實相與日常生活經驗的相對實相。例如，從物理學家的觀點來說，物體本身只是一堆旋轉的微小粒子的集合體，假使我們所接收的對境只是目標物的某種影像，那麼，為什麼我們會認為面前的桌子是具體的？我們是如何看到或感受到桌子上的那杯水？喝水的時候，水似乎相當真實、可觸知的，怎麼會這樣呢？不喝水的話，我們就會覺得口渴，這又是為什麼呢？

首先，心以許多種方式進行一種所謂的「執持」過程。「執持」在藏文中稱為「緊巴」（dzinpa），是心「執著對境為原本真實」的習性，也可翻譯為「執著」。佛法的修持提供了一種替代方法，讓我們放棄原本基於恐懼的生存觀點，而把生命當作是一連串奇特和美妙事件的展示，並改以這種態度去經驗生命。兩者的差異可藉由一個簡單的例子來說明：想像我一隻手掌心朝下地握住一串念珠（就像天主教徒祈禱時所使用的玫瑰念珠）。在這個例子中，念珠代表人們一般認為需要的東西：好車、華衣、美食、高薪的工作、舒適的家等。如果我緊緊握住念珠，念珠的某些部分看起來就像是想要逃出我手掌心的樣子，總有一段垂吊在手掌外。如果我試圖抓住垂吊在外面的那段念珠，更長的一段念珠就會從指間滑落；如果我又企圖抓住這段念珠，那麼更長的一段念珠又會滑落。這樣繼續下去，最後我一定會失去整串念珠。但是，如果我把掌心向上翻轉，讓念珠擱在自然張開的掌心上，那麼念珠根本就不會掉落，反而會安適地窩在我手中。

再舉個例子，想像你坐在擠滿了人的房間裡看著面前的一張桌子。你的習性是把桌子當作是一樣東西，是一個完整、自足的客體，獨立存在於主觀觀察之外。但桌子有桌面、桌腳、後面和前面。當你想到這桌子是由這麼多不同的部分構成時，你真的還能把它當作是一個單一的物體嗎？

神經科學家在探索這個「沒有指揮者」的腦時，發現人腦的進化在模式辨認與模式反應方面特別發達，功能專門化的程度非常精細。組成人腦的幾百億個神經元中，有些特別專精於辨認形狀，有些則專司辨認顏色、氣味、聲音、動作等。同時，腦部也天生具備一些機制，讓我們有能力選取出神經科學家所謂的「整體」（global）或模式性關係。

以電子郵件中常用的情緒臉譜為例。情緒符號其實是一組組的視覺符號，其中「:-)」這組符號很容易就被認出是一個「笑臉」，「:」是兩個眼睛，（-）是鼻子，而「)」則是嘴巴。不過，如果這組符號重新排列成「)-:」，腦部便無法認出這個模式，只會將這解讀為隨機的點、線和弧線。

我認識的那些神經科學家告訴我，透過「神經元同步（neuronal synchrony）」

作用，模式辨認機制幾乎在神經元一識別出形狀、顏色等的同時就開始運作了。所謂神經元同步，簡單地說，這就是遍布腦部各個區域的神經元立即自動相互溝通的過程。例如，當視神經元偵測到「:-)」這組符號準確的形狀時，對應的腦神經元就依照辨認出的特別模式，協調無間地彼此傳遞訊號。如果沒有任何已存在的模式可循，對應的神經元就只是隨機地發出訊號。

目前我所接觸到的例證中，辨認模式或對象物的這種傾向，最能表達「緊巴」在生物學上的意義。我猜這可能是一種生存機制的進化，因為區別有害、有益及中性物體或事件的能力實在很有用！如同稍後我會再詳加解釋的，臨床研究顯示，禪修練習可以進一步開展神經元的同步機制，讓感知者能夠開始意識到自己的心，以及自心感受到的經驗和對象物其實是一體的，是一樣的。換句話說，長期的禪修練習能夠消融主體和客體（能者與所者）之間的人為區別，讓領受外境者能夠自由地決定自身經驗的性質，也能自在地分辨什麼是真實的、什麼只是顯相而已。

消融主體和客體的分別，並不表示所領會到的一切境相就會變成模糊的一大團。你的感知經驗仍然會有主體和客體的分別，只是在這同時，你也會瞭解到這種分別實質上只是概念性的。換句話說，你所感知的事物和感知事物的心並沒有什麼不同。

由於這樣的轉換很難以理智去領會，為了更進一步瞭解這一點，我要再度以夢境為例。作夢的時候，如果你能認出自己正在經歷的一切只不過是夢，那麼你就能認識到，你在夢中所經歷的一切都只發生在自己的心中。認識這一點之後，你就能讓自己脫離「夢中難題」、「夢中之苦」或「夢中限制」。夢境雖然仍持續著，但是，「夢是夢」的認識會讓你從夢中情境的痛苦和不悅解脫出來。恐懼、苦惱及痛苦都會被一種幾近孩子般的驚奇感所取代：「哇，你看，我的心竟然能夠製造出這樣的東西來！」

同樣地，想要在清醒時刻超越主體和客體間的區別，就相當於認出「所經歷的一切」和「經歷一切的心」並不是分離的。日常清醒的生活不會因此而停頓，但是你對生活的體驗或感知，卻會從有限的狀態轉換為神奇驚異的經驗。

不確定性原理的恩賜

心無所緣時，即是大手印。

帝洛巴，《恆河大手印》，英譯：伊莉莎白・克拉漢

再回頭來討論「看到桌子」這個例子。我們可以說，即使在一般的觀察層次上，桌子也處在一種不斷改變的狀態中。從昨天到今天，木頭有些部分可能已經損壞了，某部分的油漆也可能剝落了。若以物理學觀點來看這張桌子，在微觀的層次上，我們可以看到組成桌子的木頭、油漆、釘子和黏著劑等物質，是由分子和原子所構成，而分子和原子則是由快速移動及振動的次原子粒子所組成。

在次原子層次上，物理學家遇到一個非常有趣的問題，也就是當他們試圖測量粒子在次原子空間中的確切位置時，便無法百分之百精準測量粒子的速度；而當他們企圖測量粒子的速度時，則無法精準確認粒子的位置。想要同時準確測量粒子的位置和速度時所遇到的問題，就是海森堡測不準原理▼（Heisenberg's Uncertainty Principle）所要解釋的原理——這是以提出這項原理的量子力學先驅之一的華納．海森堡（Werner Heisenberg）而命名的。

他們告訴我，問題產生的部分原因是，為了「看到」次原子粒子的位置，物理學家必須用一種短波長的光照向粒子，而這種光會強化粒子的能量，也會改變粒子移動的速率（rate）。另一方面，當物理學家測量粒子的速度時，所測量到的，是照在移動粒子上的光波頻率變化，就像交通警察用雷達光來測量車速一樣。因此，根據科學家所設計執行的實驗，他們對於粒子的特性，只能兩者取其一地測量到結果。簡而言之，實驗的結果取決於實驗的性質，也就是說，取決於設計及觀察該實驗的科學家所問的問題。

如果你視這種矛盾性為描述人類經驗的一種方式，你就會發現，如同粒子所屬的特性取決於科學家進行的是哪種特定的實驗，同理可推，一切我們所思考、感受和所感知的對境，都是被我們心理習氣所制約。

■海森堡測不準原理（Heisenberg's uncertainty principle），是德國物理學家海森堡於一九二七年提出的量子理論，用以說明物理測量精確度的基本極限，而此極限與測量儀器的品質無關。這項原理指出，在測量粒子的物理狀態時，粒子位置的不確定性與粒子動量的不確定性的乘積將大於或等於$h/4\pi$，h為蒲朗克常數，π是圓周率。所以，當粒子的位置被精確地測量到時（位置的不確定性低），粒子的動量就無法被精確地測量到（動量的不確定性就高），反之亦然。由於粒子的物理狀態無法如古典物理學般被完整又精確地描述出來，所以量子理論是透過或然率來描述粒子的行為。

現代物理學已指出，我們對物質現象的理解，多少都受限於我們所問的問題。然而無法精確預測粒子在次原子宇宙中，可能出現的方式及位置所產生的不確定性，同時也代表我們擁有某種程度的自由可決定自身經驗的性質。

以認知心理學的觀點看事件的來龍去脈

我們的生命由自心塑造而成。

《法句經》（*The Dhammapada*），英譯：艾納．伊斯渥倫（Eknath Easwaran）

佛法修持能引導我們逐漸放棄慣有的假設，嘗試以不同的論點和角度去看待事物。這樣的轉變其實並沒有想像中那麼困難。我在尼泊爾時，有一次跟一個專精於認知心理學的學生談話，才知道，原來轉變自己看待事物方式的能力是心的基本功能。依照認知心理學的說法，我們接收到的任何資訊的意義，主要取決於我們是在何種情境下看待它。認知心理學以不同層次的情境去瞭解資訊，和量子力學以不同方式去觀察現象，兩者似乎有非常明顯的相似之處。

例如，當我們看到下面這行中文的時候：

明 就 仁 波 切

我們可以用好幾種不同的方式來解讀這些字的意義，包括：

一、線條和空間的排列；

二、一組中文；
三、只是一個名字；
四、跟我們認識的某個人有關；
五、跟我們不認識的某個人有關。

應該還有其他許多不同層次的解讀，但我們只列舉這五種為例。

有趣的是，任何一種可能的解讀方式都無法否定其他解讀方式的正確性。不同的解讀方式只是代表根據不同脈絡而有的不同層次意義，而這主要取決於經驗。

比方說，假如你剛好認識我本人，當你看到「明就仁波切」這幾個字時，你會想：「哦，是啊，就是那個矮矮的西藏人，戴著眼鏡、穿著紅袍子跑來跑去，到處跟人家說桌子並不是絕對真實的存在。」

假如你不認識我，或不清楚關於我的一些事情，只是曾經在報章雜誌上某篇報導藏傳佛教教師的文章中，看過「明就仁波切」這幾個字，那麼，「明就仁波切」也只是戴著眼鏡、穿著紅袍子，到處跟別人說桌子並不是絕對真實存在的那群矮個子西藏人當中，某一個人的名字而已。假使你對中文不太熟悉，你可能會將之認定為一組符號，卻不懂得其中的意義，也不會知道這指的到底是人名還是地名。假使你根本就不懂中文，那麼這些文字對你來說，也許只是一堆可能有意義，或可能沒有意義的古怪有趣線條和圓圈罷了。

因此，當我說到要放下平常的邏輯，以不同的觀點去看待自己的經驗時，我的意思是，當你開始比較仔細地去觀看事物之後，你會逐漸體會到，要指出絕對實相有多麼困難。你會開始明白，你之所以會賦予事物恆常性或獨立存在性，是由於你在那樣的情境中看待它。如果你能訓練自己從不同觀點來看待自己和周遭的世界，那麼你的感知就會隨之轉變。

當然，改變對物質世界的感知和期望不僅需要努力，也需要時間。因此，為了超越這個障礙，真正開始體驗空性的自在，你必須學會以不同的觀點來看待時間。

時間的蠻橫

過去不可察，未來不可察，當下亦不可察。

《般若經》（*Sutras of the Mother*），英譯：阿里・金洲

如果從時間的角度來看我們的經驗，我們可以說，桌子或一杯水等確實是存在時間之中，但這也僅只是就相對的觀點而言。大部分人都認為時間可分為過去、現在和未來，「我去參加了一個無聊的會議。」「我正在開一個無聊的會議。」「我必須去開一個無聊的會。」「今天早上我餵了孩子。」「我正在餵孩子吃午飯。」「糟了，我必須做晚飯給孩子吃，但冰箱裡什麼也沒有。一開完這個無聊的會，我就得趕快去買菜。」

但事實上，當你想到「過去」的時候，你只是在回想已經發生的經驗——你已

經開完會了，你已經餵了孩子了，你已經買完菜了。過去就像是已經被火燒掉的種子，一旦燒完以後，種子就消失了；它只是一個記憶、一個從心中經過的念頭而已。換句話說，「過去」僅只是一個概念而已。

同樣地，我們所謂的「未來」，也只是尚未發生的一個時間層面。你不會把一棵尚未種下的樹當作是具體、活生生的對象來談論，因為你沒有討論它的情境脈絡（context）；你也不會去談論一個尚未受孕的孩子，像討論某個現下正與你相處的人。所以說，「未來」也只是一個概念，一個從你心中流過的念頭而已。

那麼，你還剩下什麼真實的經驗可談呢？

現在！

但是，我們又怎麼可能去定義「現在」呢？一年分成十二個月，每個月的每一天又分成廿四個小時，每小時又分成六十分鐘，每分鐘又分成六十秒，每秒又可以分成愈來愈小的單位——微秒（百萬分之一秒）、奈秒或毫微秒（十億分之一秒）等。你可以把「現在」分解成無數更小的單位，但是，從經驗發生的那一剎那，到你將「那一剎那」認定為「現在」的那一瞬間，那個當下經驗發生的剎那也已經過去了，已經不再是「現在」了。

佛陀知道一般人對時間概念的侷限性。在某次教導中，他解釋道，從相對的觀點來說，將時間區分為個別的段落，諸如：一小時、一天、一星期等，或許有某種程度的道理存在。但是，從絕對的觀點來看，一剎那和一劫（eon）並沒有任何不

劫，古印度的計時單位。一劫為六十七億兩千萬年。四個一劫合為一大劫，一劫中有廿中劫，而一中劫中有廿小劫。

同。一劫之中可以包含一剎那，一剎那之中也可以包含一劫。這兩個時間段落之間的關係，既不會讓一剎那變長，也不會讓一劫變短。

佛陀說了一則故事來解釋這個觀點：有個年輕人來到某位大師跟前，請求大師傳授深奧的法教。大師同意傳法，但建議這個年輕人先喝杯茶，「喝完茶之後，」大師說：「我就會將你所尋求的深奧法教傳授給你。」

於是，大師倒了一杯茶給他。這年輕人拿起茶杯靠近自己的嘴邊時，這杯茶倏然間變成了一個群山環繞的大湖。當年輕人站在湖邊欣賞美麗的風景時，有個女孩從他身後出現，提著水桶走近湖邊汲水。這年輕人對她一見鍾情，而這女孩一看到站在湖邊的年輕人，也立刻墜入愛河。年輕人跟著女孩回到她家，見到跟她同住的年邁雙親。女孩的雙親也逐漸對這年輕人產生好感，而他也很喜歡他們，於是兩個年輕人順理成章地結婚了。

三年之後，他們的第一個孩子出生了，是個男孩，過了幾年又生了一個女兒。兩個孩子既健康又快樂地長大，直到有一天，十四歲的兒子生了重病，卻無藥可醫，一年之內就魂歸西天了。

喪子的悲劇才發生不久，有一天，他們的小女兒到森林裡撿木柴。小女孩埋頭忙著工作時，卻慘遭老虎攻擊而死。年輕人的妻子由於無法承受失去一雙兒女的悲痛，最後投湖自殺。她的雙親一下失去兩個孫子，又失去了女兒，悲痛之餘，不思飲食，最後也餓死了。接連失去了妻兒、岳父母的年輕人心想，自己不如也死掉算了。於是他走到湖邊，決定投湖自殺。

然而，就在他即將跳湖之際，突然間，他發現自己又回到了大師的房子，手裡還端著茶杯靠在嘴邊。雖然他剛才已經歷了一輩子的生活，但實際上連一剎那時間都還未過去，手中的茶杯還是溫的，杯中的茶水也還熱呼呼的。

他望著桌子對面的老師，老師點點頭，說道：「現在你明白了吧！一切現象都出自於心，而心是空性的。現象並不真實存在，它只存在心中，然而現象也不是虛無的。這就是你要的深刻法教。」

從佛教的觀點來看，時間的本質是空性的，就如同空間與在空間中移動物體的本質一樣。試圖以愈來愈小的單位審察時間的努力，到了某種程度之後，必然會瓦解。你可以利用禪修來實驗對時間的感知，試著將時間分解為愈來愈小的單位，直到再也無法命名或下定義的地步。達到這種地步時，你就進入了一種超越言語、超越觀念、超越概念的經驗。

但「超越觀念和概念」，並不表示你的心會變得像空蛋殼一樣空洞，或是變得像石頭一樣愚鈍。事實正好相反，你的心會變得更加廣闊、開放。你還是會感知到主體和客體，但比較瞭解這是幻相；你會知道它們只是概念，而不是原本存在或客觀的實體。

我請問過很多科學家，在現代科學的理論和新發現中，是否有任何類似佛教的時間觀和空間觀。雖然他們提出了很多觀念，但似乎沒有任何一個是完全相稱的，直到一天有人為我介紹了量子重力的理論。量子重力學研究時間和空間的根本性質，探索的基本問題包括：空間和時間到底是由什麼構成的？它們的存在是絕對的，或是出自某種更基本的結構？微觀尺度下的空間和時間看起來是什麼樣子？時間是否具有最小長度或單位？

他們告訴我，在大部分物理學派中，空間和時間被視為無窮無盡、始終如一，而且平穩流暢，是物體移動及事件發生的靜態背景。觀測宏觀物體與次原子粒子的性質和特質時，這樣的假設是可行的，但是在觀測時間和空間本身時，情況就大不相同了。

在人類平常的感知層次上，這個世界看起來非常分明、清晰、具體。四條支架撐著一塊厚板的東西，在一般的感知層次上，顯然是一張桌子。如果是一個圓柱狀物體，有著平坦的底部，上方有開口，則顯然是一個玻璃杯（glass），如果再加上一個柄，我們也許就會稱之為茶杯或咖啡杯（cup）。

現在，想像我們透過顯微鏡在觀察物體。逐漸擴大顯微倍數之後，照理說，這物體細部結構的影像應該會更分明、更清晰，但事實正好相反。當我們把倍數擴大到可以看到個別的原子時，這世界開始變得愈來愈「模糊」，脫離了古典物理學大部分法則適用的領域，這是量子力學的領域。如同先前敘述的，在微觀尺度下，次原子粒子以逐漸增強的頻率，以各種可能的方式四處跳動，突然生起又突然消失。

繼續擴大倍數時，我們可以觀察到愈來愈小的物體，最後我們會發現空間和時間本身也開始跳動——空間本身逐漸產生微小的曲線和扭轉，以不可思議的速度迅速顯現及消失。這種現象發生在極度微細的尺度，比原子的尺度還要細微，就好像拿一個原子和一整個太陽系相比。物理學家稱這種狀態為「時空泡沫（spacetime foam）」。你可以想一下刮鬍膏泡沫，遠看很平滑，近看之下，卻是由許多小泡沫所構成。

也許以快速沸騰的水中快速升起又消失的水泡作比喻，更能說明這個狀態。在更短的距離及時間尺度上，正如快速沸騰的水蒸發消失為水蒸汽，空間和時間本身也失去了意義。這時，物理學本身也開始不適用，因為失去了時間的基準，物理學家根本無法研究物質、能量和物體運動，以及它們之間的相互關係。在這個狀態下，物理學家們承認他們根本不知道要如何形容還剩下什麼，這種狀態可說是超越了空間和時間的一切可能性。

從佛學的觀點來看，量子力學對實相的描述提供了某種程度的自由，但這可能是大部分人都不習慣的狀態；一開始時可能感到很奇怪，甚至有點可怕。雖然西方人特別重視自由的能力，但觀察事件的行為本身會以隨機、不可預測的方式，影響到觀察結果的這種概念，所負的責任似乎太過沉重了。相形之下，把自己當作受害者，而將責任或過錯歸咎於自身之外的人或力量，可就容易多了。然而，如果我們正視現代科學的新發現，我們就應該為自身每一瞬間的經驗擔負起責任。

這麼做雖然能夠開創以往無法想像的各種可能性，不過，要完全斷除受害者的習性仍舊很困難。從另一方面來說，如果我們開始對自己的經驗負責，生活就會變成像遊樂場一樣，能提供給我們無數學習和創造的機會，個人的侷限感和脆弱感會逐漸被一種開放感和希望所取代。我們也會以嶄新的觀點來看待身邊的人，不再把他們當作是威脅我們個人安全或快樂的人，而是體認到，他們只不過是不認識自身本質無限可能性的人罷了。由於我們自身的本質並不會被「是這樣」或「是那樣」的任意武斷區別所限制，它不會只具備某些能力而欠缺其他能力，所以我們絕對有能力應付任何境遇所帶來的任何挑戰，並在其中發掘自我。

無常

沒有任何事物是永恆的……

巴楚仁波切，《普賢上師言教》（*The Words of My Perfect Teacher*），英譯：貝瑪卡拉（蓮源）翻譯小組（The Padmakara Translation Group）

大部分人都受自己生活所在的社會影響或制約，為不停湧現及變化的心與物質現象貼上概念的標籤。例如，當我們仔細觀察桌子時，還是會直覺地將它貼上「桌子」的標籤，雖然我們已經知道它並非一個單一的物體，而是由許多不同的部分所組成，如桌腳、桌邊、桌面、正面和後面等，而且其中沒有任何一個部分可以被稱為「桌子」。事實上，「桌子」只是我們給予這些迅速生起又消失的現象的名稱，因而製造了一種「絕對真實」的幻相罷了。

同樣地，我們大部分人都習慣將「我」的標籤，貼在一連串肯定我們個人的自我感——即一般所稱「自我」（ego）的經驗上。我們認為自己是不會隨著時間改變的單一實體。一般來說，我們都認為今天的自己跟昨天的自己是同一個人；我們記得自己曾是個青少年，曾經去學校上學，而且認為現在的「我」跟從前那個去上學、長大成人、離家、就業等的「我」，都是同一個人。

但如果看看鏡中的自己，我們就會看到這個「我」其實已經隨著時間而改變了。去年還不見蹤跡的皺紋，或許現在已經出現了，也許戴上了老花眼鏡，也許頭髮已經變了顏色，或根本已經禿頭了。從基本的分子層次來說，我們體內的細胞不斷在改變，老化的細胞會死去，新的細胞會誕生。我們也可以用觀察桌子的相同方式來檢驗這個「自我」的感受，就會發現，我們稱為「我」的這個東西，其實也是由許多不同的部分構成的。這個「我」有腿、手臂、頭、雙手、雙腳，以及內臟等不同部分，我們能認定其中任何一部分確實就是「我」嗎？

我們或許會說：「嗯，我的手不是我，但卻是我的手。」然而，手又是由五根手指頭、手心、手背所構成，而每個部分又可進一步分解成指甲、皮膚、骨頭等，這當中哪一個部分可以單獨被認定是我們的「手」呢？我們可以這樣繼續分析下去，一直解析到原子和次原子的層次為止。但終究還是會面臨相同的問題，我們根本無法找到任何可以明確認定為「我」的東西。

因此，無論是分析物體、時間、「自我」或我們的心，解析到某種程度時，我們終究會發現這些解析完全失效，此時，尋求某種不可分解之物的努力終於崩解。就在這時候，在這放棄尋找某種絕對事物之際，我們終於首次嚐到空性的滋味——無限、無法言喻的原原本本的實相。

當我們反覆思惟，製造一個特定的自我感竟然需要具足這麼多因素之後，我們對這個「我」的執著將開始鬆解。我們會變得比較願意把控制或阻擋念頭和感官知覺的企圖都放下，而開始能夠毫無痛苦或罪惡感地體驗它們，把它們從心中經過當作是一個無限可能性之宇宙的顯相。如此，孩童般的天真觀點恢復了。我們會對他人敞開心胸，宛如花朵綻放。我們會變成更好的聆聽者，更能感受周遭的一切，也能更自在、更貼切地回應往昔讓我們煩惱或迷惑的情境。也許因為這一切發生的層次是如此微細，我們在不知不覺中逐漸發現，自己竟然在一個從未夢想到的自由、清明且充滿愛的境界中覺醒了。

但是，我們需要很大的耐心，才能學會如何看到這樣的可能性。事實上，也只有極大的耐心，才能讓我們「見到」。

天賦明性

一切現象都是心的顯現。

第三世嘉華噶瑪巴，《噶瑪巴道歌集：了義大手印祈願文》，英譯：艾瑞克·貝瑪·昆桑

雖然我們將空性比喻為虛空（space），以便瞭解心廣大無限的本質，不過這個比喻並不完美，至少據我們所知，虛空並不具有覺知的能力（覺性）。然而，從佛學的觀點來看，空性（emptiness）和覺性（awareness）是不可分的。空性和覺性不可分，就跟濕潤之於水或熱度之於火是不可分的道理一樣。換句話說，你的真實本性不僅具有無限潛能，而且是全然覺知的。

在佛教名相中，可以即興反應的覺性稱為「明性」（clarity），有時也稱為「心的明光」（clear light of mind）。這是心的認知層面，讓我們能夠認出與分辨由於空性而不斷浮現的各種念頭、情緒、感官知覺和顯相。甚至在我們不注意的時候，這個「明性」還是持續運作著，例如，我們會突然想到「我得吃點東西」、「我得走了」、「我必須待著」等。如果沒有這心的明光，我們就無法思考、感受或體會一切境，也無法辨識自己的身體、這個宇宙，或在這宇宙中顯現的任何東西。

本具的覺性

顯相之於心，猶如熱度之於火。

烏金巴（Orgyenpa），摘自《了義海大手印》，英譯：伊莉莎白．克拉漢

我的老師形容這心的明光是自我照亮的，猶如蠟燭的火焰一般，既是光明的來源，也是光明本身。「明」從無始以來就是心的一部分，是「本具」（本來就有）的覺性，因此，我們無法像利用體能訓練來鍛鍊肌肉一樣，去「鍛鍊出覺性」。覺性不是「被訓練出來」的，你唯一要做的就是去認出它，只要注意自己是「覺知的」就行了。不過，這其中的困難是，所謂的明性或本具的覺性，其實是日常生活經驗的一部分，因此反而難以辨認出來。這有點像是不用鏡子，卻試圖看到自己的眼睫毛一樣。那麼，到底要怎麼做才能夠認出它呢？

根據佛陀所說，這必須透過禪修才行。不過，不見得要像一般人所瞭解的那樣禪修。這裡所說的禪修跟前面所提到的一樣，是一種「無修」，亦即你並不需要集中焦點或做任何觀想，我的一些學生稱此為「無添加物的有機禪修」。

就像其他我父親曾教導我的禪修方法一樣，這個禪修一開始也是先挺直身體坐著，自然地呼吸，讓心逐漸地放鬆。「當心安住時，」在尼泊爾小小的講堂裡，父親這樣指示我們，「讓自己覺察所有掠過自心的念頭、情緒和感官知覺，當你看

著它們經過時，就問問自己：『心和掠過心的念頭有任何差異嗎？思考者和思考者所感知的念頭有任何差異嗎？』持續以這些問題來看著你的念頭，三分鐘之後停下來。」我們就這樣坐著，有些人顯得煩躁不安，有些人則忐忑緊張，但我們都專心看著自己的心，並且問自己，念頭和思考者之間是否存在任何差異？

由於當時我只是個小孩子，而其他學生都是成人，因此我自然而然地認為他們一定都禪修得比我好。然而，就在我看著自認不如人的想法掠過心頭之際，我憶起了這個教法，然後，有趣的事就發生了。就在這一瞬間，我察覺到那自認不如人的念頭，也不過是個念頭罷了，念頭並非真實穩固的實相，僅只是思惟之心的種種變動罷了。當然，就在我察覺到這點時，這個剎那的了悟隨即又成了過去，我又回到了跟別人比較的念頭之中。但是，那一剎那間的明性顯現是多麼深切啊！

下座之後，父親跟大家解說這個練習的重點就在於，認出「想著念頭的心」和「心中來去的念頭」之間並沒有任何差異。心本身和心中生起、縈繞、消失的念頭，以及情緒、感官知覺等，都是空性的顯現，而空性即是能夠讓一切事物顯露生起的無限可能性。倘若心不是一種「東西」（thing），而是一種「活動」（event），那麼，在那個被我們認定為「心」的心中所顯現的一切念頭、情緒和感官知覺，同樣也應該是一種「活動」。當你開始安住在心和念頭兩者不可分的體驗中，知道它們就像是硬幣的一體兩面，那麼你就會領悟到明性的真義：覺性無限寬廣的境界。

很多人都以為，禪修就是要達到某種清晰鮮明的「不尋常」狀態，某種跟既有經驗完全不同的境界。他們心裡用力想著：「我必須達到心的更高境界……我應該會看到某些神奇的東西，像是虹光或淨土的影像等……我應該會在黑暗中大放光明才是。」這就叫做「過度用力」。事實上，就像這些年來我所遇到的許多人一樣，我也有過這種情形。

不久之前，我就遇到了一個因為過度用力而自找麻煩的人。當時我坐在德里（Delhi）機場等著登機到歐洲。有一個人走到我身邊，問我是不是佛教僧人。我回答說是，然後他就問我知不知道禪修方法，我回答他說我知道，他就問我：「你的禪修體驗如何？」

「很好。」我答道。

「你不覺得困難嗎？」

「不會啊！」我說。

他搖搖頭，歎了一口氣後，說道：「禪修真的很難，」他解釋道：「十五、二十分鐘之後我就開始頭暈，如果我繼續禪修下去，有時還會嘔吐。」

我告訴他，他似乎是太緊張了，禪修時應該要放輕鬆一點。

「不行，」他答道，「當我試圖放鬆時，頭暈就更嚴重。」

他的問題非常怪異，但他似乎很有心想要找到解決方法，因此我請他坐在我對面，讓我看看他到底怎麼禪修。他在我面前坐下之後，手臂、雙腿，還有胸膛全都誇張地僵硬起來；雙眼突出，臉上還出現了可怕怪異的表情，雙眉上揚，甚至連耳朵都好像要從頭上分離一樣，身體更僵硬到開始顫抖起來。

單只是看著他這樣，我好像也要開始頭暈了，所以我說：「夠了，請停下來。」

他放鬆了肌肉，臉上怪異的表情消失了，雙眼、耳朵和眉毛也都恢復成原來的樣子。他看著我，急著想知道我的意見。

「好，」我說：「現在我來禪修，你看著我，就像我剛剛看著你一樣。」

於是我坐在自己的座位上，像平常一樣挺直脊椎，放鬆肌肉，手輕輕地擱在雙腿上，眼神輕鬆地直視前方，讓心覺知地安住在當下。我看著這個人把我從頭打量到腳趾，又從腳趾打量到頭，再從頭打量到腳趾。然後我結束禪修，告訴他，這就是我禪修的方式。

一會兒之後他才緩緩地點頭說道：「我想我懂了……」

這時，登機的廣播聲響了，我和他的機位剛好在不同區，因此我們便各自上了飛機，飛航途中我也沒再看到他。

然而，飛機降落之後，在下機的旅客群中我又看到他。他招招手，走過來對我說：「你知道嗎？我剛剛試著用你告訴我的方法來練習，結果在這整趟航程中，我竟然可以不斷地禪修而不會頭暈。我想，我終於瞭解什麼叫做在禪修中放鬆了，真的非常謝謝你。」

當然，過度用力也有可能會有鮮活的經驗，但一般而言，過度用力所產生的結果通常可分為三種：第一，試圖覺察所有通過心中的念頭、情緒和感官知覺，是非常耗神的，它會讓你變得疲累或遲鈍；第二，試圖覺察每一個念頭、情緒和感官知覺，會讓你感到心神不寧或坐立不安；第三，你也可能會發現心中完全一片空白，每一個你看到的念頭、情緒或感受與所取的對境，就這樣快速掠過，一一逃過你的覺知。如果發生了上述三種狀態，你就會順理成章地下結論說，禪修的體驗並非想像中那麼好。

事實上，禪修的重點就是要放下你對禪修的所有期待；你的本然心所具有的一切特質——寂靜、開闊、放鬆與清明，原本就已經在那兒了，你並不需要特別做什麼，也不需要轉換或改變你的覺知才能夠得到它們。覺察自心時，你唯一要做的，就是去認出自心原本具有的特質。

照亮黑暗

我們無法將光亮處與陰暗處的交接點清楚劃分開來，因為這兩者是如此接近彼此。

祖古・烏金仁波切，《如實》（*As It is , vol.1*），英譯：艾瑞克・貝瑪・昆桑

就像發展對空性的覺知一樣，學習體會心的明性是一個漸進的過程。首先，你掌握到重點，慢慢地，對之愈來愈熟悉，之後就持續不斷地訓練這種認知力。有些典籍將這緩慢的認知過程比喻為老牛撒尿，這是個很好、很實際的形容，它讓我們

不再覺得這個過程很困難或很抽象。

然而，除非你是西藏游牧民族，或者剛好在農場中長大，不然，這個比喻對你來說可能也是丈二金剛摸不著頭腦，不容易馬上理解。就讓我為你解釋一下吧——老牛撒尿時，不會一下子快速射出，而是慢而穩定的，開始時尿量不多，結束時也不會倏然而止，老牛可能邊走邊撒尿，走上幾碼遠，還邊吃著草呢。但是，撒完尿之後，可真是通體舒暢啊！

就如同想要定義「空性」一樣，明性的本質是無法完整定義的，若是勉強為之，你只會將明性理解為腦中的一個概念，心想：「好吧，我懂了，我的心是清明的，然後呢？」明性的純然面貌必須靠親身體驗得知，當你體悟到明性時，根本不會有「然後呢？」的問題，懂了就是懂了。

想一想，試圖描述某種超越語言文字所能形容的東西是多麼困難！這樣你大概可以稍稍體會到，佛陀對學生解說心的本質時，必須面對的是什麼樣的挑戰，因為這些學生無疑也跟我們一樣，都在尋找某種可以用理解力歸類的明確定義，可以讓他們自以為比世界上其他人更聰明、更敏銳，而一時引以為傲。

為了避免落入這種陷阱當中，我們都看到了佛陀後來選擇用隱喻和故事來說明這難以形容的境界。為了讓我們從日常生活經驗中瞭解何謂「明」性，佛陀用了解釋空性時所舉的相同例子——夢境。

佛陀要我們想像一下睡眠時完全黑暗的狀態，拉上窗簾，雙眼緊閉，將心沉入一種完全的空白之中。佛陀解釋道，從這黑暗之中，色相和經驗逐漸顯現而出；夢中，我們會遇到熟人或陌生人，也可能會發現自己置身熟悉之地或想像出來的新環境裡。我們在夢中所經驗的事件，可能是清醒經驗的縈繞迴響，也可能是以前從未想像過的全新經驗。在夢中，任何經驗都有可能發生，而這種能夠在睡眠的黑暗中照亮並辨識出各種人、地、事的亮光，就是心的清淨「明」性層面。

夢境的例子和真實「明性」的認知之間的主要差別在於，我們大部分人連在夢境中都還是會在自與他（人我）、地點和事件之間做分別，但真正認出明性之後，我們就不會再有這種分別，因為本然的心是沒有這種分別的，它並不是「我在此處體驗明性，而你在彼處體驗明性」。明性，猶如空性，是廣大無垠的，沒有限制，沒有起始，也沒有終點；我們愈深入檢視自心，就愈不可能在「自心結束」與「他心開始」之間找到清楚的分界線。

「自心結束」與「他心開始」是大手印的一種禪修方法。

當「自」與「他」之間的區別開始逐漸退去時，就會進而跟其他眾生以及周遭世界產生一種較溫和、流暢的認同感；透過這樣的融合感，我們就會開始體認到，這個世界畢竟沒那麼可怕，敵人其實並非敵人，他們也跟我們一樣渴望快樂，並盡其所能地追尋快樂，而且每個人都具有洞察力、理解力與智慧去看透外顯的差異，進而發掘既能利益自己，也能利益他人的方法。

顯相與幻相

見具義為具義，見無義為無義，如此即是能正知。

《法句經》，英譯：艾納．伊斯渥倫，「具義」即「絕對真理」，「無義」則為「相對真理」。

心就像舞台上的魔術師，可以讓我們看到根本不存在的東西。我們大部分人都被心所製造出來的幻相迷惑了，而且還鼓勵自己製造更多怪異的幻境。這些由心所虛構出來的劇情，會產生我的一些學生所稱的「腎上腺激增」（an adrenaline rush）或「快感」（high），讓我們覺得自己或所要面對的問題比實際情況還重要，即使有時製造這些快感的情境很可怕，我們還是會上了癮似地樂此不疲。

就像我們看到魔術師從帽子裡拉出一隻兔子後，鼓掌叫好一樣，我們也看愛恐怖電影、讀懸疑小說、涉入複雜的人際關係、跟老闆或同事爭吵等。吊詭的是，我們其實很樂於享受這些經驗所帶來的緊張感，這可能跟腦部最古老的爬蟲類腦（reptilian layer）有關吧。透過強化「我」有別於「他們」的感受，讓我們更加確認一種獨立的自我感。但誠如上一章所說，「自我」本身其實只是顯相而已，根本沒有本具的真實性。

有些與我交談過的認知心理學家把人類的心比喻為影片投影機。猶如投影機將影像投射到螢幕上一般，我們的心將種種感官經驗投射到我們認定是「外在世界」的認知螢幕背景上，同時，也將念頭、情緒和感官知覺等投射到我們認為是內在世界或「我」（me）的螢幕上。

這非常接近佛教觀點所說的絕對和相對真理。「絕對真理」（Absolute reality，勝義諦）即是空性。在對空性的了悟中，我們能直覺體悟到，自己所取的對境是一連串可能事件的無窮且瞬間變化推移。而當你開始認出自己所領受的一切外在境相只不過是短暫且因緣和合的事件顯相時，這些事件就不會再壓得你喘不過氣來了，然後整個「自」與「他」（外界）二元對立的結構就會逐漸瓦解。「相對真理」（Relative reality，世俗諦）是由謬誤的觀點所生起的各種經驗，而這種謬誤的觀點則源自於認為自己所感知的一切都是獨立、不變的實體。

不過，認為事物存在於「外界」或「內在」的這種習性，是很難完全斷捨的；這意味著要放下你所珍愛的幻相，認出從自心投射出的一切，即你認為是「他」（外界）的一切，事實上都只是自心自然的顯現罷了。而這也意味著要放下「關於實相」的想法，如實地體驗實相的相續之流。不過，你也不需要完全擺脫自己的感知，不需要把自己孤立在山洞中或到山裡閉關；你無須造作地投入，只要以一種在夢中體驗對境的方式來看待一切情境，就能盡情地體驗這一切經歷，如此，發生在眼前的種種經驗，就會開始讓你感到驚奇連連。

認出顯相與幻相之間的區別之後，你會發現，某些自己所取的對境可能是錯誤或偏頗的，也發覺自己對所有現象先入為主的成見是如此牢固，以至於除了自己的觀點之外，看不到其他的觀點。我也發現，當我開始認出自心的空性和明性時，我的生命逐漸變得超乎自己所能想像的豐富與清明。而一旦擺脫對事物的成見後，我便能開始依據如實的經驗和自身當下的實際狀態，自在地對自己的經驗作出回應。

明空一體

我們的真實本性具有取之不竭的寶藏。

彌勒菩薩，《大乘無上續論》，英譯：羅斯瑪麗．法克斯。

據說佛陀教導了八萬四千法門，以幫助不同根器的眾生認證心的力量。我自己尚未學完所有的法門，因此無法擔保這數目是否確切。也許他教了八萬三千九百九十九種，或者八萬四千零一種也不一定。然而，佛陀教法的重點可濃縮為一：心是一切經驗的本源，改變了心的方向，就可以改變所有經驗的品質；當你轉化自己的心之後，你所經驗的一切也會跟著轉化。這有點像一戴上黃色鏡片的眼鏡，你所看到的一切也突然都變成了黃色；如果戴上綠色鏡片，那麼你所看到的一切也都會變成綠色的。

由此可理解，「明性」是心的創造面，你所經驗的一切都是透過自身覺性的力量。自心的創造力確實是無可限量，而這個創造面正是明性與空性一體的自然結果。「明空一體」在藏文中稱為「瑪嘎巴」（magakpa），也就是「無障礙」（unimpededness），有時，瑪嘎巴也譯為「力量」或「能力」，但意義相同，都是指心體驗萬事萬物的自主能力。

對自心的真實能力認知愈多，你就愈有能力開始練習如何掌控自己的經驗；痛苦、悲傷、恐懼、焦慮，以及其他煩惱，不會再像以前一樣，那麼容易就瓦解你的生命，而你曾經視為障礙的經驗也將成為讓你更深入瞭解自心無礙本質的機會。

快樂與痛苦的感受遍布於生命的各個階段，而這些感受似乎大多跟身體有關。按摩、美食或熱水澡，一般被認為是愉悅的生理經驗；而手指燙傷、打針或大熱天困在車陣中，車內又剛好沒冷氣，則被認定為痛苦的生理經驗。事實上，不管你覺得這些情境是痛苦或愉悅的，這些體驗其實並不取決於生理性的感官知覺本身，而是取決於你對這些情境的感知方式。

舉例來說，有些人就是無法忍受炎熱或寒冷，他們說大熱天到外頭去會把他們熱死，流幾滴汗就會讓他們覺得非常不舒服；到了冬天的時候，又無法忍受幾片雪花飄到頭上。但是，如果他們信賴的醫生說，每天花個十分鐘做蒸氣浴可以讓他們更健康，那麼，他們通常就會接受醫生的建議，去做這原本不能忍受的事，甚至花錢也在所不惜。坐在蒸氣室裡，他們想著：「流了這麼多汗真好！真是舒服極了！」他們之所以能夠這樣做，是因為他們轉換了自己對炎熱和流汗的心理感知。由此可知，炎熱和流汗其實只是被賦予不同意義的現象罷了。如果醫生還告訴他們，做完蒸氣浴後沖個冷水澡會促進血液循環，那麼，他們就會學著接受寒冷，甚至還會覺得這真是個提神的好方法呢。

心理學家通常將這種轉化稱之為「認知重整」（cognitive restructuring）。由於在經歷情境時運用了「意願」（intention）和「注意力」（attention），人們於是得以將經驗的意義，從痛苦或難以忍受的狀態轉變為可容忍，甚至是愉快的狀態。假以時日，認知的重整就會在腦部建構起新的神經元傳導路徑，尤其是在腦邊緣區域，因為大部分的痛苦和愉悅感受都是由這個區域負責辨認和處理。

假如我們所取的對境真的是一種受制於過去經驗與當下自我期許的心理建構（mental constructs），那麼，我們所專注的對境和專注方式就成為決定自我經驗的重要因素；愈深信某事物是真實的，它就愈可能成為真實的經驗。因此，如果我們相信自己是軟弱、愚笨、無能的，那麼，無論我們真正的特質為何，無論朋友和同事對我們如何另眼看待，我們還是會覺得自己很軟弱、愚笨又無能。

當你開始認出自己的經驗只是自我的投射時，會發生什麼事呢？當你開始對周遭的人或曾經讓你恐懼的事物不再感到畏懼時，會發生什麼事呢？從某種觀點來看，什麼也不會發生，但從另一個觀點來看，什麼都有可能發生。

悲心：善者生存

無盡的慈悲自然地湧向被自我幻相所囚禁的一切有情眾生。

卡盧仁波切，《明光之心：成佛之道》（*Luminous Mind: The Way of the Buddha*），英譯：瑪麗亞·蒙特那果

想像你生活在一個小小的房間裡，房裡只有一扇上了鎖且骯髒到光線都透不進來的窗戶；你可能以為窗外的世界是個昏暗且令人沮喪的地方，並充斥著各種奇形怪狀的生物，因為每當牠們經過時，污穢的玻璃上就會映現出可怕的影子。假設有一天，你不小心把水潑濺到窗戶上，或者暴風雨席捲後雨水滲了進來，你隨手拿起抹布或拉起衣袖一角，開始將水漬擦乾。這時，窗玻璃上的一小塊陳年污垢被擦掉了，倏然間，一線光芒從玻璃透了進來。這撩起了你的好奇心，你更使勁地擦拭窗戶；隨著污垢被擦淨，更多的光線湧入房裡。「也許，」你心裡想著：「這世界並非如此昏暗或沮喪，也許只是因為窗戶太髒的緣故。」

你走到水槽邊，取了更多水（也許還拿了更多抹布），你不停地擦拭，直到擦淨整面窗戶的污垢和灰塵。窗外的光線就這樣流洩而入，然後，或許是有生以來

第一次，你認出了投射在窗戶上令你恐懼的怪異影像竟然是人——就跟你一樣！此刻，從你覺性深處生起了一種想要互動交流的直覺性衝動，讓你想要走出去，到大街上跟大家在一起！

實際上，你並未改變任何事；世界、光線，還有人群，一直都在那兒，你只是因為視線被阻礙而無法清楚看到他們罷了。但你現在完全見到了，這前後的感受差異，真是天壤之別啊！

這就是佛教傳統所說的「悲心覺醒的黎明時刻」，亦即能夠同理和理解他人感受的本具能力覺醒了。

關於悲心的生物學說

具有大悲心的人即掌握了佛陀的所有教法……

《經集論》(*The Sutra that Completely Encapsulates the Dharma*)，英譯：貝瑪卡拉(蓮源)翻譯小組

就某種層面而言，佛教徒所理解的悲心(compassion)跟一般世俗所認定的稍有不同；對佛教徒來說，悲心不僅止於憐憫他人，悲心的藏文是「寧潔」(Nying-jay)，意指「心全然地開展」。最接近「寧潔」的英譯可能是「愛」(love)，然而卻是一種毫無執著、不求任何回報的愛。在藏文中，所謂的悲心是一種與所有生物相連的自發感受。你的經驗我感同身受，我的體會及感受你也有所同感，你我之間並無

差異。

以生物學角度而言，人類回應周遭環境變化的生物本能是相當單純的，即是直接地避開生存的威脅，並掌握可以增進自身安樂的機會。只要翻開歷史就不難看到，人類發展史通常就是以弱者的鮮血所寫成的一部暴力血淚史。

然而，同樣也是這種促使我們趨向暴力的殘酷生物本能，讓我們不但可以抑制侵略性行為，更能夠戰勝自私的生存衝動，而生起願意幫助他人的情操。二〇〇三年所舉辦的「心與生命學會」研討會中，哈佛大學教授傑若米．卡根（Jerome Kagan）所發表的演說讓我印象特別深刻。他說到，除了侵略傾向外，我們的生存本能更提供了強烈的生物性趨向，讓我們具有慈心、悲心、愛心和撫育心。

我曾聽說許多關於第二次世界大戰的故事，當時有許多人冒著生命危險，提供避難所給那些遭納粹分子追殺的歐洲猶太人，還有很多現代無名英雄寧願犧牲自己的福祉，盡心盡力幫助那些飽受戰爭、饑荒與國家暴政摧殘蹂躪的受害者。此外，我有許多西方弟子都是膝下有子女的父母親，他們不僅犧牲自己大量的時間、精力接送孩子參加運動競賽、音樂活動及其他各種活動，同時也為了孩子的教育，耐著性子慢慢在存錢。

從個體而言，這樣的犧牲確實象徵某些超越個人恐懼和欲望的生物因素存在。而在人類所建立的文明社會中，至少都認同應該照顧並保護窮者、弱者和無力自衛者，這個事實支持了卡根教授的結論：「道德感是我們人類的一種生物特性。」

《第十一屆「心與生命學會」研討會，光碟片第四集》（Mind & Life, XI），DVD-ROM 4，二〇〇三年，伯德市：「心與生命學會」(Boulder: Mind and Life Instutute)。

同前注。

卡根教授的論點跟佛陀教法的精義幾乎完全相呼應：我們愈是能夠清楚看到事物的原貌，就愈樂意並且也更能夠對其他眾生敞開心胸。當我們由衷體認到，其他眾生因為不認識自己的真實本性，而經歷著痛苦和不快樂時，我們自然而然就會被一種甚深的悲願所感，祈願他們也能像我們一樣開始體會到相同的寧靜和清明。

「認同」彼此的「不同」

辣的種子生出辣的果實，甜的種子生出甜的果實。

The Questions of Surata Sutra，英譯：伊莉莎白·克拉漢

就我所知，人與人之間的大部分衝突都來自於對彼此動機的誤解。我們的所做所言，其實都有自己的理由，然而，我們愈是能讓慈悲心引導自己，即暫緩片刻，試著設身處地瞭解他人的理由，就愈不容易捲入衝突之中。即使問題真的發生了，如果我們可以深呼吸一下，以開放的心胸仔細傾聽，那麼就會發現，我們可以更有效率地處理衝突事件，就好像讓波浪洶湧的水面平靜下來，並以一種既無「贏家」，也無「輸家」的皆大歡喜方式，消弭彼此的分歧。

舉例來說，我有個西藏朋友住在印度，他的鄰居養了一條脾氣很壞的狗。印度跟其他國家不太一樣，前院的圍牆都很高，出入口是大門，不是柵門。我朋友家前院的大門和鄰居前院的大門距離很近，每次他從家裡出來，這隻狗就會從鄰居家奪

門而出，對他咆哮狂吠，齜牙咧嘴、毛髮倒豎的模樣很可怕。這還不夠，這隻狗後來還養成了一種習慣，即乾脆衝進我朋友家大門到院子裡，咆哮如雷，造成可怕的騷擾。

我朋友花了很多時間思考如何處罰這隻狗的惡行，最後他靈機一動，用棍子將前院大門推開一條縫隙，而且鬆垮地堆了幾個小而重的東西在大門上方，下次這隻狗再推開他家大門的話，重物就會掉落下來，狠狠地教訓牠一番，讓牠永生難忘。

安置好陷阱之後，我朋友坐在窗邊，等著看這隻狗闖入院子裡。時間一分一秒過去了，狗卻一直都沒有過來。一會兒之後，我朋友打開他的日修儀軌，開始唸誦，不時還抬頭看看窗外的院子，但狗仍然沒有出現。唸到一半的時候，剛好唸到一段非常古老的「四無量心」祈願文，其中說到：

願一切有情眾生皆具樂及樂因，

願一切有情眾生皆離苦及苦因。

唸著唸著，他突然想到這隻狗也是有情眾生，而他剛才小心翼翼設置的陷阱會讓這隻狗受苦。「如果我再繼續唸誦這偈言，」他想道：「我就是在說謊，也許我不該再唸下去了。」

不過這也不太對勁，因為四無量心祈願文是他的日修儀軌之一，於是他又開始唸誦，誠摯地祈願對這隻狗生起慈悲心。但中途他又停了下來，想著：「不要！這隻狗很壞，帶給我那麼多傷害，我不希望牠遠離痛苦或得到快樂。」

他想了這個問題好一會兒之後，終於想到一個解決方法：改動祈願文中的幾個字不就得了！因此他便開始這樣唸誦：

願某些有情眾生具樂及樂因，
願某些有情眾生離苦及苦因。

他很高興找到了這個解決方式。唸完祈願文，吃過午飯，也忘掉了關於這隻狗的事情，他決定在天黑之前出去散散步。匆忙之間，他忘了曾經設下陷阱一事，因此一拉開院子的門，堆放在門上的所有重物便統統掉落在他頭上。

我們可以說，這至少是個猛然覺醒。

不過，我的朋友從這痛苦的結果中瞭解到一件非常重要的事實——把任何眾生排除在離苦得樂的機會之外，其實同時也排除了自己。意識到自己成為自己缺乏悲心的受害者之後，他決定改變策略。

隔天早上他出去散步時，帶了一小塊糌巴；這是一種用大麥粉、鹽、茶和奶油塊做成的麵團，也是西藏人早餐吃的一種食物。他一踏出家門，鄰居的狗馬上就衝了過來，跟往常一樣狂吠嚎叫。不過，這次他沒有再咒罵這隻狗了，反而把帶出來的糌巴丟給牠。才叫到一半呢，這隻狗驚訝地停了下來，以嘴去接糌巴，開始咀嚼了起來。雖然還是齜牙咧嘴地咆哮著，但牠已經因餵食而分了心，並停止攻擊。

這個小遊戲持續了好幾天。我朋友一踏出院子，狗就會衝出來，邊咆哮邊去接他手裡丟出來的糌巴。幾天之後，我朋友注意到，狗嘴裡嚼著糌巴時，雖然還是會齜牙咧嘴地咆哮狂吠，但已經開始在對他搖尾巴了。一個星期過後，這隻狗看到他時，已經不再作勢準備攻擊，而是跑過來迎接他，快樂地等著被餵食。到最後，他們之間的關係已發展到每當他唸誦每日祈禱文時，這隻狗便會安靜地快步來到他的院子，和他一起坐在太陽底下。現在，他可以很安心地祈求「一切有情眾生」的快樂與解脫了。

一旦我們可以認出其他有情眾生，諸如人、動物，甚至昆蟲等，其實也都跟我們一樣，基本動機都是想要得到平靜、避免受苦，那麼，即使有人做了跟我們意願相左的事、說了不中聽的話，我們也能夠打從心底瞭解到，「哦，這個人（或這個眾生）的出發點是如此這般，就像我一樣，他們也想要快樂，也想要遠離痛苦，這是他們的基本目的。他們並非真的想要為難我，他們只是在做自己認為該做的事而已。」

悲心是心自然發生的智慧，無時無刻與我們同在；一直以來都是如此，而且永遠都是如此。當悲心在我們心中生起時，就是我們已經學會看到自己其實是多麼強壯且安全無虞。

我們為何不快樂？

所有的有情眾生都傾向於做無益的事。

蔣貢・康楚・羅卓泰耶，《了義炬》（*The Torch of Certainty*），英譯：茱蒂斯・漢森（Judith Hanson）

我在廿幾個國家巡迴講學近十年之久，見識過許多怪異和奇妙的事，也聽過很多怪異或奇妙的故事；有些是人們在我公開授課時提出的，有些則是在私人諮詢時發生的。不過，最讓我感到驚訝的是，物資生活充裕的人所經歷的痛苦程度，竟然跟物質生活貧乏的人相差無幾；雖然他們的痛苦方式在某些方面跟我在印度與尼泊爾習慣見到的有所不同，但痛苦的強度卻明顯可以感覺得到。

我開始意會到生活在富裕環境的人們這麼不快樂，是在頭幾次拜訪西方國家，友人帶我參觀當地的觀光地標時。首次看到帝國大廈（the Empire State Building）或艾菲爾鐵塔（the Eiffel Tower）的時候，這些設計師的才華，以及建築工作人員之間高度的團隊合作與決心，讓我不禁為之動容。但是當我們到達觀景台時，我卻發現視野所及之處都被鐵絲網環繞，四周也都有警衛在巡邏。我問友人為什麼會有這些鐵絲網和警衛。他們告訴我，安全警戒是為了預防有人從這裡跳樓自殺。這真是令人感到悲哀極了，因為，能建造如此雄偉建築的社會，竟然需要採取如此嚴厲的措施，以防止人們以這麼美麗的紀念性建築作為自殺工具。

安全警戒並沒有減損我對這些美麗建築和建築技術的欣賞，但是參訪這些地方幾次之後，我終於開始明白這些安全警戒跟我觀察到的其他現象之間的關聯性。雖然人們生活在物資充裕的文明中，也常面帶微笑，但是，他們眼中卻不時流露出不滿，甚至是絕望。在我的公開或私人談話中，人們也總繞著「如何變得更好、更強」，或「如何克服『自我憎惡』」之類的問題打轉。

到過的地方愈多，我就愈清楚看到，生活在高科技、高物質成就社會的人跟生活在落後地區的人一樣，也經歷著痛苦、焦慮、寂寞、孤獨和絕望等感受。有好幾年時間，我在公開授課和私人談話中，都會主動提出一些深入的問題以瞭解狀況。這些交談使我體會到，當外在或物質發展的速度超前於內在知識的發展時，人們承受著強烈的心理矛盾衝擊，卻苦無解決煩惱的方法；而豐富的物質享受也相對地帶來了各種外在的干擾源，使我們跟內在世界失去了聯繫。

舉例來說，想一想有多少人總是拚命地在尋求刺激感？他們多麼期待去光顧新開幕的餐廳、開始一段新的人際關係，或者更換不同的工作。這些嶄新的人、事、物確實提供了短暫的刺激，但是過了一陣子之後，這些興奮感就又會逐漸沉寂，什麼新鮮感、新朋友，或者新任務又開始變得平凡無奇了，最初的快樂也就這樣憑空消失了。

因此，他們又開始嘗試新花招，比如說到海邊玩，這也能讓人感到爽快、滿意好一陣子；陽光溫暖，海水也棒極了，還可以交到一大群新朋友，也許還有刺激的新活動可以玩，像是水上摩托車或拖曳傘等。但是過沒多久，海灘活動又開始變無聊了；同樣的話題反覆不休，粗粗的砂子黏在皮膚上，陽光一下子太強，一下子卻又被烏雲遮住，一下子又嫌海水太冷了，看來，又是該換新花招的時候了；你開始想要試試不同的海灘，或許可以到別的國家看看，我們的心於是開始自創咒語：「我要去大溪地（Tahiti）……大溪地……大溪地……」

然而，這些解決方法的缺點是，它們本質上都是短暫的。一切現象都是因緣和合所生的結果，所以不可避免地都會有所改變；當產生並維持快樂的基本因素改變時，大部分人不是怪罪外在因素（他人、地方、氣候等），要不就是責備自己（「我當時應該把話說好聽一點或放聰明點」，或者「早知道去別的地方不就好了」）。然而，由於這只不過是反映了我們失去自信，或者對原以為會帶來快樂的事物失去信心罷了，因此，怨天尤人其實只會讓我們更難找到真正的快樂。

真正的問題重點在於，大部分人並不瞭解何謂真正的「快樂」，他們發現自己創造的情境，最後反而讓自己跌回原本亟欲消除的不滿足之中。因此，我們最好能更仔細觀察一下所謂的「快樂」、「痛苦」，及其形成的原因。

情緒化的身體

情緒跟打網球一樣，並不是由單一的中心所控制。

理查・大衛森，摘自丹尼爾・高曼，《如何克服破壞性情緒?》(*How Can We Overcome Them?*)

身體在情緒產生過程中所扮演的角色，比我們大部分人想像得重要多了。這過程起始於感知作用，而我們知道，這其中牽涉到將種種資訊從感官傳送到腦部，腦部再製造出物體的概念性意象。大部分人都理所當然地認為，物體一經感知與識別之後，產生了情緒反應，接著才有生理性的反應出現。

事實上，恰巧完全相反。當視丘將訊息向上傳送到腦部的分析區域時，也同時傳送「紅色警戒（red alert）」訊息給腦杏仁核；腦杏仁核位於腦邊緣系統（或稱為間腦），是個形狀滑稽的腰果狀神經元構造。

我們在前面曾經提過，腦邊緣系統掌管的是情緒性反應，尤其是恐懼和瞋怒。因為視丘和腦杏仁核非常接近，所以從視丘傳送到腦杏仁核的紅色警戒，比視丘傳送到大腦皮質層的訊息更快到達；腦杏仁核一接收到訊息，就立即啟動一系列的生理反應，讓心臟、肺臟，以及位於手臂、胸膛、腹部、雙腿的主要肌肉群，還有負責製造賀爾蒙（如腎上腺素）的器官都活動起來。身體做出反應之後，腦部的分析區才將這些生理反應解讀為某種特定的情緒。換句話說，你並不是看到可怕的東西，感到害怕之後才開始跑，而是一看到可怕的東西便拔腿就跑（在這同時，你心跳加速，腎上腺素也在體內洶湧奔騰），接著才將身體的反應解讀為恐懼的情緒。不過一般說來，腦部的其他部分一旦趕上身體的反應之後（通常只需幾毫秒時間），你就可以開始評定自己的反應，看自己是否反應得當，同時調整自己的行為舉止以符合當時的狀態。

透過近年來才有的先進科技，科學家們才可以實際測量到這評定的結果。恐懼、憎惡、反感等情緒，一部分表現在大腦皮質右前方額葉（neocortex）神經元的強化活動，而喜悅、愛、慈悲及信心等情緒發生時，則可以在大腦左前額葉偵測到相對較為強烈的活動。

科學家告訴我，在某些情況下，腦部評定身體反應的能力會受到抑制，結果我們會發現自己不假思索就加以反應了。在這樣的例子中，腦杏仁核的反應非常強烈，因而阻斷了腦部高層結構的反應路徑。如此強烈的「緊急反應機制」具有非常重要的求生優勢，讓我們得以立即辨認出曾經讓我們生病的食物，或迴避具侵略性的動物。然而，只要是稍微類似的事件很容易就會觸動儲存在腦杏仁核的神經元模式，因此，腦杏仁核的神經元模式也會扭曲我們對當下事件的感知。

性格特質與暫時的情緒狀態

一切現象皆由因緣和合而成。

巴楚仁波切，《普賢上師言教》，英譯：貝瑪卡拉（蓮源）翻譯小組從科學的角度來看，情緒分為短暫事件和長期持續的狀態。短暫的情緒事件包括：在家裡用鐵鎚敲釘子修理東西時，卻不小心敲到大拇指，那瞬間生起的怒氣；或者有人真心讚美我們時，我們心中倏然高漲的驕傲感等。以科學術語來說，這些相對短暫的事件通常稱之為「暫時的情緒狀態」。

長期持續且遍布在不同情境的情緒，比如說，我們對某個孩子的關愛，或者對往事揮之不去的怨恨，這些都被稱為「性格特質」(traits)，或「性情特質」(temperamental qualities)，也是大部分人認定為某個人「性格」的一種指標。例如，假使某人臉上經常掛著微笑、積極活躍，而且總是對他人說好話，那麼我們通常就會說，這是個很「討人喜歡」的人。反之，若某個人老是皺著眉頭、慌慌張張、一直窩在辦公桌前埋頭苦幹，而且常常為了小事發脾氣，那麼我們就會說他是個「緊張兮兮」的人。

「暫時的情緒狀態」和「性格特質」的差異很明顯，就算沒有科學知識的人也都知道。假如你不小心用鎚子鎚到自己的大拇指，那瞬間生起的怒氣大概很快就會過去了，而且也不會讓你「一朝被鎚敲，終生怕鎚子」。「性格特質」則比較微妙，一般來說，我們都可以辨認出自己是長期處於焦慮，還是興奮之中，而我們的性情對於常接觸我們的人而言，也會愈來愈鮮明。

暫時的情緒狀態是神經元之間快速的突發性對話，而性格特質則比較像是神經元之間忠誠穩定的關係。這些長期而持續關係的起源非常多，有些可能是源自於基因，有些可能是嚴重創傷所造成，還有一些則可能是長期或重複的經驗所發展出來的結果，例如我們在兒童和青少年時期所受到的生活訓練等。

無論我們的性格特質來源為何，性格特質具有一種制約作用，會影響我們如何界定自己的生活，也影響我們回應日常生活經驗的方式。比方說，性格上傾向畏懼或沮喪的人，通常比較會以驚惶不安的態度來面對情境；有自信的人則會以從容不迫、胸有成竹的態度來面對一切。

制約因素

痛苦隨惡念而來，猶如牛車車輪尾隨拉車的牛一般。

《法句經》，英譯：艾納．伊斯渥倫

生物學和神經科學說明了當我們體驗到愉悅或不悅的情緒時，腦部到底發生了什麼樣的反應；佛學則不僅能使我們更精確地明白這些經驗，也提供方法幫助我們改變念頭、情緒和所接收的對境，讓我們可以在基本的生物細胞層次上，變成更快樂、更平和，且更慈愛的人類。

無論是主觀地以佛陀所教導的正念來觀察，或者客觀地透過現代科學實驗室的先進科技來觀察，我們所說的「心」，其實是兩種基本活動交互影響下的展現：一是本然的認知力（bare recognition，事物正在發生的那個單純的覺性）；二是制約因素（conditioning factors），這個過程不僅描述我們所感知到的事物，也決定了我們的反應。換句話說，所有的心智活動都是由「本然的感知」與「長期的神經元連結」交相作用而逐步形成。

我的老師薩傑仁波切曾對我再三諄諄教誨，如果我想要快樂，就得學會去辨識並處理那些會引起衝動或性格慣性反應的制約因素。他教導的重點是，任何阻礙我們，使我們無法不帶評論地如實看待事物的因素，即可說是衝動性的。比如說，如果有人現在正對著我們大吼大叫，我們很少會花點時間去區分什麼是本來的直接感官認知：「哦，這個人提高了音量，正在說這個、說那個」，什麼又是情緒化反應：「這個人真是個混蛋！」相反地，我們傾向於將直接的認知和情緒反應混在一起：「這個人正在對我大吼大叫，因為他是個大混蛋！」

但是，我們如果能夠退一步，客觀地看看當下的情況，很可能就會發現，對著我們大吼大叫的這個人所惱火的事，或許跟我們毫不相干；也許他才剛被長官刮鬍子，生怕自己被炒魷魚；也許他剛剛得知某個親友生了重病，又或者他跟朋友或伴侶吵了架而沒睡好。不幸的是，制約因素的影響力太強烈了，以至於我們很少會想到，我們其實可以退一步海闊天空。而且，由於我們的理解是如此有限，因此通常會以偏概全，錯認所有事實。

我們的見識如此短淺有限，也沒有通盤瞭解事實真相，如何能做出適當的反應呢？套句美國法院開庭時都會說的話：「……（我所說的）是全部的真相，除了真相，還是真相」（whole truth, and nothing but the truth），在日常經驗中，我們必須認出的「真相」就是「每個人都想要快樂」。然而很可悲的是，大部分人尋求快樂的方式，反而讓他們跟自己的願望背道而馳。如果我們能夠認清一切情境的真相，那麼，我們唯一的反應就會是——慈悲。

煩惱

是誰用什麼方式製造了地獄的武器？

寂天菩薩，《入菩薩行》，英譯：凱帝．寇爾斯比與安德魯．斯柯爾頓（Kate Crosby and Andrew Skilton）。

在佛教名相中，制約因素通常稱之為「煩惱」，有時後也稱之為「毒」。許多佛教心理學典籍都對煩惱做了廣泛研究，且一致公認有三種主要煩惱，它們就是形成其他煩惱，讓我們無法看清事物真實面貌的根本原因。這三種煩惱是：愚痴、貪著和瞋念。

愚痴

愚痴即是無法體認自心無限的潛能、明性和力量，就像透過有色眼鏡來看這個世界一樣，無論你看到什麼，都已經被鏡片的顏色所偽裝或曲解而失真了。就根本層面來看，愚痴將覺性基本的開放體驗曲解為一種固有的二元對立「自」與「他」。

因此，愚痴可說是一種雙重問題，一旦我們認定自己是單一且獨立存在的「自我」，設定了這樣的神經元習性之後，我們必然會將「非自我」的一切視為「他」。「他」可以是任何事物：桌子、香蕉、他人，甚至是這個「自我」正在想或正在感受的事物，因而我們所經驗的一切都變成了陌生人。一旦習慣了分別「自」與「他」，我們就會把自己囚禁在二元對立的感知方式中，在「自我」與「外在世界」之間畫出概念性的分界線；這個「外界」看起來是多麼廣闊，讓我們禁不住覺得自己是多麼渺小、有限，又脆弱啊！我們開始把他人和物質視為快樂或不快樂的可能來源，生活因而變成一種爭鬥拚搏，必須在他人捷足先登之前，搶先得到所需的一切以獲得快樂。

梵文中，這樣的爭鬥拚搏稱之為「娑婆」或「輪迴」（samsara），字面上的意思就是「車輪」或「循環」。所謂的「輪迴」，特別指的是痛苦的輪迴或循環，是一種不斷重蹈覆轍的習性；我們一再依循相同的經驗，卻期望得到不同的結果。如果你看過貓或狗追著自己的尾巴跑，那你就懂得輪迴的意義了。雖然看貓或狗追著自己的尾巴跑好像很有趣，但是，當你自己的心這麼做的時候，可是一點也不好玩。

輪迴的相反就是涅槃（nirvana），但這個名相和「空性」一樣，幾乎完全被誤解了。梵文中，涅槃可直譯為「熄滅」（extinguishing）或「吹熄」（blowing out，就好像吹熄蠟燭一樣）。涅槃通常被詮釋為一種完全喜悅或快樂的狀態，而這種喜樂是熄滅「自我感」或「有我的概念」之後油然生起的。這樣的解釋就某種程度來說是正確的，但沒有考慮到，具有形體的我們大多生活在一個相對的世界中，處處都得注意到倫理、道德、法律和身體的差異。

生活在這個世界，卻不願意接受它的相對性差異，就跟企圖逃避生為左撇子或右撇子一樣可笑與困難。這樣逃避又有什麼意義呢？對涅槃更正確的詮釋是，採用一種更開闊的觀點來看相對世界中的種種經驗，即接納所有體驗，不論快樂或痛苦，全都是覺性的展現。大部分人當然都只想經歷快樂的「高音符」（high notes），不過，最近我的一個學生指出，若是將貝多芬的交響曲或任何現代歌曲裡的「低音符」（low notes）都刪除的話，樂曲就會變得很粗劣且空洞。

把「輪迴」和「涅槃」當作是一種看待事物的觀點，應該是比較貼切的解釋。輪迴是以「界定或辨認經驗是痛苦或不悅」為基礎的觀點，而涅槃則立基於「心完全客觀的狀態」，即不評論、不分別地接受所有體驗。這開啟了我們看到答案的潛能，那答案也許不是直接與自我生存有關，但卻與一切有情眾生的生存更有關聯。

因此，我們就要來探討三種主要煩惱中的第二項。

貪著

由「他」中分離出來的「自我」感知，其實是一種生物機制，是神經元之間已然建構的對話模式，持續對其他神經元系統發出訊號：「我們每一個人都是個別、獨立存在的生物，我們需要某些東西才能維持生存。」由於我們活在肉體中，因此氧氣、食物和水等確實是不可或缺的。此外，有人曾與我談及關於嬰兒存活的研究，報告顯示，為了生存，我們需要一定程度身體方面的滋養，例如我們需要被觸摸，▼需要有人跟我們說說話，也需要有人認同我們的存在。

然而，當我們將「生物必需要素」概括至與「基本生存無關的事物」時，問題就來了。佛教名相中，這種概括性稱之為「貪著」或「欲望」（desire），而這跟愚痴一樣，都具有神經元的生物基礎。

舉例來說，假使吃巧克力的時候感到愉悅，我們就會建立起一種神經元連結，這種連結讓我們將巧克力與生理的愉悅感劃上等號。但這並不表示巧克力本身是好東西或壞東西，巧克力原本就具有製造生理愉悅感的化學成分，真正產生問題的是我們神經元對巧克力的貪著。

貪著在很多方面跟上癮沒兩樣，是對外物或經驗的一種強迫性依賴，以便製造出一種「完滿」的假相。不幸的是，就如同所有上癮症狀一樣，貪著會隨著日久月深而愈演愈烈，縱使得到了夢寐以求的人、事、物，但我們所經歷的「滿足感」是不會長久的；無論是今天、這個月或今年，讓我們快樂的任何「人、事、物」也都注定會改變——「改變」是相對實相中唯一不變的事實。

佛陀將貪著比喻為飲用海洋中的鹹水，喝得愈多，就愈口渴。同樣的道理，當

■請參照《愛的通論》（*A General Theory of Love*），第六十八～六十九頁，湯瑪士．路易斯博士（Thomas Lewis, M.D.）、法瑞．阿彌尼博士（Fari Amini, M.D.）、理查．藍儂博士（Richard Lannon, M.D.）合著，紐約藍燈書屋（New York：Random House），二〇〇〇年出版。

我們的心被貪著所制約時，無論擁有多少，我們永遠都無法真正感到滿足。我們失去了區別什麼是「快樂的直接體驗」，什麼又是「暫時讓我們快樂的對境」的能力。所以，我們不僅變得愈來愈依賴外境，也強化了「依賴外境給予我們快樂」的這種神經元模式的制約。

你也可以把巧克力代換成其他東西，對某些人來說，人際關係是快樂的關鍵；見到某個具有魅力的人時，他們就會想盡辦法接近這個人，但當他們終於達到目的，跟這個人建立起關係時，彼此間的關係卻又不如原來所想像的那樣令人滿意。為什麼？這是因為他們所貪著的，並非外物，而是腦部神經元虛構出來的故事罷了；這個故事以多層次的方式進行著，內容從達到欲求之後可能得到的好處，乃至得不到時會面臨的恐懼等。

很多人都以為，如果能夠獲得意外的好運，比如說贏得樂透，就會讓他們快樂得不得了。但是我的學生告訴我，由菲力普．布林曼（Phillip Brinkman）所做的一項有趣的研究顯示，新近贏得樂透的人並沒有比「未經歷暴發戶興奮感的對照組」更快樂。事實上，贏得樂透的人說，在最初的興奮激動消退之後，他們日常生活中的樂趣，像是跟朋友聊天、得到讚美，或只是看看雜誌的樂趣，跟不曾經歷過這樣重大改變的人比起來，反而相對地減少了。

這個研究讓我想起了很久以前聽到的一則故事。有一個老人買了獎金高達一億元的樂透彩券，但買了彩券之後不久，他就因為心臟病發而被送到醫院。醫生囑咐

《個性與社會心理學》（Journal of Personality and Social Psychology）雜誌第卅六期，第九一七頁，〈樂透得主與意外受害者：快樂是相對的嗎？〉（Lottery Winners and Accident Victims: Is Happiness Relative?），菲力普・布力肯（Philip Brinkman）著，一九七八年。

他一定要多休息，並且嚴禁接觸任何會讓他興奮的事物。就在老人住院期間，他所買的樂透彩券竟然中了大獎。由於正在住院，所以他對幸運中獎一事當然毫無所悉。不過，他的孩子和妻子知道後便前往醫院，想要告訴他這個好消息。

到病房探視他之前，他們先去見了醫生，告知有關老人幸運中獎一事。一說完，醫生便要求他們先不要跟老人提這件事，「他會太過興奮，」醫生解釋說，「這會讓他心臟病發死亡。」老人的妻子和孩子跟醫生爭辯了起來，他們相信這個好消息會讓他病情好轉。不過，到最後他們還是同意讓醫生用和緩的方式去宣布這個好消息，讓老人不至於過度興奮。

於是老人的妻子和孩子便坐在大廳等候，而讓醫生進去病房。一開始，醫生先是詢問老人的症狀、感受等。問了很多問題之後，才隨意地說：「你有買過樂透彩券嗎？」老人回答說，其實就在住院前，他才買了一張彩券。

「如果彩券中了獎，」醫生問道，「你會覺得怎麼樣？」

「嗯，如果真的中了獎，那很好。沒中獎的話，也沒關係。我已經是個半隻腳踏進棺材的人了，中不中獎都無所謂。」

「你不會真的這樣想吧?!」醫生若無其事地說道，好像只是假設性地隨意說說，「如果真的中了獎，你一定會興奮得要死，對不對？」

但老人卻答道，「不會！事實上，如果你有辦法讓我病情好轉，我會很樂意分給你一半的彩金。」

醫生笑了，「別想這檔子事了，」他說，「我只是隨意說說而已。」

但是老人很堅持，「不，我是說真的。如果你可以讓我病情好轉，我又真的中了樂透的話，一定會分給你一半的彩金。」

醫生又笑了，「要不然你把剛剛說的話寫下來，」他開玩笑地說，「寫在紙上，說你會分給我一半彩金，可以嗎？」

「好啊，就這麼辦。」老人同意了，伸手從床邊桌上拿起便條紙，緩慢無力地寫下同意分給醫生一半彩金的同意書，並在上頭簽了名，然後交給了醫生。醫生盯著這張同意書和老人的簽名，知道他就要得到這麼多錢了，一陣興奮，竟然當場就倒地身亡。

當醫生倒地時，老人大叫了起來。聽到老人的叫聲，他的妻子和孩子恐懼極了，以為醫生一語成讖，老人因為這個消息興奮過度而心臟病發身亡！他們衝進病房，只見老人坐在床上，醫生卻倒臥在地上。當護士和其他醫生衝進來試圖搶救醫生時，家人便悄悄告訴老人有關中獎一事。出乎大家意料之外，老人對於贏得一億元彩金似乎並不怎麼興奮，這個消息也沒有對他造成任何傷害。事實上，幾個星期之後，他的病情逐漸好轉，終於可以出院回家了。當然，他也很高興可以享受從天而降的財富，但他並不貪著這些財富。相反地，這位醫生卻因為太執著於獲得鉅額財富，過度興奮而讓心臟承受不了，就這樣一命嗚呼了。

瞋念

每個強烈的貪念都會引發相對強度的恐懼，因為唯恐得不到所求，或害怕失去所得。以佛教的語言來說，這樣的恐懼就稱之為「瞋念」，它是一種抗拒，拒絕接受相對真理的無常本質所導致的必然變化。

恆常且獨立存在的自我概念驅使我們拚命抵抗不可避免的改變，以確保「自我」可以處於安全牢靠的狀態。一旦我們達到自覺完滿的某種狀況時，又希望一切都維持不變。我們愈是貪著那些讓我們感到完滿的事物，就愈害怕失去，假如有一天真的失去了，痛苦就來得愈加猛烈。

瞋念有如一種自我應驗（self-fulfilling prophecy）。由於「自身不夠圓滿，必須依賴外境才能獲得快樂」的觀念，使得我們為求取快樂而做的所有努力注定要失敗，而讓「自身不夠圓滿」的看法成真。想一想自己在喜愛的人面前的行徑就知道了；你是不是盡其所能地讓那個人認為你很優雅、高貴且自信？或者有時候你突然就像個呆子似的，結結巴巴說不出話來？如果這個人跟別人有說有笑，你是否感到受傷且嫉妒，而且還不經意或明顯地流露出你的痛苦與嫉妒？你對這個人的貪著是否強烈到某種程度，讓他（她）感受到你那不顧一切的瘋狂，因而開始避著你？

瞋念會強化你那自認受限、脆弱，以及不完滿的神經元模式；因為，任何可能對這個心理建構而成的「自我」獨立性造成破壞的一切，都會被視為一種威脅，會讓你不自覺地耗費大量心力，密切監看著周遭潛在的危機；腎上腺素在你體內洶湧呼嘯，讓你心跳加速、肌肉緊繃，肺葉像鼓風機一樣瘋狂起伏，這些感受都是壓力過大的症狀。許多科學家告訴我，這可能會導致各式各樣的問題，包括：憂鬱、失眠、消化不良、起疹子、甲狀腺與腎臟機能失常、高血壓，甚至高膽固醇等。

純粹就情緒性層面而言，瞋念通常會以憤怒，甚至仇恨的狀態顯露出來。你沒有認出自己所感受到的痛苦，其實是奠基於心理建構的意象，反而「理所當然地」責怪他人、外在事物或情境造成了你的痛苦。當有人表現得像是要妨礙你得到你想要的事物，你就開始認為他們很不可信賴或不安好心眼，然後你就會想盡辦法避開他們，或對他們進行反擊。在憤怒的操控下，你把所有的人事物都視為敵人，結果導致你的內在和外在世界愈來愈狹小；你對自己失去了信心，也強化了產生恐懼和脆弱感的特定神經元模式。

煩惱或契機？

好好思考這可貴人身的種種利益。

蔣貢・康楚・羅卓泰耶，《了義炬》，英譯：茱蒂斯・漢森。

我們很容易就會把煩惱視為性格上的缺陷，然而，這卻是對自己的一種貶抑。我們感受情緒的能力、區別痛苦和快樂的能力，以及體驗「直覺」的能力，一直在求生功能上扮演著關鍵性角色，它讓我們可以立即適應周遭世界的微細變化，並有意識地整理歸納這些適應經驗，以便能夠隨意喚出運用或傳遞給下一代。

如此非比尋常的敏感性也強化了佛陀最基本的教導之一，那就是讓我們再次去思考人身有多麼珍貴，它給了我們高度的自由與種種機會，這樣的人身是多麼難得，卻又多麼容易失去啊。

不論你相信人類的生命是宇宙的意外，還是業力的作用（a karmic lesson），或者是某種神聖造物主的傑作，你只要停下來想一想，與同住在這個星球上的其他生物相比，人類在比例上僅僅占了極少數，你就不難明白生為人類的機率真的是微乎其微。再加上現代科學向我們揭示了人腦不可思議的精密與敏感度，更提醒我們何其幸運生而為人，具備了能夠感受覺知周遭事物的特有能力。

從佛教徒的觀點來看，人類情緒習性的慣性本質代表了一種有趣的挑戰心理，不需要顯微鏡就可觀察到這種心理習性。對大部分人而言，只要回想上一段感情就夠了，一開始他們總是會想：「這次鐵定跟上次不同。」然而，幾星期、幾個月，或者幾年之後，他們就會恨不得去撞牆，想道：「唉呀，真是糟糕！這跟我上一段感情有什麼兩樣?!」

或者，你也可以觀察一下自己的職場生涯。剛開始一個新工作的時候，你想道：「這次我一定不要再一直加班，最後還被批評不夠努力。」然而三、四個月過後，你發現自己又開始取消邀約，或臨時打電話給朋友說：「今天晚上我沒辦法跟你去吃晚飯了，還一大堆工作，我得加班。」

先不管動機好壞，你會發現自己不斷重複相同的模式，卻期待結果有所不同。這些年來，與我共事的大部分人都告訴我，他們總是期盼著一個星期趕快過去，好享受輕鬆的周末時光。但是當周末結束，回到辦公室時，又開始寄望一星期趕快過去，夢想著下個周末的到來。也有人告訴我，他們費盡時間、精力完成一個工作，卻從來沒有停下來享受過任何成就感，因為，緊接著又得開始著手進行工作單上的下一項任務了。甚至連休假的時候，心裡都還想著上星期、上個月，甚至是去年發生的事，心中不斷上演著這些舊戲碼，不斷想著當初如果這樣做或那樣做的話，結果是否會更圓滿。

慶幸的是，我們愈熟悉如何檢驗自心，就愈瞭解如何解決自己的問題，也愈容易認出所經驗的一切，無論是貪著、瞋恨、壓力、焦慮、恐懼或渴望，都只是自心的造作罷了。

對那些投入大量心力，踏實地探索自心寶藏的人而言，無論外在環境如何變化，他們自然而然就會發展出某種名望，贏得他人的尊敬和信任；他們隨時隨地的行為都會激起旁人的敬重、欽佩和信賴；他們在這世間的成就，無關乎個人野心或企圖贏得他人的關注，也非來自擁有名車、豪宅或響亮的頭銜，而是來自一種寬廣、放鬆的安適，這也使得他們能夠超越當時的個人狀態，更深入看清人間百態，同時維持著一種基本的喜樂。

事實上，我們時常聽到某些豪門巨富、達官顯貴或具有影響力的人坦承，世俗成就並沒有帶給他們預期的快樂，雖然手中握有財富或權力，但是他們卻在痛苦的大海中泅泳浮沉，有時候甚至痛苦到以為自殺是唯一的出路。這麼強烈的痛苦就是源自於相信外在的條件能夠帶來永恆的快樂。

如果你真的想要找到恆常的平靜與滿足，那麼，你就得學會安住自心；唯有安住自心才能讓內在的本質顯露而出。想要讓充滿泥巴和雜質的水變清澈，最簡單的辦法就是讓水沉澱下來。同樣的道理，假如能夠安住自心，那麼，愚痴、貪著、瞋念等煩惱，就會逐漸平息下來，這時，自心的真正本質——慈悲、清明、無邊際的開闊境界——就會展現出來。

第二部

道——修持方法

馴服之心喜樂迎。受過訓練的心能夠生起真正的喜樂。

《法句經》，英譯：艾納・伊斯渥倫

找到平衡點

無攀執地安住。

葛桑巴大師（Götsangpa），《光明寶燈》（*Radiant Jewel Lamp*），英譯：伊莉莎白．克拉漢

現在，讓我們暫時把科學和理論放在一邊，開始來討論實修方法，也就是佛教術語所說的「道（path）」。而在討論實際修持之前，我想先說一個很久以前聽到的故事。

有一個從小就是浪裡白條的游泳健將，到了年屆古稀之際，又開始尋找新的挑戰，就像他年輕時挑戰游泳技術一樣。他決定要出家，他想，就像以前能夠掌握大海的浪濤一樣，他應該也能夠掌握自己內心的波濤。

他找到了一個他很敬重的老師，受了戒，開始修持老師傳授的法門。但跟大多數人一樣，禪修對他而言也並不容易，因此他去請教老師。

老師請他坐下來禪修，好觀察他的修持方式。一會兒之後，老師發現他用力過度了，因此告訴他要放鬆。但他發現，連這樣簡單的指示他都難以領會。當他試圖放鬆的時候，心就隨處遊蕩，身體也因此而鬆垮傾斜。然而當他試著集中注意力

時，心和身體又太過緊繃。最後老師問他：「你很會游泳，是嗎？」

「當然了，」他答道，「比誰都行呢！」

「游泳時你會把肌肉完全緊繃？」他的老師問道，「還是完全放鬆？」

「都不是，」老游泳健將答道，「你必須在緊繃和放鬆之間找出平衡點。」

「很好！」老師繼續說道，「那現在我問你，當你游泳時，如果肌肉太過緊繃，是你自己造成了四肢緊繃，還是別人逼迫你的？」

他想了好一會兒才回答：「是我自己把肌肉緊繃起來的。」

老師等了一會兒，好讓他有時間想一想自己的答案，然後才解釋道：「禪修時，如果發現自己的心變得太過緊繃，其實是你自己製造了這個緊張感；但如果釋放了所有的壓力，你的心又會變得太過鬆散而導致昏沉。」

「禪修的時候，你也要像這樣找出內心的平衡點，如果沒有找到那個平衡點，那麼你永遠不可能了悟自性的圓滿平衡。一旦找出之後，你就能夠自在悠游於生命的每一個面向，如同你以前自在悠游於水中一般。」

簡單地說，最有效的禪修方法就是，盡最大的努力，但不要過於期待結果。

智慧與方便

心不動時自清明，水不動時自澄澈。

第九世嘉華噶瑪巴，《大手印了義海》，英譯：伊莉莎白・克拉漢

前述那位老師對游泳健將的教導，其實是在智慧與方便間尋求平衡的廣大法教的一部分。智慧，指的是對理論的瞭解；方便則是理論的實際運用，智慧若無法實際運用，便毫無意義可言，而這時，方便道就派上用場了：以自心認出自心——這其實是禪修的極佳定義。

禪修並不是「樂暈了」（blissingout），或「一片空白」，也不是為了讓心更為「清晰」——這些都是我在全球講學時，從人們口中聽到的字眼。禪修其實是練習安住於心當下的自然狀態之中，並單純清楚地感受當下現起的一切念頭、感官知覺或情緒。許多人抗拒禪修，因為一想到禪修，腦海中浮現的第一個畫面，就是要挺直腰桿、盤起雙腿，讓心完全空白地坐在那兒好幾個小時，這些都不是必要的。

首先，雙腿盤坐並挺直脊椎，這的確需要花點時間去適應，尤其是在西方，大家都很習慣彎腰駝背地窩在電腦或電視前。第二，要讓你的心不要生起念頭、情緒和感官知覺等，根本是不可能的事。思考是心的自然功能，就像太陽發出光芒與熱度、暴風雨中產生閃電和雨水一樣自然。

剛開始學習禪修的時候，老師曾對我說過，壓抑心的自然功能至多也只能暫時解決問題。更糟糕的是，如果你刻意去改變自己的心，你只會強化將念頭和情緒執以為實的習性罷了。

心一直都在活動，猶如海洋不斷湧起浪濤般，不停地生起種種念頭。我們無法制止念頭的生起，就如同無法制止海洋的波濤一樣。把心安住在它的自然狀態中，跟完全停止所有的念頭是截然不同的兩回事。佛教的禪修並非把心搞成一片空白，所謂的「無念禪修」是根本不可能達到的事，即使你真的可以停止所有的念頭，那麼你也不是在禪修，而是在一種行屍走肉般的狀態中遊蕩罷了。

另一方面，你可能也會發現，一旦看著念頭、情緒或感官知覺時，它就如同魚兒突然游入深水中，瞬間就消失不見了。這也沒關係，事實上這樣非常好。只要你繼續保持純然的專注或覺知，即使念頭、感受等不見了，你也是在體驗自心本性的明性和空性。

禪修的真正重點是，無論「有」或「沒有」生起任何狀態，都要安住在純然的覺性中；不論心頭現起什麼，只要保持開放與了知，然後放下。倘若沒有任何念頭生起，或者念頭等在你察覺之前就消失，那麼就安住在自然的明性中即可。

還有比這樣禪修更簡單的嗎？

另外要注意的一點就是，雖然我們會認定某些經驗比較好、比較適宜，或者比較有建設性，但事實上並沒有所謂的「好」念頭或「壞」念頭，就是「念頭」罷了。只要某一堆愛說話的神經元開始製造我們解譯為念頭或感受的訊號，另一堆神經元就開始喋喋不休地評頭論足：「哦，那是個充滿仇恨的念頭，你真是個壞蛋啊！」或者「你怕死了，真是個懦夫！」

禪修其實是一種不帶評論的覺知過程。禪修的時候，我們用科學家客觀的角度來觀察自己的主觀經驗。這個過程一開始可能有點難，因為大部分人都被訓練成只要我們認定它是好的，它就是「好的」；認定它是壞的，它就是「壞的」。但是，當我們開始練習單純地看著自己的念頭來來去去，那麼，這類頑強僵化的區別就會開始瓦解。用常識就知道，剎那生起又消失的種種心理狀態不可能都是真實的。

假如我們能夠持續不斷地覺察自心的種種活動，那麼，那些曾經被我們認為真實存在的念頭、情緒、感官知覺，以及所接收的對境等經驗的澄澈本質，就會慢慢地被我們認出來。猶如堆積在鏡子上的層層灰塵污垢慢慢被擦乾淨一樣，當我們逐漸習慣觀看自心的清晰面之後，就可以看穿那些「我是誰」或「我是什麼」的雜音，並認出自心的光明本質。

身體的姿勢

大智慧就駐於身體之中。

《喜金剛密續》（*The Hevajra Tantra*），英譯：伊莉莎白．克拉漢

佛陀曾教導我們，身體是心的生理基礎，而這兩者的關係就像杯子和杯中的水一樣，倘若你把杯子放在桌子邊緣或不平的表面上，水就會晃動或灑出來。但是如果把杯子放在平坦穩固的地方，水就會保持完全靜止的狀態。

同理，讓心安住的最佳方法，就是讓身體保持穩定的姿勢。佛陀以他的智慧教導我們，保持身體的平衡、安定，能讓我們的心既放鬆又警覺。而經過長久的歲

月，這個身體平衡法的教導，即成為眾所周知的「毗盧遮那七支坐法」（seven-point posture of Vairochana），而這也是代表佛陀「證悟」的一個法相。

七支坐法的第一點，先建立身體的穩定基礎，也就是說，如果可以的話，雙腿交叉盤坐，兩隻腳板分別放在另一邊大腿上。如果你無法這樣坐，只放一隻腳板在另一邊大腿上，而另一隻腳板就放在另一邊大腿下面，單盤坐著也可以。如果這兩種坐法都不舒服，單單雙腿交叉坐著也可以，你甚至可以舒服地坐在椅子上，雙腳則平放在地板上。重點是保持舒適和穩定，假如你的坐姿讓腿感到疼痛，你就會因為太關注於腿上的疼痛而無法讓心安住。這就是為什麼七支坐法的第一點有這麼多選擇的原因。

第二點，把雙手放在肚臍下方、大腿上方，一隻手的手背放在另一隻手的手掌上，哪隻手在上面都沒有關係。禪修之間你也可以隨宜地調整兩手的位置，比如說，打坐很久之後，下方的手掌太熱了，就可以調換一下位置。你也可以把雙手掌心朝下地擱在兩邊膝蓋上。

第三點，在上臂跟身體之間留一些空間。傳統佛經將第三支坐法稱為「持臂如鷲鷹」，不過這很容易被誤解成把肩胛骨伸展開來，變得像隻食肉禽鳥一樣。

事實上，我在巴黎講學的時候，有一天經過一處公園，恰好看到一個人盤坐在地上，雙肩不斷地來回鼓動。我經過他身邊時，他認出我是個僧人（穿著紅袍子實在很容易洩漏身分），於是便問我說：「你打坐嗎？」

「是的，」我答道。

「你打坐時有遇到任何難題嗎？」

「沒有啊！」我告訴他。

我們就這樣對彼此微笑了一會兒，畢竟，那是巴黎晴朗美好的一天。然後，他又問我：「我很喜歡打坐，但有一個打坐的步驟搞得我實在快瘋了。」

我自然就問他到底是什麼問題。

「是關於雙臂的姿勢，」他答道，臉上有點難為情。

「真的？」我回答，「你在哪裡學的打坐？」

「看書學的。」他說。

我問他書裡面怎麼解釋手臂的姿勢。

「書裡面說，雙臂應該要像鷲鷹的翅膀一樣。」他回答，於是就像我剛剛看到的一樣，他又開始來回鼓動雙肩。我看著他這樣做了一、兩秒鐘之後，就請他停下來。

「讓我來告訴你吧，」我說，「這個步驟的真正重點，是在雙臂和軀幹之間留點空隙，空間不需要太大，足以讓你的胸膛挺開放鬆就可以，這樣你的呼吸才會自然順暢。鷲鷹休息時，雙翼和軀幹之間總是留有一點空隙，這才是這個步驟的真正意思。你並不需要鼓動雙臂，畢竟我們是在學習打坐，而不是要試圖飛起來。」

這個姿勢的重點在於找到雙肩的平衡點，肩膀才不會一邊高一邊低，而挺胸也會讓你有「呼吸的空間」。不過有些人具有很粗大的手臂和軀幹，尤其是愛到健身房運動的人，如果你剛好是這類型的人，那麼，別勉強自己一定要在手臂和胸膛之間留什麼空隙，手臂只要自然地放下，不要壓迫到胸膛即可。

七支坐法的第四點是，盡量挺直脊椎，就像典籍中所說：「如箭一般」。不過，我要再次強調，重點是找到平衡點。如果你勉強自己坐得太直，到最後身體就會往後傾，全身也會因為太緊張而顫抖，我看過很多學生因為太在乎一定要挺直脊椎而導致這種結果。從另一方面來說，如果你彎腰駝背，那麼幾乎不可避免地，你的肺就會被壓迫到，這樣呼吸會變得很困難，同時也會壓迫到其他器官而造成身體不適。

第五點，讓頭的重量均衡地落在脖子上，這樣氣管才不會被壓迫到，或者因為太後仰而擠壓到脊椎頂的七塊小骨，這是神經元訊號從下半身傳送到腦部很重要的一個部位。當你找到自己的正確姿勢時，你應該會發現自己的下巴比平常稍微內縮一點，較靠近喉嚨。假如你曾經連續好幾個小時把頭稍往後仰地坐在電腦前，只要稍微調整一下頭的姿勢，你馬上就會覺得好多了。

第六點是在嘴部，讓牙齒和嘴唇稍稍有點自然地分開。可以的話，就把舌頭輕輕地抵在上顎牙齒後方，但不必勉強自己一定要這樣做，舌頭只要自然地放著就好了。如果你的舌頭太短，非得花點力氣才抵得到上顎的話，別擔心，重點是讓舌頭自然放著就可以了。

七支坐法的最後重點是眼睛。初學者大多都覺得閉上眼睛比較舒適，也比較容易讓心安住，也比較容易體驗到平和與寧靜。初學時可以這樣做，但是，我早期所學到的一點是，閉上雙眼會讓你執著於一種造作出來的平靜。因此，閉著眼睛禪修幾天之後，最好還是睜開雙眼，這樣你才會保持警覺、清明與專注。不過，也不是要你眼睛眨也不眨地死盯著前方看，而是讓雙眼像平常一樣自然地張開就好了。

「毗盧遮那七支坐法」其實只是一套導引。因為禪修是一種個人修持，每個人的情況都不盡相同，重點是自己要在緊繃與放鬆之間找出適當的平衡點。

此外，還有一種精簡的二支坐法。當我們不方便或無法用正式的七支坐法來禪修時，就可以利用這個方法。方法非常簡單：只要挺直脊椎，讓身體儘可能保持舒坦放鬆即可。這個禪修法在日常生活中非常好用，當你開車、走路、購物或做飯時，都派得上用場。

二支坐法本身幾乎就會自動製造出一種放鬆的覺知，最棒的是，當你這樣做的時候，根本沒有人會注意到你正在禪修呢！

心的體態

當扭曲成結的心鬆綁時，它就無疑地解脫了。

薩惹哈（Saraha），《道歌集》（*Doha for the People*），英譯：伊莉莎白．克拉漢

讓身體姿勢放鬆又警覺的原則，同樣適用在尋找心的平衡點上。當你的心能在放鬆與警覺之間找到自在的平衡時，其本有的特質就會自然顯現出來。這是我那三

天獨自待在關房中，決心徹底觀照自心的收穫之一。

我坐在那兒，一直回想著老師們告訴我的，當水開始沉澱下來時，泥沙、污垢和其他淤積物就會逐漸跟水分離，慢慢地沉入底部，這讓你有機會把「水」和「經過水中的一切」都看得清清楚楚。

同樣的道理，假如你能夠保持心的放鬆狀態，那麼，所有的念頭、情緒、感官知覺和所接收的對境等「心的淤積物」就會自然地平息，然後，內心本然的清明就會顯露而出。

就像身體姿勢的道理一樣，「心的體態」的重點也是找到一個平衡點。假如你的心過於緊繃或專注，你就會過度在意自己是否是個「好禪修者」。但如果你的心過於鬆散，那麼，你要不就是分心散亂，要不就是陷入昏沉。我們得在求好心切的緊繃，與「唉，糟糕！我得來禪修」的懊惱之間找出中道。最理想的方式就是給自己一點空間，記得，你的修持無論是好、是壞都無關緊要，重點是你有禪修的意願，這就足夠了。

10 第一步：單純地安住

無論發生了什麼，都自然地看著它的本質。

噶瑪．恰美仁波切（Karma Chagmey Rinpoche），《大手印與大圓滿雙運》（*The Union of Mahamudra and Dzogchen*），英譯：艾瑞克．貝瑪．昆桑

佛陀瞭解這個世界上沒有任何兩個人是一模一樣的，每一個人與生俱來的能力、特質和性格都不盡相同。佛陀擁有偉大的洞察力與慈悲，於是發展出無數方便法門，讓所有眾生透過這種種方便法門，而有機會直接體悟自身的真實本性，進而完全遠離痛苦。

佛陀大部分的法教都是因應當時周圍信眾的需要而隨機教導的。這種能夠當下精確回應眾生需求的能力，其實就是證悟大師的特點之一，只要證悟大師還在世，授業解惑就不會有任何問題。然而，佛陀圓寂之後，他的資深弟子為了讓佛陀的法教能繼續利益後人，因此必須想出一套方法，有系統地整理這些隨機教化的教導。幸運的是，佛陀的資深弟子們極為擅長分門別類，他們將佛陀教導的各種禪修法門分為兩大類：分析式禪修法與非分析式禪修法（analytical methods and non-analytical methods）。

在禪修的學習過程中，通常都先教導非分析式禪修法。因為這種修持提供了安定自心的方法，心安定之後，就比較容易察覺種種念頭、情緒和感官知覺，而不會陷入其中。分析式禪修法則是在各種經驗之中直接觀看自心，通常是在弟子已學過如實安住自心之後才傳授。另外，由於練習觀看自心很容易引發許多疑問，因此，分析式禪修法最好是在具有洞察力和實際經驗的老師指導下進行，因為他們才能深入瞭解學生的問題，也才能提供為學生量身訂作的答案。因此，在這裡我想討論的重點，是關於安住並平息自心的法門，也就是非分析式禪修法。

梵文中，非分析式禪修法稱為「奢摩他」（shamata），即是「止」或「止的禪修」，藏文則是「息內（shinay）」。這個字有兩個音：「息」指的是平和（peace）或寧靜（tranquility），而「內」則是駐留或停留，因此，這個法門的完整翻譯是「平靜地安住（calm abiding）」，也就是讓心如實地平靜安住。這是一種基本的修持，透過這個修持，我們自然地將心安住在放鬆的覺性中，如此，心的本性就會自然顯露。

無所緣的禪修

直入自心的根源：安住在赤裸的覺性中。

帝洛巴，《恆河大手印》，英譯：伊莉莎白．克拉漢

父親一開始教我將心自然地「安住在赤裸的覺性中」時，我根本不知道他在說

什麼。明明沒有安住之地，叫我怎麼把心「安住」在上面呢？

幸運的是，我父親那時已經去過許多國家，遇到了不少人，也跟他們聊過他們的生活、難題或成就等。這的確是身著僧袍的好處之一，因為人們比較會覺得你很有智慧或是個重要人物，因而願意敞開心胸跟你傾訴他們生命中的點點滴滴。

父親舉了一個飯店職員的故事來說明如何安住自心，他每天都要站在櫃臺後面八個小時，幫客人辦理住房、退房登記，聽客人對房間不滿的抱怨，還要時常跟客人爭論帳單的事。因此，每當快要下班的時候，他總是感到非常高興。因為工作了一整天，他已筋疲力盡，滿心期待回家之後泡個舒服的熱水澡，再躺在床上深深吐一口氣，讓自己完全放鬆。接下來的這幾個小時只屬於他自己，他不需要穿著制服站在那兒，不需要聽別人抱怨，也不需要盯著電腦螢幕確認客人的訂房，以及查詢是否還有空房。

這就是無所緣的止禪修所說的安住自心的方法，就好像剛結束了一整天辛勞的工作一樣，這時只要放下、放鬆就好；你不需要阻止任何念頭、情緒或感官知覺的生起，也不需要跟隨它們；就這樣安住在開闊的當下，任由它們的發生。如果念頭或情緒生起，就讓自己清楚地察覺它們的存在。無所緣的止禪修並不是讓你的心漫無目的地遊蕩於幻想、記憶或白日夢中。禪修時，你可能沒有特別執著在什麼對境，但是你還是有覺知，還是清楚當下發生的一切，這就是自心某種程度的呈現，可以概括地說是一個覺性的中心。

當我們在無所緣的境界中禪修時，我們實際上是將心安住於它本來的明性中，對任何念頭和情緒的來去完全沒有執著。這個超越自他的本然明性始終與我們同在，就像虛空永遠當前呈現一樣。我們可以說，無所緣禪修就像接受天空時而飄過的雲霧，同時卻又清楚知道，天空即使是在被遮障的狀態下，本身仍舊是不變的。如果你曾經搭過飛機，那麼你應該看過，在雲靄、薄霧或雨滴的上方，天空總是那麼開闊又清朗，看起來是如此平常。同樣地，即使在念頭和情緒遮障之時，佛性也一直都是開闊清朗的。或許它看起來很平常，然而明性、空性和慈悲等所有特質，卻都蘊含在其中。

無所緣的止禪修是安住自心的最基本法門，你不需要看著念頭或情緒（這個觀修法我之後會再說明），也不需要試圖去阻止它們；只要用孩童般的天真，安住於覺性中，看自心進行它的活動，像孩子般數著：「哇！多少念頭、感官知覺和情緒啊！它們正在我的覺性中來來去去呢！」

就某方面來說，無所緣的止禪修法有點像是看著開闊的虛空，而不是專注觀察虛空中移動的銀河系、天體和星球。覺性中念頭、情緒和感官知覺的來去，就好比在虛空中銀河系和星辰等的移動。就如同我們不會以虛空中移動的物體來定義虛空一般，覺性所覺察的念頭、情緒和所接收的對境，也無法定義或限制覺性本身。覺性就是「如是」，而無所緣的止禪修法所說的，即是安住在覺性的「如是」中。有些人覺得這個練習很簡單，也有人覺得很困難，這跟個人性格有關，而非能力或技巧的問題。

這個教法很簡單。如果是正式禪修時，最好是盡能力所及地用七支坐法。無法運用七支坐法時——比如開車或走路等——就挺直脊椎，全身放鬆，保持平衡，然後讓自心在當下純然的覺性中放鬆。

無可避免地，我們心中一定會有各種念頭、感官知覺和感受生起，這是必然的，因為你尚未學會安住自心。這就像到健身房練習舉重一樣，一開始才舉了少少的幾磅幾下，肌肉就累了。但是如果持續練習下去，逐漸地你就會發現，自己竟然可以舉得更重，而且次數也增多了。

同樣地，學習禪修也是個漸進的過程。一開始，你也許只能靜下來幾秒鐘，過沒多久，各種念頭、情緒和感官知覺就洶湧而來。基本的教法就是不要跟隨這些念頭和情緒，只要如實地覺察在覺性中來來去去的一切即可。無論心中有什麼念頭起落，別太在意它，也不要試圖壓抑它，只要看著它來來去去就好了。

一旦開始追逐某個念頭，你就無法認清當下發生的一切，接著就會開始想像出各種幻象、評論、記憶，以及跟當下實相風馬牛不相干的情節。你愈是讓自己的心跟隨著這些念頭四處遊蕩，就愈容易遠離當下的開闊廣大。

止禪修的目的，就是要慢慢地、逐漸地打破這種習性，並保持當下的覺知，以開放的心接受當下所有的可能性。發現自己追逐念頭時，也不要苛求或責備自己。因為，你其實已經覺察到自己正流連在過去或想著未來，這個察覺的心就足以把你帶回當下，並且強化你想要禪修的本意。在止的禪修中，你想要禪修的動機才是最關鍵的決定性因素。

開始禪修時要慢慢來。我父親曾經很謹慎地告訴包括我在內的所有新學生，初學禪修時最有效的方法，就是一天當中讓心安住的次數要多，但每次安住的時間要短。他說，不然你可能會覺得禪修愈來愈無聊，或對自己的進展感到很失望，到最後乾脆就放棄了。這種短時間、多次的方法，就像古書中所說的「涓滴挹注，終能滿杯」。

因此，剛開始禪修時千萬不要好高騖遠，非要禪修個二十分鐘不可，不如把目標訂在一分鐘，甚或半分鐘的長度；運用你願意或渴望在忙碌的生活中暫停片刻的時間，與其任隨自己做白日夢，不如利用這幾秒鐘來觀察自心。像這樣「一點一滴」地修持，你會發現自己逐漸掙脫了心理與情緒的枷鎖——這些枷鎖正是疲累、失望、瞋恨和絕望的來源。然後，你便會發現原本就存在內心的清明、智慧、精進、寂靜和慈悲的無限泉源。

第二步：安住在對境上

一心專注某個特定對境，以此安住自心。

——第九世嘉華噶瑪巴，《了義海大手印》，英譯：伊莉莎白．克拉漢。

當我剛開始正式禪修時，我發現，無所緣禪修之所以困難，就是因為它太簡單了。由於心的本質——覺性——太近了，以至於很難辨認。我們從早上醒來，無論走到哪裡、吃飯，一直到夜裡準備上床睡覺，覺性一直都在那裡；它就是本具的覺知，但由於它時時刻刻都跟我們形影不離，所以我們根本認不出它有多麼珍貴，更別提我們是多麼容易淪陷在念頭、感受和感官知覺等，這些心自然產生的副產品之中。

如果你發現自己正面臨這樣的問題，其實你並不是唯一這樣的人。

幸運的是，我父親和其他老師對於直接安住自心所會面臨的問題都很熟悉，並能夠教導他人更多次第的技巧。其中最簡單的方法，就是直接利用我們的感官來安定並放鬆自心。

感知對境之門

整個世界都是心的世界，心的傑作。

邱陽．創巴仁波切（Chögyam Trungpa Rinpoche），《佛心》（*The Heart of the Buddha*）

就像科學家一樣，佛教徒對於視覺、聽覺、嗅覺、味覺和觸覺等五種感官知覺也有所認知。在佛教名相中，它們被稱為「感知對境之門」（doors of perception），就像房子的門窗一樣。我們大部分的感受和所感知的對境都是透過其中一個或多個感官的作用，因而形成了我們的經驗。然而，由於這五種感官知覺，或佛教典籍所說的「五根識」，其實只能登錄感官所感知的境相，於是，佛教科學又說到了第六識，也就是「意識▼（mental consciousness）」。第六識並不神祕，跟超能力或通靈毫不相干，「意識」只是心的一種能力，讓我們得以認出並辨別所看到、聞到、聽到、嚐到或觸摸到的事物。

佛教傳統上將這六識比喻為有五個門的房子，四面各有一個，還有一個是在屋頂上。這五個門代表五種感官之識。現在，假設有人將一隻猴子放到這棟房子裡，猴子在此所代表的就是意識。猴子突然被放到一個大房子裡，自然興奮瘋狂地到處亂竄亂跳，會跑到每個門口去瞧瞧，看看有沒有什麼新奇、特殊或有趣的東西。這隻瘋猴子不管找到什麼，馬上就以自己的經驗判斷這東西是令人快樂

■一般用語通稱的「意識」，指的是能辨認、思惟的心智能力。例如：我們會指稱一個昏迷不醒的人，失去了「意識」。但在佛教術語中，「意識」有其特殊的意思，指的是心認知對境的六種能力中的一種。心的這六種能力稱為「六識」：眼識、耳識、鼻識、舌識、身識、意識，而「六識」所能辨識的對象分別為：色相、聲音、氣味、味道、觸感、念想。一般情況下，每一識只能辨識各自的對境，「意識」則依據其他五識的對境。「意識」也只能辨識念頭、想法，而不能直接辨識色相、聲音、氣味。例如眼睛看到一個瓶子的過程：先是眼識透過眼睛辨識出某個物體的形狀和顏色，然後經由「意識」，才去辨識出了「這是一個瓶子」的念頭。

還是痛苦、好的或壞的，還是無聊的。經過這棟房子的人，在每個門口都看到一隻猴子，便以為房子裡有五隻猴子，但實際上只有一隻，也就是那靜不下來且未受訓練的「意識」。不過，就如同其他有情眾生一樣，這隻瘋猴子其實也只是想要快樂、想要擺脫痛苦而已。因此，我們可以教導自己心中的那隻瘋猴子，藉由刻意專注於不同感官上而平靜下來。

有所緣的禪修

為了平息我們不斷造作的習性，諸佛教導我們依止一個所緣境。一旦習慣這個所緣境後，我們的專注力就會穩定下來。

祖古．烏金仁波切，《如實》，英譯：艾瑞克．貝瑪．昆桑。

在日常經驗中，透過我們感官所接收的資訊幾乎都成為散亂的根源，因為我們的心習慣於專注在感官知覺的訊息上。同時，因為我們是具有形體的生物，如果我們試圖完全擺脫感官或阻斷由感官所接收的訊息，就必然會體驗到一種無力感。

比較實際的作法是，跟我們的感官交朋友，並利用感官所接收到的資訊做為安住自心的方法。佛經將這樣的過程稱為「自我對治」（self-antidote），也就是以散亂的根源本身作為遠離散亂的對治法。這個比喻起源於古代常見的一種方法，也就是利用相同的材料來處理相同材質的東西。比如說，假使你想割玻璃，就要用玻璃材質做成的器具來做切割；假使你想切割鐵塊，那就得用鐵器。同樣的道理，你也可以運用自己的感官來對治感官的散亂。

在「有所緣禪修」中，我們利用自己的感官做為安住自心的方法。我們可以利用眼根來禪修形狀和顏色，以耳根來禪修聲音，以鼻根來禪修氣味，以舌根來禪修味道，以身根來禪修身體的知覺。如此，透過感官接收到的各種訊息就會成為我們修持的珍貴資產。

當我學會如何以平靜和沉思的方式觀察自己所感知的對境後，修持就變得容易多了。我發現自己對所感知的一切愈來愈不情緒化，取代先前的想法：「哦，那個傢伙人正在對我大吼大叫！」我能夠想：「嗯，這個人的聲音還滿大的，語調有點尖銳，他發出來的聲音應該是想要侮辱或傷害別人。」

換句話說，只是透過學習如何將我的注意力輕鬆地安住在感官所接收的訊息上，擺脫伴隨著對方聲音而來的情緒和語意影響，他就無法傷害到我。而且，由於能夠毫無防衛心地傾聽對方說話，我發現自己能夠以更開闊的胸襟來回應對方，不但消除了他的怒火，也完全無損自己的尊嚴。

以身體知覺為助緣的禪修

開始進行「有所緣的止禪修」時，最容易的方式之一，就是把注意力溫和地安住在單純的身體知覺上。只是將注意力集中在某個特定區域，比如說額頭。

一開始，先挺直脊椎，並放鬆身體。正式禪修時，你可以採用前面提到的七支坐法。如果你所在之處不方便進行七支坐法，那麼，只要挺直脊椎並全身舒適地放鬆即可。禪修時，雙眼睜開或閉上都沒有關係，不過，有些人覺得閉上眼睛對他們來說比較有幫助。（當然，如果你正在開車或走在街上，那麼，我強烈建議你還是睜開雙眼比較好！）

讓你的心如實地安住幾秒鐘……

現在，慢慢把覺知移到額頭上……

你可能會有某種刺麻感或溫熱感，甚至可能會感到有點癢或某種壓力。不論你感受到什麼，就讓自己覺察它一、兩分鐘……

注意著它……

只是鬆緩地把注意力安住在知覺上……

然後，放下你的注意力，並讓你的心如實地安住。如果你閉著眼睛，現在可以睜開了。

感覺如何？

在你花了一點時間將覺知安住在身體某個部位之後，你可以延伸這個技巧，把注意力慢慢地轉移、帶到全身。有時我把這個全身知覺的練習稱為「掃描練習」，因為這讓我想起了躺在機器裡做全身掃描的情景。同樣地，如果是正式禪修，就採用前面提到的七支坐法，但如果是平時非正式的禪修，那麼只要挺直脊椎，讓全身自然且舒適地放鬆即可。無論哪一種方式，你都可以閉上或睜開雙眼，只要你覺得舒服就好了。

一開始，先以無所緣的「止」禪修安住一會兒，再慢慢地將覺知移到額頭的任何感覺上。讓你的心單純地觀照這些知覺，只是單純地覺知，再沒有其他。然後逐漸把你的焦點往下移，繼續觀察臉部、脖子、肩膀、手臂……的各種知覺，只要觀照著即可，不需要阻止心中所生起的任何狀態，或改變你所觀察的對象。就這樣保持身心放鬆、平靜，當各種知覺生起時，只要認出它們就可以了。這樣觀照幾分鐘之後，讓你的心單純地安住，然後再回頭觀察你的知覺。就這樣持續交替「觀察」（有所緣）和「安住自心」（無所緣）的修持。

我們大部分的知覺多少都跟身體有關，日常生活中，我們的身體跟外界總是有所接觸，比如說，我們坐的椅子、地板、筆、衣服、一隻動物或一個人，不同的接觸則產生不同的身體知覺。在佛法名相中，這種源自直接身體接觸的知覺，即稱為「粗受」（粗略的身體知覺）。但愈深入注意自己感覺到的是什麼，就會開始認出和觸覺不一定有關的感受，這種感受則稱為「細受」（細微的身體知覺）。

剛開始練習這種止禪修的技巧時，我發現，每當我試圖逃避某個知覺，這個知覺就會增強。但如果我只是看著它，那麼，無論是多麼不舒服的知覺，都會比較容易忍受。

身為一個好奇的孩子，我當然一定得知道這個轉化為什麼會發生。只要看著這個過程一會兒，我就明白了：當我讓自己純然地觀照某個知覺時，我全心投入當下所發生的一切情境之中，這讓我看到自己的心有部分在抗拒痛苦的感覺，另一部分則在催促自己要客觀地看著它。看著同時間發生的兩種矛盾、衝動時，我可以看到自己的心在處理「逃避」與「接受」的中間過程；結果，覺察心的活動竟然變得比「逃避」或「接受」還要有趣得多。看著自心在運作真是棒呆了！我想，這就是我所能給予「明性」最實際的定義了：明性就是能夠觀照自心同時在多種層面上運作的一種能力。

以痛覺為助緣的禪修

冷、熱、飢餓、飽脹、沉重、頭暈、頭痛、牙痛、鼻塞、喉嚨痛、膝蓋痛或下背痛等知覺，雖然不見得都是愉悅的，但我們的覺性就是這麼直接地感受到了。由於痛苦和不舒服的感覺是如此直接，因此，它們其實是對禪修很有效的對境。

大部分人視痛苦為身體安樂的一大威脅，就一方面而言，當我們對這個威脅感到憂慮或被困擾時，痛苦幾乎總是更增強；另一方面而言，如果我們把痛苦或不適感視為禪修的對境，只透過單純地看著心處理各種問題，就能夠運用這些知覺來增強心的清明就行了。

舉例來說，我在正式禪修，或只是坐在車裡或飛機上，感到腿或背有點痛時，我會直接看著心對疼痛的體驗，來替代伸懶腰、起身或動來動去，畢竟這只是意識在認知與辨認感受罷了。

當我把注意力引到那感受痛苦的心，而不是專注在某個痛點時，痛苦雖然不一定會消失，但是，卻讓我積極參與了當下正在發生的經驗，而不是企圖去逃避它。

同樣的道理也適用於愉悅的感覺。我不企圖去延續這些感覺，而是只單純地觀察著這些愉快經驗的顯現。事實上，早年所受的訓練讓我瞭解到，如何利用感官知覺作為檢驗並領會自心無限潛能的工具，而不是反過來被感官知覺所利用，強化了被身體箝制的一種侷限感。

當然，如果你患有慢性或嚴重的病痛，那就應該去看醫生，因為這些症狀可能是嚴重疾病的徵兆。不過，我聽說，當醫生排除了重大疾病的可能性之後，他們之前所經驗的疼痛竟然減輕了。看來，對疼痛的恐懼似乎加重了疼痛感，也加深了疼痛的真實感，這可能是從視丘傳送到腦杏仁核與腦其他部位的一種自我加強（self-perpetuating）紅色警訊。不過，假如醫生真的診斷出重大疾病，那麼，你千萬一定要按照醫生的囑咐進行治療。雖然禪修可以幫助你面對重大疾病所帶來的痛苦和不舒服，但是，卻無法取代醫學治療。

服用醫生的處方藥或藥房的成藥後，你也許還是會感到有些疼痛，這時，就可以試著運用這些生理疼痛作為禪修的助緣。如果你的疼痛來自重大疾病，那麼，在以疼痛為禪修的助緣時，要避免對修持的結果有所期待。假如你潛藏的動機是為了去除疼痛，那麼，你其實就更強化了畏懼疼痛的神經元模式。削弱這種神經元模式最好的方法，就是努力客觀地觀察這些疼痛，對於結果則順其自然。

真正讓我對這個教法印象深刻的事件，是父親在德國接受的一個小手術。手術前，麻醉師應該要先對患處注射麻醉藥，但麻醉師因為事務繁忙，竟然把我父親完全給忘了。因此，當醫生劃下第一刀時，才注意到患處的肌肉開始痙攣，倘若那個部位已經上好麻醉藥的話，肯定不會發生這種事情。醫生對麻醉師的失職勃然大怒，但父親卻請他息事寧人，因為父親根本沒有感受到任何疼痛。父親對醫生解釋道，這個極敏感部位被切開的感受，反而提供了一個讓他的覺性提升到高度清明平和的機會。

簡而言之，透過修持，我父親已發展出一種神經元連結網，自然而然地就會把對疼痛的體驗，提升為「心對疼痛感的客觀性觀察」。雖然醫生還是堅持要在患處上麻醉藥後才繼續手術，不過，由於我父親的堅持，醫生才沒有對負責麻醉的那位女士提出指控。隔天，麻醉師來到父親床邊，背後還藏著什麼東西；她微笑著謝謝父親替她擋掉麻煩，然後從背後拿出滿滿一大袋零食，父親覺得還滿美味的。

這個觀察身體知覺的練習，無論是「粗受」或「細受」，都相當簡單。你可以在正式禪修時練習，或一天當中的任何時間，無論是在開會、聚會，或其他必要活動的空檔之間，只要逮到幾秒鐘空閒，你都可以做這樣的修持。事實上，我個人覺得這個修持在日常生活中特別有用，因為這能產生一種立即的輕鬆和開放的感受。還有一些人告訴我，他們認為這個修持對工作非常有幫助，尤其必須長時間坐著聽取冗長簡報之時。

以色相為助緣的禪修

以視覺為助緣來安住自心的禪修方式，稱為「色相禪修法」（form meditation）。但是別讓這個專有名相嚇著你了，色相禪修法其實非常簡單。事實上，我們每天都不自覺地在做這個練習，比如說，盯著電腦螢幕或交通號誌看的時候。如果我們將這不自覺的過程提升為主動的覺知，刻意將注意力放在一個特定的對境上，那麼，我們的心就會變得非常平和，非常開闊且放鬆。

我是以毫不費力就可以看得到的小物體為對象開始學習，可以是地板上的一片顏色、一盞燭火、一張照片，甚至是上課時坐在我前面的人的後腦勺。你也可以利用具有精神意義的物品，這通常稱為「淨相」（pure form）。如果你是佛教徒，就可以用佛像或法照；如果你是基督徒，就可以專注在十字架或聖者的肖像上；如果你信仰其他宗教，那麼，你可以自行選擇對你有特殊意義的物品來做練習。當你對這個修持愈加熟練之後，甚至可以專注在心中的色相上，也就是腦海中憶起的對境。

無論你選擇何種對境，你可能會注意到這個對境具有兩種特徵：形狀和顏色。

你可以二選一，決定要專注在哪一項；無論是白色、黑色、粉紅色，或者圓的、方的、多角的物品，什麼都可以。重點是把注意力安住在顏色或形狀上，將意識投注到稍微能辨識出對境的程度就可以了，就是這麼簡單。當你把注意力放在這個對境上時，你就是覺知的。

你並不需要把這個對境的每個細節都看得一清二楚，那樣做的話，只會讓你緊繃起來，但這個修持的重點卻是要輕鬆地安住。要讓注意力的焦點寬鬆一點，只要足夠維持對所視物件的本然覺知即可。切勿試圖製造什麼結果，也不要強迫自己的心放鬆，只要簡單想著：「好吧！該發生的，就讓它發生吧！這是禪修，這就是我正在做的事。」其他什麼都不要想。

當然，也有一種可能是，你睜大眼睛看著這個物品，卻完全視而不見。你的心可能完全被遠方的聲音所吸引，因此有幾秒鐘，甚至幾分鐘時間，你根本就沒有看到這個東西。我實在很討厭自己的心如此漂游不定！不過，父親也說過，心念漂游不定的狀態其實是完全自然的，當你察覺到自己的心已從專注的對境上移開時，只要把注意力再拉回對境上就可以了。所以呢，我鼓勵你現在就練習看看。

選一個你感覺最舒服的姿勢，讓你的心安住在輕鬆舒坦的狀態一會兒。然後選擇某一個你所看的事物，將眼光安住在這個對境上，注意它的形狀或顏色。你不需要目不轉睛地盯著它，需要眨眼就眨眼。事實上，如果都不眨眼的話，眼睛可能會變得又乾又澀。注視這個物品一會兒之後，讓你的心再次單純地放鬆，然後再將注意力放回對境上幾分鐘，然後再一次讓心放鬆。

每當我運用可視物作為禪修的助緣時，我就會想起十四世紀偉大的佛學家及禪修大師龍欽巴（Longchenpa）尊者所說的話；他在一本著作中指出，交替練習有所緣禪修和無所緣禪修是極有益處的。他解釋道，當你把心安住在某個對境時，你是將之視為與自己不同或有所區別的東西。但是，當你放下對境，只是安住自心於赤裸的覺性時，這種分別就消融了。

就這樣交替練習「專注於對境」，以及「讓心安住於赤裸的覺性」，你就會開始體會神經科學所說的基本真理：我們所感知的一切，其實只是產生於心中的一種重建罷了。換句話說，所見之物和能見之心，兩者是沒有分別的。

當然，這樣的認知不是一蹴可幾的，得花點兒功夫加以練習。事實上，如同稍後我們會瞭解的，為了消融心和心所領受之對境兩者的區別，佛陀教導了一些特殊的方法。只不過我在這兒搶先一步說了，每次我一興奮起來就會這樣。現在，讓我們再回到把感官訊息轉化為安住自心的基本方法。

以聲音為助緣的禪修

「以聲音為助緣的禪修」跟「以色相為助緣的禪修」非常相似，不同的是你現在要用的是耳根。

首先，讓你的心安住在放鬆的狀態中一會兒，然後先慢慢地覺察耳邊所聽到的聲音，比如自己的心跳聲或呼吸聲，或者四周自然出現的一切聲音，有些人認為播放大自然音樂或輕音樂也滿有幫助的。你並不需要去辨認這些聲音，也不需要專注在某個聲音上。事實上，讓自己覺察所聽到的一切聲音是更容易的，重點是，當聲音觸動耳朵時，培養對聲音單純的、本然的覺性。

就像在禪修色相時，你可能發現自己只能專注在聲音上幾秒鐘，心便四處遊蕩去了。那也沒關係，發現自己的心散亂了，就回到放鬆的狀態，然後再把覺知移到聲音上。就這樣交替地專注於聲音，以及心安住於開敞的鬆緩狀態中。

以聲音為助緣的禪修大利益之一就是，將會慢慢教導你超然地聆聽各種聲音，而不會對這些聲音下定義，於是你開始學會聽到聲音，卻不會對聲音的內容起情緒化反應。當你逐漸習慣去察覺「聲音不過是聲音」之後，你會發現自己能夠聆聽批評，卻不動怒或捍衛，也能夠耳聞讚美，卻不過度驕傲或興奮。如此，你就能以一種更輕鬆中立的態度去聆聽他人說話，而不會被情緒性反應牽著鼻子走。

我曾經聽過一個關於一位有名的印度西塔琴（sitar）大師如何學會利用琴聲作為禪修助緣的精采故事。如果你不熟悉印度樂器的話，就讓我先為你說明一下：西塔琴是一種有著長長脖子的樂器，通常有十七根弦，像彈吉他一樣，會發出種種美妙的聲音。這位西塔琴大師琴藝高超，印度各地總有人邀請他去演奏，因此，他就像現代很多搖滾樂團一樣，總是在巡迴演奏，幾乎沒什麼時間待在家裡。

在一次特別長的巡迴演奏之旅結束後，他回到家鄉，發現妻子竟然有外遇。儘管如此，這位西塔琴大師還是很鎮定，也許是多年不斷練琴和演奏所獲得的定力，以及這動人樂器的聲音之故，他的心既安定且專注。總而言之，他並沒有跟妻子爭吵，也沒有暴跳如雷，相反地，他跟妻子坐下來談了很久。談話之中，他醒悟到，妻子的外遇與他自己廣受全國邀請巡迴演奏所產生的驕傲，其實都是貪著的表現。這是讓我們耽溺於娑婆輪迴的三毒之一，而他對名聲的貪著與妻子對情夫的依戀，兩者並沒有什麼差別。

這個認知有如青天霹靂般打醒了他，他體悟到，倘若自己想要從這個執著解脫，就必須放下對成名的貪著，而唯一的辦法，就是找到一位禪修大師，學習如何認出貪著其實只是心的習性的一種顯現。

兩人談完話之後，他把所有財產都送給了妻子，只留下西塔琴在身邊。因為他仍然對它充滿了強烈的貪著，而所有的理性分析都無法去除這樣的貪著。然後他就啟程去尋找老師了。

最後，他來到一處屍林，即古代的墳場。屍林中，屍體大多被隨意地棄置在地上，沒有火化，也沒有掩埋起來。這是個令人毛骨悚然的地方，地上遍布著人骨、碎裂的骨骸，還有半腐爛的屍首。但是，在這兒卻最有可能找到已經克服死亡與無常恐懼的禪修大師。如果無法克服這兩種令人害怕的狀態，就會不斷貪執眼前所有，並抗拒未知之未來，因而無法從娑婆輪迴中解脫。

在這處屍林中，西塔琴演奏家終於找到了一位大悉達（mahasiddha），也就是大成就者，梵文的意義即是「歷經種種非凡試煉，而達到甚深了悟的人」，這位大成就者住在一間勉強可以遮風擋雨的破舊小屋中。就像我們在日常生活中遇到某些人，馬上就感覺彼此有著很深的緣分一樣，西塔琴演奏家對這位大成就者的印象就是如此，他請問大師是否願意收他為徒，大師同意了，西塔琴演奏家於是就用樹枝和泥巴在大師住處附近搭起了自己的茅屋，開始修持大師傳授他的止禪修基本教法。

就像許多禪修初學者一樣，西塔琴演奏家發現，要遵循老師的指示還真是困難，即使乖乖按照老師的指示去做，才坐沒幾分鐘，卻感覺像是坐了一輩子一樣。每次一坐下來禪修，他就發現自己被彈琴的舊習性牽著鼻子跑，然後就會把禪修丟在一旁，開始彈琴。這使他感到罪惡異常，因為他竟然忽視自己的禪修，而寧願只是彈他的琴。最後，他跑到老師的茅屋中向老師懺悔，說他就是無法靜下來禪修。

「出了什麼問題？」大成就者問他。

西塔琴演奏家答道：「我對我的西塔琴實在太執著了，寧願彈琴而不禪修。」

大成就者於是告訴他：「這不是什麼大問題，我可以教你怎麼用西塔琴禪修。」

西塔琴演奏家本來以為會挨老師一頓罵的——我們大部分人面對老師時都是這樣，但老師的話讓他驚訝極了。

大成就者繼續說道：「回你的茅屋彈你的西塔琴吧，演奏得好不好都沒關係，只要用本然的覺性聆聽琴聲就可以了。」

西塔琴演奏家鬆了一大口氣，回到自己的茅屋開始彈琴。他聽著琴聲，不求自己的演奏是否臻至完美，也不期待從演奏或修持中得到什麼成果。由於他學會了單純地修持，而不期待成果，因此，幾年之後他自己也成為一位大成就者。

我的學生當中沒有多少個西塔琴演奏家，所以呢，這個故事的寓意，其實是要我們學習如何善用自己的經驗做為修持的助緣，而不期待任何修持的成果。尤其是在西方，交通尖峰時刻的聲音、景象、氣味等，其實都可以成為禪修的豐富助緣。別只是一心一意要通過車水馬龍的街頭，要好好觀察塞車時的種種知覺，這樣的修持就是禪修的大好機會。如果你可以把注意力從忙著趕到哪裡，轉移到安住在你周遭的感覺上，那麼，你大有可能會成為一個「塞車大悉達」。

以氣味為助緣的禪修

事實上，任何時候都可以利用當下最吸引我們的感受作為禪修的對境。比方說，以氣味為禪修對境，這個對境無論在正式禪修或日常活動時都非常有用。正式禪修時，你可以將注意力集中在你周遭的氣味上，也許是供香的氣味（如果你喜歡的話），或者是在練習場所附近自然出現的氣味也都可以。

在平時烹飪或吃東西時，以氣味作為禪修的助緣特別實用。只要花點兒功夫，學著把注意力專注在食物的氣味上，你其實就可以將無趣的例行公事，比如說，烹飪、飲食，甚或在辦公大樓中走來走去等活動，都轉變為安定自心、增強心力的修持。

以味道為助緣的禪修

過了很長一段時間我才發現，當我在吃東西或喝飲料時，很少注意自己在做什麼，通常都是忙著跟別人談話，或者因為自己的問題、矛盾或白日夢而分心。結果是，我根本就沒有投入當下正在做的事，也完全錯過體驗當下的豐富。

專注於味道是非常實用的禪修技巧，我們可以利用每天的早、中、晚餐等好幾次機會來進行禪修。

在學習以味道為專注的對境時，首先，同樣讓心自然地安住一會兒，再將注意力輕鬆地專注在所嚐到的味道上，但不需要去分析它是苦的、甜的或酸的，只要將注意力輕鬆地安住在我嚐到的所有味道上，然後自然地安住自心即可。也就是將注意力放在對味道的覺知和把心自然地安住，這兩個步驟交替練習。

其他有用的助緣

為了好好引導弟子們，因此我教導了多種不同的法門。

《楞伽經》（*The Lankavatarasutra*），英譯：瑪麗亞．蒙特那果

除了以感官做為對境的禪修之外，佛陀也教導了其他隨時隨地都能簡易上手的禪修技巧，其中一個就是以呼吸作為禪修的對境。

只要你還活著，就一定要呼吸，所以，將注意力導向呼吸的禪修隨時都派得上用場。另一個輔助方法是我的一位老朋友，而且是我特別感謝的老朋友，若不是因為它，我小時候可能就瘋了。這個助緣是我坐在山洞時意外發現的好方法，那就是持咒。

吸氣，呼氣（出入息）

我學過很多種利用呼吸（出入息）作為禪修對境的方法，但我不在此一一贅述，就只講兩個最簡單的方法。這兩種方法不僅最容易修持，在公共場合也不會引起大眾向你行「注目禮」。你只需將注意力輕輕地放在吸氣和呼氣的簡單動作上，你可以專心注意空氣經由鼻孔進入你的身體，或把注意力集中在空氣進出肺部的知覺上。這種利用呼吸的禪修方式，非常類似前面提過的專注身體知覺的禪修。不同

的是，在此我們縮小了知覺的覺察範圍，只專注在吸氣和呼氣的體驗上。由於呼氣和吸氣之間有著自然的短暫間隔，因此你也可以將注意力集中在吸氣、呼氣和間隔三個部分。

在我們緊張或散亂時，這種專注呼吸的方法特別有用。觀照呼吸的簡單動作可以在內心製造出一種安定與覺知的狀態，讓你得以退一步看清當下所面臨的難題，並且能夠更加冷靜客觀地做出反應。當你被壓力逼得受不了時，只要將注意力放在呼吸上即可，沒有人會注意到你正在禪修，大概連你是不是還在呼吸都沒注意到呢。

以呼吸為助緣的正式禪修則稍稍有點不同，我學到的方法之一是，以數息（計算呼吸次數）的方式讓注意力更加完全集中；即把第一次吸氣和呼氣算成「一」，下一次吸氣和呼氣則是「二」，以此類推，直到數到「七」為止，然後再從「一」開始算起。之後你可以提高次數，不過就像我們先前所提到的，一開始最好將修持的時間設定得短一些，這樣你可以多次重複練習。

咒語，我的老友

以咒語來禪修是極具威力的技巧，不僅可以培養清晰的覺性，而且透過已證悟的大師們幾千年來所持誦的這些咒語的力量，也能幫助我們淨除層層的心理遮障，增長我們自利利他的能力。這樣的聯結一開始可能會讓人難以接受，因為太像魔術了。不過，我們可以把咒語想成是在空間中迴盪了幾千年，甚至幾百萬年的音波，那就容易接受多了。

以咒語來禪修時，你的注意力是集中在一組似乎具有直接安定、清淨自心效果的咒語唸誦上。現在我們要做的這個練習，用的是一組由三個音節，即所有咒語的基礎：唵（OM）、阿（AH）、吽（HUNG）所組成的簡單咒語。「唵」代表的是經驗中清晰、分明，且有覺知的層面；「阿」代表的是空性，或者本具的廣大開闊；而「吽」代表各種不同的顯相及其空性本質的無二雙融。

一開始你可以大聲地持誦，然後逐漸轉為內心的默唸，重點是繼續持咒默唸約三分鐘，然後讓心安住。就這樣交替練習持咒、安住，能做多久就做多久。無論你是否能立即感受到成效，讓你自心解脫的種子此時已經抽芽了。

但解脫通常很少以我們所認為的形式到來，事實上，對大部分人來說，解脫不僅是不熟悉，而且顯然是很不愉悅的概念。這是因為我們實在太習慣自己的鎖鍊了，這些鎖鍊也許擦傷了我們的皮膚，也許讓我們皮破血流，但是，至少這是我們所熟悉的。

然而，熟悉感只不過是一個念頭，有時候也只是一種感受罷了。為了幫助我們度過從熟悉感到解脫的艱困轉化過程，佛陀給予各種直接運用念頭和感受的教法。

善用念頭和情緒

把渴望拋諸腦後，將貪著從根斷除！

蔣貢・康楚・羅卓泰耶，《了義炬》，英譯：茱蒂斯・漢森

很久很久以前，在印度有個大半生都在幫主人放牛的牧牛人。大約六十歲的那年，他終於醒悟：「這真是個無聊的工作，每天千篇一律地帶牛到牧草地，看牠們吃草，再帶牠們回家。我能從中學到什麼呢？」經過一陣思考後，他決定放棄工作，並去學習如何禪修，至少可以藉此讓自己從娑婆輪迴中解脫。

放棄工作之後，他便四處雲遊。有一天他看到了一處山洞裡坐著一位大成就者。一見到這位大成就者，牧牛人心中就感到無比快樂，於是上前請示大師應該如何禪修。大師也答應教導他，並教他以念頭為助緣的基本禪修教法。領受教法之後，牧牛人找到附近一個山洞，把自己安頓好，就開始進行修持。

就像我們大部分人一樣，牧牛人馬上就遇到了難題。由於放牛放了幾十年，他對牛隻產生了感情，每次要練習大成就者教他的修持時，他就會一直想著曾照顧過的那些牛。雖然他很努力阻擋這些念頭，但牛隻的影像卻不斷在他心中出現，愈是

努力想要去除這些念頭，牛隻的影像就愈清楚。

把自己搞到筋疲力盡之後，他終於前去請示大師，向大師報告這些教法對他來說真的太難了。大成就者問他問題出在哪裡，他便一五一十解釋了自己的困難。

「這並不是什麼大問題，」大師告訴他，「我可以教你另外一個方法，就叫做『牛禪修』。」

「什麼？」牧牛人一臉驚訝。

「我是說真的，」大成就者答道，「你只要看著心中出現的牛群影像就行了。看著你自己像以前一樣，帶著牠們去牧草地，看著牠們吃草，然後再帶牠們回到農場。無論有什麼關於牛的念頭出現，就這樣看著這些念頭就行了。」

於是，牧牛人回到了自己的山洞，坐下來練習新的指示。由於不再試圖阻擋自己的念頭，這次他的禪修進行得很順利；他開始感受到異常的寧靜快樂，不再思念他的牛隻，心中也愈來愈安定、平穩且柔軟。

過了一陣子，他又回去找大成就者，問道：「現在我已經完成牛禪修了，接下來應該做什麼呢？」

大師答道：「很好，你已經學會如何安定自心了，我現在要教你第二階段的牛禪修。教法是這樣的：把自己的身體觀想成一頭牛，就這樣禪修。」

於是，牧牛人又回到自己的山洞，開始練習這個教法，想著，「好，現在我是一頭牛，我有一對牛角、四隻蹄，我會哞哞叫，我吃草……」他愈練習這個修持，就愈發現自己的心變得比以往更加寧靜快樂。認為自己已經精通這個修持之後，牧牛人又回去找大師，請示是否還有第三階段的教法指示。

「有的，」大成就者緩緩答道：「進行第三階段的牛禪修時，你要專注地想著自己有一對牛角。」

牧牛人又回到山洞裡，遵照老師的指示進行禪修，只專注地想著自己有一對牛角。他聚精會神，一心不亂地想著牛角的大小、位置、顏色，還有兩隻牛角的重量壓在頭部兩側的感覺。就這樣練習了好幾個月，一天早上起床之後，他想到山洞外如廁，但就在走出山洞之際，他感到頭上有什麼東西頂住了洞口兩邊的山壁，讓他無法走出去。他摸摸自己的頭，看看是什麼東西卡住了，結果驚異地發現，自己頭上竟然長出了兩隻長長的牛角。

他側著身體，好不容易才讓自己從山洞中擠出來，然後又驚又怕地跑去找他的老師。

「看看發生了什麼事了！」他大叫著，「您叫我練習牛禪修，結果現在我竟然真的長出牛角來！太可怕了，這真像是個惡夢啊！」

大成就者高興地大笑，「一點也不可怕，這真是太棒了！」他大聲說道：「你已經掌握了第三階段的牛禪修了。現在，你必須進行第四階段的練習，你要想，『現在，我不是牛，我頭上也沒有牛角。』」

牧牛人很聽話地又回到了自己的山洞，練習第四階段的牛禪修，想著，「現在，我沒有角，現在我沒有角，現在我沒有角……」練習幾天之後，一天早上他起床，發現自己竟然可以輕鬆地走出山洞，頭上的牛角已經消失了。

他很訝異地跑去找大師，向大師報告：「看，我頭上已經沒有牛角了！這是怎麼一回事？當我想著自己頭上有牛角時，牛角就長出來；當我想著自己沒有牛角時，牛角就消失了。這到底是什麼原因啊？」

大成就者答道：「牛角的出現和消失，都是因為你自心專注的有所不同。心的威力強大無比，可以讓經驗看起來就像真的一樣，同樣也可以讓經驗看起來很不真實。」

「是這樣啊！」牧牛人說道。

大師繼續解釋道：「牛角並非唯一因為自心專注而出現或消失的東西。事實上，萬事萬物都是如此，你的身體、其他人，甚至這整個世界都是。萬物的本質都是空性的，無一真實存在，一切都只是你自心所接收的對境罷了，認出了這點就是真正『見』到了。首先，你必須先讓自心平靜下來，然後再學會如何把事物看清楚。再接下來是第五階段的牛禪修，也就是學會讓寧靜和正見都能平衡。」

牧牛人再次回到自己的山洞裡，以寧靜和正見來禪修。幾年之後，他自己也成為一位大成就者；他的心已變得安定，並且從娑婆痛苦的輪迴中解脫了。

現在已經沒有很多牧牛人了，不然的話，也許這世界會是個比較平靜的地方。不過，如果你膽子夠大，也可以試試看牧牛人的禪修方法，但是採用其他不同的對境來禪修，比如說，汽車。練習汽車禪修幾年之後，你可能也會像老牧牛人一樣成為大成就者。當然了，你得樂意花上幾年的時間長出大燈、車門、安全帶，也許還有個後車箱也不一定，然後再學會讓這些東西消失。做這樣的練習時，你可能會發現自己很難進出辦公室電梯，還有，當同事問你問題時，如果你用喇叭聲而不用人話來回答的話，他們可能也會覺得怪怪的。

當然，這只是在開玩笑！其實還有其他更簡單的禪修念頭的方法，不需要真的去學怎麼長出牛角或後車燈。

善用你的念頭

念頭生起時，不要把它當做是一種缺失，但要認出它是空性的，任它如是呈現。

葛桑巴大師，《無上續》（*The Highest Continuum*），英譯：伊莉莎白·克拉漢

即使你已經跟自己的五種感官成為好朋友，也已經學會運用感官所接收到的訊息做為禪修的助緣，但你可能還是會感到那隻「興奮瘋狂的猴子」有點難對付；這隻猴子代表的是我們的意識，總是愛跳來跳去，亂製造迷惑、疑慮和不確定。即使你已學會安住在簡單的感官覺性中，但這顆瘋狂的猴心總還在尋找新的方式製造錯亂，比如說，提出種種令人困擾的解讀，想盡辦法就是要打斷你已經達到的安定、

清明和開闊，這有點像是在腦子裡打枕頭戰，或搶食聖壇祭品。

瘋猴子可能很難對付，但是，牠的搗亂並非一件「壞」事，這僅只是根深柢固的神經元模式企圖搶鏡頭而已。這隻瘋猴子原本是人類為了面對生存威脅而設定的神經元反應，因此在面對瘋猴子的時候，與其對牠生氣，倒不如善用牠的存在。何不對牠的運作生起感恩的心，感謝牠讓我們得以生存下來。

不過呢，在學會如何跟自己的感官合作之後，你就必須開始應付這隻瘋猴子了，訣竅就是利用瘋猴子製造出來的念頭與情緒作為安定自心的助緣。一旦可以跟這些念頭和情緒合作無間，你就會開始發現，自己可以從亙古至今的求生反應模式中完全解脫出來。而這整個過程，就從質疑自己的每一個念頭和每一種感受到底是事實，還是習性開始。

我們生命中所學到的第一課，通常都是最重要的，比方說，「穿越馬路前，要注意兩邊來車。」「不可以拿陌生人給的糖果。」「不可以玩火柴。」孩子從父母口中一再聽到這些為了他們好的叮嚀。然而，即使這些叮嚀是那麼重要，我們卻總是左耳進、右耳出。人類的天性就是這樣：愛冒險，這是我們學習人生課程的方式，但有些教訓可是會出人命的，有的還會造成終生創傷。所以即使已身為成人，我們還是要一再複習孩提時代學過的這些教訓，並將這些傳給我們的下一代，有意義的教訓是值得一再重提的。

因此，請原諒我這麼囉唆地重複講述自己早期正式受訓時所學到的東西——思考是心的自然活動，禪修不是去抑制你的念頭，禪修是將心安住於心自然狀態中的一種過程，並且在念頭、情緒和感官知覺顯現時，完全開放地接受它們、自然地覺察它們。心就像是一條河流，就是因為像一條河流，所以企圖去停止河水流動根本是一件沒有意義的事，不然你乾脆試試看停止心跳，或不讓你的肺呼吸好了，有必要嗎？

但是，這並不表示你就得變成心的奴隸；當你不瞭解自己念頭的本質與來源時，這些念頭就會利用你。當佛陀認證自心的本質時，他便逆轉了這個過程；他告訴我們如何善用自己的念頭，而不是被念頭所利用。

開始接受父親的正式訓練時，我非常緊張，我想他一定看到了我的心有多麼活蹦亂跳，每秒鐘又有多少瘋狂的念頭在我心中川流而過；我的根器這麼差，他一定會把我趕走的。從某方面來說，我真的猜對了，他的確看到了我的心有多麼狂亂，但認為我的根器太差而無法學習禪修，這點我倒是猜錯了。

父親告訴我和其他學生，禪修的時候無論有多少念頭經過自己的心，都沒關係。假使有一百個念頭在一分鐘的間隙裡經過你的心，那麼，你就有一百個禪修的助緣，「你是多麼幸運啊！」他曾經這樣說，「如果你腦袋裡的瘋猴子在那裡到處亂跳，那真是太棒了，就看著牠興風作浪吧；每一個跳躍、每一個念頭、每一個干擾，就像是感官對境一樣，都是禪修的助緣。當你發現自己在眾多干擾中做困獸之鬥時，你其實可以善用每一個干擾作為禪修的對境，如此，這些干擾就不再是干擾，反而成為你禪修的助緣了。」

但是他也警告我們，念頭生起時，不要企圖抓住每一個念頭。無論有什麼念頭經過心中，只要看著它來來去去就行，輕鬆地、毫不執著地，就好像之前我們練習把注意力輕輕安住在色相、聲音或氣味上一般。

看著念頭有點像是在趕公車一樣，你剛趕到公車站時，發現公車正在離站，那就得等下一班車了。同理，念頭和念頭之間通常都有一個空隙，這個空隙也許比一剎那還短，但它仍舊是一個空隙。這個空隙就是本然心完全開闊的體驗；接著，另一個念頭又跳出來，當它消失時，又是另一個空隙，然後，又一個念頭到來、離去，跟著又是一個空隙。

看著念頭的過程就是這樣不斷地循環：念頭之後是空隙，空隙之後緊接著又是念頭，然後又是個空隙。如果你能持續不斷地練習，那麼，逐漸地，這些空隙就會愈來愈長，而你如實地安住自心的體驗也會變得愈來愈直接。所以，心有兩種基本狀態，一種有著念頭，另一種則是沒有念頭，而這兩種狀態同樣都是禪修的助緣。

初學時，對念頭的注意力總是會漂浮不定。沒有關係，發現自己心神遊走時，就讓自己覺察自己的心在遊走即可。如果能讓自己的覺性輕輕滲入這些念頭，即使白日夢也可以成為禪修的助緣。

當你突然想到：「哇！我應該要看著我的念頭，我應該要專注在色相上，我應該要聽著聲音，我應該要看著我的念頭……」這時只要再把注意力拉回你應該專注的對境上就可以了，這些「哇」的當下經驗中藏著大祕密，因為它們其實就是自性的刹那體驗。

如果你可以把握每一個「哇」的當下經驗，那就太好了，但這是不可能的。假使你試圖這樣做，那麼它們就會被僵化成概念，結果「哇」的當下經驗就會變成一種對「哇」的當下經驗所形成的概念。不過，好消息是，愈是勤加練習，你就愈可能體驗到更多的「哇」。逐漸地，這些「哇」的當下經驗就會積少成多，直到有一天變成了心的自然狀態，也就是一種從神經元閒話的習性中解脫出來的狀態，而這種心的自然狀態，讓你能夠用一種全然的自在開放去看著任何念頭、任何感受和任何情境。

「哇」是個很棒的東西。

我們現在就來練習一下「哇」，把注意力放在「念頭」上作為禪修的助緣。就像其他練習一樣，首先要讓心安住於無所緣的覺性中一會兒。這是非常重要的，然後才開始看著你的念頭。不要試圖練習太久，讓自己看著念頭幾分鐘就好。

首先，安住你的心一分鐘……

然後，讓你的心察覺自己的念頭，也許兩分鐘就好……

再安住自心一分鐘……

練習完畢之後，問問自己剛剛的體驗如何。有很多個「哇」嗎？你能夠清楚看到自己的念頭嗎？還是念頭都很朦朧模糊？或者，每當你試圖看著它們時，它們就像風吹薄煙似地消失無蹤？

在公開講座教授這個修持之後，我都會詢問與會大眾的體驗如何，所得到的答案五花八門，什麼都有。有些人說，試圖看著念頭時，念頭本身就會變得有點故弄玄虛似的，不是馬上消失，就是變得不清不楚。也有些人說，他們的念頭會變得很堅實清晰，以言語文字的形式出現在心中，而且他們可以看著念頭來來去去，卻不會太執著或被干擾。

現在，我要告訴你一個天大的祕密，那就是：根本沒有什麼祕密可言！人們所形容的這兩個極端（念頭消失或變得更清晰）與介於兩個極端之間的一切，都是禪修的體驗。假使你很害怕自己的念頭，那麼你就是任由念頭控制你，因為它們對你而言是如此堅固真實，像真的一樣。你愈害怕這些念頭，它們的威力就會愈強大，但當你開始覺察這些念頭時，由你自身所賦予它們的力量就會逐漸減弱，然後就會有兩種狀況發生。

有時，當你仔細觀照念頭時，你會開始注意到念頭很快地出現又消失，念頭和念頭之間則留有很小的空隙。一開始，念頭之間的空隙也許不會太長，但隨著不斷練習，這些空隙會愈來愈長，而你的心也更能以無所緣禪修而平靜、開放地安住。

有些時候，看著念頭的簡易修持變得有點像是在看電視或電影。電視螢幕或電影銀幕上可能有很多情節持續在發生，但實際上你並沒有出現在電影或電視螢幕上，對吧？你和你正在觀看的影像之間存在著一個小小的空間，而在練習看著自己的念頭時，你其實也會體驗到自己和念頭之間有著某種小小的空隙。

這個空隙並不是你製造出來的，因為它其實一直都在那兒，你只是讓自己注意到它而已。由於愈來愈能夠察覺這個空隙，你於是開始能夠享受這個看著念頭的過程，即使有些念頭實在很可怕，你也不會被它們吞沒或控制。

就這樣，讓念頭以自己的方式展現，猶如大人看著孩子蓋沙堡、用玩具士兵玩假戰爭遊戲，或者玩其他遊戲一樣，孩子們如此起勁地玩著自己的遊戲，但大人只是看著他們嚴肅當真的舉動，深情溫柔地笑了。

無論有什麼體驗產生都很棒，而且在練習時，這些體驗無疑都會有所變化。有時你會嚴密仔細地看著念頭，看著它們來來去去，並察覺到念頭之間的空隙；有時你只是帶點距離地看著。禪修其實比一般人想像的容易太多了，無論你正在經歷什麼，只要能隨時覺察正在發生的一切，這就是禪修！

唯一會讓你從禪修狀態轉換到其他狀態的，就是當你試圖控制或改變當下的經驗時。不過，倘若你能覺察自己有控制當下經驗的企圖，這也是禪修。

當然，也有人根本看不到任何念頭，他們的心裡一片空白。這也沒關係。你面對的是自己的心，因此，沒有人可以評斷你，也沒有人可以為你的體驗打分數。禪修是完全獨特的個人經驗，沒有任何兩個人的體驗是完全相同的。

持續練習之後，你肯定會發現自己的體驗有時是每天有所變化，有時這次禪修跟下次禪修會有所不同。有時你覺得念頭很清晰、很容易觀察，有時看起來卻很模糊不清，或者一下子就溜走了。有時你也會發現正式禪修時，自己的心變得很昏沉。這也沒關係，這種昏沉只不過是一組神經元針對你想禪修的意圖在發表意見而已，你可以簡單地觀看這昏沉感或其他正在經歷的感受。

將純然的注意力集中在當下的經驗上，就是禪修。即使神經元閒話以「我不知道怎麼禪修」的念頭出現，只要你能看著它，那麼它也可以成為禪修的助緣。

只要能保持覺知，或者說保持著正念，無論修持中發生了什麼事，你所修持的都算是禪修。看著自己的念頭即是禪修，無法看著自己的念頭，這也是禪修；這些經驗都可以是禪修的助緣，但重點是，無論有什麼念頭、情緒或感官知覺生起，都要保持覺知。不管發生什麼事，你都記得要保持覺知，那麼這就是禪修。如此一來，禪修就會變得比你想像中的容易太多了。

不愉快的念頭

無論何種念頭生起，莫試圖阻擋之。

第九世嘉華噶瑪巴，《大手印了義海》，英譯：伊莉莎白·克拉漢

如果你才剛開始學習禪修，那麼，要單純地看著跟不愉快經驗有關的念頭可能是件很困難的事——尤其是那些跟強烈情緒有密切關連的念頭，諸如：嫉妒、瞋恨、恐懼或羨慕等。這些不愉快的念頭是如此頑強，一不小心我們就會深陷其中。

不知道有多少人跟我談過這樣的問題，手指加腳趾再多也不夠數，尤其是當他們跟家人、同事或其他人發生口角之後，這些不愉快的念頭特別會讓他們無法釋懷。日復一日，他們心中重複播放著自認當時說的話或做的事，然後發現自己深陷念頭的泥淖，不斷想著對方有多麼惡劣，自己當時其實可以或應該說的話，抑或不停地想著要如何報復對方等。

面對這種念頭最好的方式就是，退一步，以無所緣的止禪修讓心安住一分鐘，然後再去察覺每一個念頭，還有由這些念頭所衍生的種種念頭與想法。如此直接觀看兩者約莫幾分鐘，就像在做色相禪修那樣。如此，時而以無所緣禪修來安住，時而交替地將注意力帶回到那些念頭上，練習有所緣禪修。

當你以這種方式面對負面念頭時，會產生兩種結果。（別擔心，跟長牛角一點關係也沒有！）首先，當你安住在覺性中時，你的心就會開始安定下來；其次，你會發現自己對這些念頭或情節的注意力其實是來來去去，就像你以色相、聲音和其他感官知覺為禪修助緣時一樣。當你的念頭被時有時無的注意力覺察到時，就跟念頭會被其他事情，諸如：摺衣服、購物、準備開會等中斷一樣，你的念頭也會被你的覺察力岔斷，逐漸地，這些不愉快的念頭對你的心的箝制也會慢慢鬆脫。於是你開始瞭解到，這些念頭其實並不如一開始所呈現的那般堅實、強烈，而更像是電話忙線時的訊號，也許很煩人，但也沒什麼你處理不來的。

當你以這樣的方式運用不愉快的念頭時，它們就會變成安定內心的資產，而不是負債；這也像是到健身房練舉重，逐漸加重磅數一樣，只不過你在鍛鍊的是內心的肌肉，久而久之，你的抗壓能力便會愈來愈強。

善用你的情緒

我們不須感到自己完全被情緒主宰。

卡盧仁波切，《溫言細語》（*Gently Whispered*），英文編譯：伊莉莎白．薩蘭達（Elizabeth Selanda）

由於情緒大多很清晰且持續，因此它們是比念頭更有用的禪修助緣。我父親和老師們教我，情緒基本上分為三大類：正面情緒、負面情緒，以及中性情緒。

正面的情緒，諸如：愛、慈悲、友誼、忠誠等，可以強化我們的心智，培養我們的信心，並提高我們幫助他人的能力。有些佛典的英譯將這些情緒及相關行為統稱為「virtuous（善）」。至少就我對西方聽眾的觀察而言，這樣的譯法看起來多少跟道德觀有些關連。事實上，這些行為和情緒跟倫理道德一點關係也沒有。我的一個學生的英文造詣還不錯，他告訴我，由藏文「gewa」譯為英文的「virtue」，其實比較接近「virtue」最早的意義，就療癒力而言是「具有效能的、有效的」。

負面的情緒，諸如：恐懼、瞋恨、悲傷、嫉妒、哀慟或羨慕等，通常被譯為「不善」（non-virtuous，藏文mi-gewa）；這些情緒通常會削弱我們的心智，破壞我們的信心，也會增加我們的恐懼感。

另外則是中性的情緒。中性的情緒基本上是非善非惡的反應，也就是非正面，亦非負面的感受，就像我們對鉛筆、紙張或釘書針拆針器的感受。你可以試試看，要對鉛筆生起正面或負面的感受可不容易！

利用情緒作為禪修助緣的方法，端視你正在經歷的情緒類別而有所不同。倘若你現在的感受是正面的、會強化心智的情緒，那麼你就可以專注在那個感受和感受的對境上。比方說，假使你感受到對小孩子的愛，那麼你就可以把注意力放在這孩子身上，以及你對這個孩子的愛。倘若你對遭遇困難的人感到悲憫，那麼你就可以專注在那個需要幫助的人和你悲憫的感受上。如此一來，這個情緒的對境就會成為情緒本身的助緣，而情緒本身同樣也成為一種助緣，讓你能夠專注在啟發情緒的那個對境上。

相對而言，倘若我們一直專注在負面情緒的對境上，通常就會在內心強化那個人、那個狀態，或那個事物「本身很壞」（bad in itself）的印象。無論你多麼盡力試著生起慈悲心、信心或其他正面的感受，你的心幾乎還是會自動對那個對境生起這樣的負面情緒：「哇！那個真的很壞，要想辦法除掉它，跟它拚了，或者三十六計走為上策！」

面對負面情緒時，比較建設性的辦法跟禪修負面念頭的方法很像，要把注意力安住在情緒本身，而不是安住在對境上。就這樣看著情緒，不要用頭腦去分析，不要緊抓著這情緒，也不要阻擋它，只要觀看著它即可，當你這樣做的時候，情緒就不會像一開始所感受的那麼巨大強烈了。

我第一年閉關時，由於突然要跟許多人相處，這使我內心生起了恐懼和焦慮，逼得我不得不跑回自己房間獨自禪修，當時我所用的方法就跟這個差不多。一旦開始單純地觀看自己的恐懼感之後，我便看清楚它們並非堅固無法拆解的，並非我永遠也無法戰勝的怪物。事實上，它們只不過是一連串小而短暫的生理感受和印象，由於它們在覺性中跳進跳出的速度非常快，因而看起來好像很堅實完整。（我稍後也發現，這就如同一堆快速旋轉的次原子微粒製造了看似無法分割且堅實的顯相一樣。）這樣覺察我的恐懼感之後，我開始想道：「嗯，太好玩了，這恐懼感根本沒有這麼巨大強烈啊！事實上，它還滿沒有傷害性的，而且只是一堆短暫的感受，顯現之後，停留個一、兩秒鐘也就消失無蹤了。」

當然，這個過程並非一夜之間就發生的，我花了好幾個星期時間讓自己完全沉浸在其中，就像狂熱的科學家埋首在一個實驗當中一樣，而且我還得益於多年的訓練支撐。

從這個體驗中，我對佛陀在幾世紀以前所教導的種種方法更生感佩之心，因為這些方法竟然能夠幫助他根本不認識的人克服種種困難。當我開始學到更多關於腦部的構造與功能，以及現代物理學家對實相本質所闡述的洞見之後，對於佛陀透過內審而發展出的禪修技巧，以及科學透過客觀性觀察獲知這些技巧為什麼有效的解釋，兩者之間的相符一致著實令我訝異不已。

不過，這些跟負面情緒有關的對境——無論是人、地或事件，有時是如此清晰深刻，讓我們實在無法忽略它們的存在。這種情況發生的時候，千萬不要試圖阻擋，而是要善加利用它們，把你的注意力安住在色相、氣味、味道，或者先前學到禪修所用的對境上，如此，情緒的對境本身就能成為強而有力的禪修助緣。

這些方法在你開始直接面對本書第一部分所提及的根本煩惱時特別有用。剛開始學習有關煩惱的課題時，我心想：「糟了，我充滿缺點，我很愚痴，我有很深的貪著和瞋恨，我一輩子都得這樣痛苦下去了。」不過，後來我聽到一個古老的諺語，也不知道是真是假，內容大概是說：「孔雀會吃一種有毒的植物，利用其中的毒素增進羽毛的光彩豔麗。」

由於童年時期曾被恐懼和焦慮逼得縮成一團，因此我很瞭解煩惱的強大威力。有十三年的時間，我每天都覺得自己會死去，而且為了從恐懼中解脫，有時也真的希望趕快一死百了。直到我去閉關，不得不正視這些煩惱時才知道，愚痴、貪著和瞋恨其實都是禪修功課的生命素材，就像是孔雀吃的毒草一樣，會轉變為強大加持的源泉。

每一種煩惱都是智慧的基礎，倘若我們深陷煩惱之中，或者試圖壓抑這些煩惱，最後就會作繭自縛，為自己製造更多問題。如果能夠反過來看著這些煩惱，那麼，那些我們深恐會傷害自己的事物，就會逐漸轉化為我們所能期待的最有力禪修助緣。

煩惱不是敵人，而是我們的朋友。

這是個令人難以接受的事實，但每當你退縮、無法認同時，請想想孔雀的例子。毒草並不好吃，但孔雀如果真的吞下它，就能轉毒草為炫麗的羽毛。

在這個修持的最後一課，我們看到面對最可怕、最痛苦的經驗時，可以運用什麼樣的禪修對治法。細查這些修持之後，我們就會知道，任何使我們退縮、驚恐或脆弱的煩惱，也具有同等的力量，能讓我們變得更強壯、更有信心、更開放，且更有能力接受自身佛性的無限可能性。

慈悲

以開闊、慈愛的心看待所有的人。

寂天菩薩，《入菩薩行》，英譯：凱蒂．寇斯比與安德魯．斯奇爾頓

我們生活在同一星球上，因此，必須學會彼此合作。在這個失去慈悲的世界裡，唯一能讓人們彼此合作的方式，就是透過外界的強制力，比如說警察、軍隊，還有在他們背後撐腰的法律和武器。

但是，倘若我們可以學習培養對他人的慈悲心——打從心底自然而然地知道，在做任何利益自己的事時，也必須要利益到他人，而以利益他人為基礎時，自己同時也會得到利益——那麼，我們就不再需要法律、軍隊、警察、槍枝或炸彈了。換句話說，我們可以提供給自己最好的安全措施，就是發展出一種寬大的心胸。

有些人說，如果每個人都很親切、慈悲的話，那麼這個世界就變成一個無聊的地方，大家都會跟綿羊一樣，整天無所事事地虛度光陰。這種說法其實一點道理也沒有。

慈悲的心是一顆勤奮的心。這個世界本來就有層出不窮的問題：每天都有成千

上萬的孩子死於饑荒，還有許多沒有被媒體披露的，在戰爭中被屠殺的人們，再加上大氣層中積累的有毒氣體已嚴重威脅到我們的生存。不過，我們根本不用捨近求遠去尋找痛苦，光看看自己周遭就夠了：同事經歷離婚之苦、親戚罹患生理或心理疾病、朋友失業，每天還有許許多多動物因走失、沒人要或遭主人棄養而被殺害。

如果你真的想瞭解慈悲心有多麼積極活躍，那就試試下面這個簡單的練習，大概只需要短短五分鐘。請先坐下來，準備好紙跟筆，把你希望解決的十個問題都寫下來，無論是天下大事或私事都可以，你不需要想出解決方案，只要把它們清楚列出就行。

寫出這張表單是這麼簡單，卻會大大改變你的心態，喚醒你自心本性中自然的慈悲。

慈心與悲心的意義

如果列表寫出自己不喜歡的人，我們就會從中發現很多自己無法面對自己的面向。

貝瑪．秋准（Pema Chödron），《從當下開始》（*Start Where You Are*）。

最近，我的一個學生告訴我，他覺得「loving kindness（慈心）」和「compassion（悲心）」這兩個字眼太冷漠了，聽起來很疏遠，而且太學院派，太像是一種要對他人遭遇感到難過的心智練習，「為什麼就不能用比較簡單或直接的字眼呢？比如『愛』這個字？」他問道。

佛教之所以用「慈心」和「悲心」這樣的名相，而不用簡單的「愛」，其實是有原因的。「愛」這個字非常接近與欲望相關的心理性、情緒性或生理性反應，因此會產生一種危險理解上的偏差——誤把這敞開心門的慈悲心與「自他」二元的概念（比如：「我愛你」或「我喜愛那個東西」）混淆在一起。因為我們對所愛的對境會產生一種依賴感，並且會強調在「愛人」和「被愛」中的個人利益。當然，也有某些愛是超越個人利益且涵蓋利他的意願，例如父母與子女之間的關係。事實上，大部分的父母應該都會同意，他們對孩子的愛其實是犧牲遠大於個人回報。

不過，總體而言，「慈心」和「悲心」有點像是語言上的一種「暫停標誌（stop signs）」，它能使我們停頓一下，想一想自己跟他人的關係。從佛法的觀點來看，「慈心」即是祈願一切有情眾生——包含我們不喜歡的眾生在內——都能體驗到我們自己所渴望的喜樂和自由，換句話說，也就是深刻體認到每個人都有著相同的需求和渴望：都想要安居樂業，都能免於對痛苦與傷害的恐懼。即使是螞蟻或蟑螂，牠們的需求和恐懼跟人類完全相同。身為有情眾生，我們都是一家人。慈心暗示著在情感，甚至是行為上發展慈心或認同感的覺知，而非停留在知識概念的挑戰。

悲心則是慈心的擴展，將其他有情眾生看成跟自己同等，甚至更重要。悲心的基本意義即是「同理心」，也就是「感同身受」，只要是會讓你傷心難過的，我也會感到傷心難過，而任何對你幫助的，也就對我有幫助。以佛教名相而言，「悲心」就是能夠完全同理他人的感受，而且隨時隨地積極準備好以各種方法來幫助他人。

更實際地說，假使你撒謊，最後受害的是誰？是你自己。你必須一直活在惦記著自己撒過謊的陰影中，要小心掩飾才不會露出馬腳，而且為了圓謊，還得編織出更多的謊言；或者，假設你從辦公室或其他地方偷了東西，即使只是小小的一支筆，想想看，你得花多少功夫才能掩飾自己的行為？然而，雖然你盡力掩飾自己的行為，但幾乎不可能不被逮到，因為想要完全不露出馬腳是不可能的。所以，整件事到最後，只是徒然浪費了很多時間與精力而已，倒不如把這些時間、精力用在對他人生起慈悲心這種更有建設性的事情上。

悲心，其實就是認出每個人和每件事都是其他人和其他事物的投影反射（reflection）。古老的《華嚴經》中描述，宇宙是印度神因陀羅（Indra）的意志力所創造的一張無邊的網，在這張無邊的網中，每一個連結點都掛著一顆精雕細琢，且具有無數切面的寶石，而每一顆寶石的每一個琢面上都映現著其他寶石的所有琢磨面。由於這張網本身、寶石的數量，以及寶石的琢磨面都無量無邊，所以投影反射也無量無邊；如果這張無邊際網中的任何一顆寶石有所改變，其他的所有寶石也會跟著改變。

用因陀羅網來解釋看似無關聯的事物之間其實卻有著神祕關聯，是很詩意的。最近很多學生告訴我，現代科學家長久以來一直努力想要瞭解粒子之間的「關聯」

（connections），或物理學家所說的「糾結」（entanglements）問題，這些粒子是人類心智，甚至是顯微鏡都不易偵測得到的。過去幾十年來，科學家所進行的次原子粒子實驗明顯指出，任何曾經有過關聯的事物，彼此間的關聯就會一直持續下去。就像因陀羅之網的寶石一樣，無論它們在時空中相隔多遠，任何影響到其中一個微小粒子的事物，自動就會影響到另一個。

現代物理學的一個理論也提到，形成這個宇宙的大爆炸（big bang）發生之際，所有物質就已經在單獨的一點中結成一體，因此，「任何影響到宇宙中任一粒子的變化也會影響到其他粒子」的說法雖然尚未得到證實，但理論上是非常有可能的。

因陀羅之網所提到的深奧連結，目前雖然只是對當代科學理論的一個比喻，但有一天很可能會成為科學的事實，而這種可能性就會讓我們把培養慈悲心的整個觀念，從只是某種好的想法轉化成一件震撼生命的大事。就這樣，只是改變一下觀點，你不僅能夠改變自己的經驗，還可以改變這個世界呢！

循序漸進慢慢來

要超脫對任何經驗的執取。

第九世嘉華噶瑪巴，《大手印了義海》，英譯：伊莉莎白．克拉漢

慈心與悲心的訓練必須循序漸進進行，否則很容易就會一下子承受太多。我想

藉由一則密勒日巴的故事來說明次第漸進的重要性。這是我剛開始接受此階段訓練時聽到的故事。密勒日巴是公認西藏最偉大的證悟大師之一，他大多是透過當下自然流露的證道歌和詩歌來教導弟子。密勒日巴一生浪跡天涯，有一天，抵達某個村落之後，他便坐下來唱歌。有個村民聽到他的歌之後，便完全陶醉在歌曲中所說的，要捨棄世間自己所貪執的一切，過著隱士般的生活，以便儘速證悟，並盡此餘生去幫助更多人。

這個村民於是將自己的意願告訴密勒日巴，密勒日巴則溫和地建議他，最好還是先待在家裡一陣子，按部就班地修習悲心。但這位仁兄卻堅持一定要馬上捨棄一切。他沒有聽從密勒日巴的忠告，匆匆趕回家之後，就熱切地把自己所有的財物都送了人，包括他的房子在內。然後，用布簡單打包了幾樣必須用品，便逕自啟程前往山林了。

找到一處山洞後，這人便坐下來開始禪修。但他既沒有禪修經驗，也沒有學過任何禪修方法，三天後，這位可憐的仁兄開始覺得又冷又餓又累。飢寒交迫地過了五天，他就興起了回家的念頭，但同時也覺得很難為情，「我大張旗鼓地捨棄了所有的財物來禪修，」他想道，「如果才五天就回家，大家會怎麼想？」

到了第七天晚上，他再也無法忍受又冷又餓的生活了，於是便返回村裡。他羞赧地詢問鄰居是否願意把財物還給他，大家當然都很樂意。這位仁兄把自己安頓好之後，又跑回去找密勒日巴尊者，謙卑地請求上師教導基本禪修教法。依循著密勒日巴尊者所教導的次第，他終於變成了智慧與悲心兼具的大禪修者，並且利益了許多眾生。

當然，這個故事的寓意就是要告訴我們，不應期待立即的結果，而是要循序漸進地學習禪修。由於我們的「自」與「他」二元觀是長久累積的習性，因此不能奢求馬上就能將之克服，假使我們太急於一頭栽入悲心之道，就會跟剛剛那位輕率放棄所擁有一切的仁兄一樣。這還算好，最糟的是，可能還會因為後悔自己的善行，而給自己製造一堆經年累月才能完全克服的心理障礙。

我父親和其他老師都曾針對這個觀念對我再三叮嚀。如果循序漸進地學習，你的人生也許不會明天或下個星期就有所改變，甚至一個月後也不會有什麼改變。但是，一年或多年之後再回顧這些過程時，你的確會看到其中的不同。你會發現，自己身邊圍繞著許多慈愛且支持你的夥伴；面對衝突時，他人的言語和行為也不再像以前一樣，看起來那麼具威脅性；你有時感受到的痛苦和煩惱，也將變得更容易應付了，而且相較於其他人所經歷的苦難，它們的重要性甚至會縮小，而不再是天大的事了。

「對他人生起悲心」的次第修習之道，共分為三個階段，而且就像學生在學基礎數學一樣，每一階段都得練習好幾個月之後，才能進行更高階的練習。第一階段要練習的是，對自己和親近的人生起慈心或悲心；第二階段則專注在對所有眾生生起無量的慈心和悲心，第三階段則要培養所謂的「菩提心」。

菩提心又分為兩種層次，也就是「絕對」與「相對」，亦即傳統所說的「勝義菩提心」和「世俗菩提心」。絕對菩提心即是自然地認知到，無論行為或外相為何，一切有情眾生其實都是已經完全證悟的。但要達到這個層次的自然認知，通常要下一番苦功多多練習才行。而所謂的相對菩提心，除了是生起一種渴望，渴望一切有情眾生都能因認出自己的真實本性，而完全遠離痛苦之外，還包括為了達到這個渴望，因而積極從事一切修持。

巴楚仁波切，《普賢上師言教》，英譯：貝瑪卡拉（蓮源）翻譯小組。

第一階段

當你想到死刑犯時……想像那就是你。

慈心和悲心的禪修跟前面所提到「止」的修持有很多類似之處，兩者主要的不同處在於安住之對境與方法的選擇。在多年接受正式訓練的過程中，我所學到的最重要經驗之一就是，每當我將自心自然的特質「悲心」排阻於外時，我不可避免地就會感到自己很渺小、脆弱且害怕。

我們很容易就會認為「自己是」唯一在受苦的人，而別人似乎都可以免於痛苦的迫害，好像他們天生就掌握如何快樂的特別知識，而我們卻因為某種宇宙的意外而不具備這種能力。這種想法只會讓我們誇大自己的問題，實際上問題並沒有那麼嚴重。

我也曾經跟大家一樣，有過這樣錯誤的想法，結果只是更加孤立自己，讓自己困在二元模式的思考中自憐自艾，覺得自己軟弱、脆弱，又畏縮害怕，跟這世界所有人都格格不入，而其他人好像都比我強、比我快樂、比我更有安全感。我也誤以為他人具有可以掌控我的力量，對我的幸福造成威脅；不論何時，我都以為有人會以某種方式剝奪我所獲得的安全感或幸福。

這些年來與他人共事中，我開始明白自己並非唯一有這種感受的人。面對他人時，腦中古老的爬蟲類腦的某個部位會立即評估我們所面對的是朋友或敵人，我們甚至會把這個感知的範圍逐漸延伸到無生命物，乃至萬事萬物，包括電腦、燒壞的保險絲、答錄機上一閃一閃的燈等，看起來似乎都具有某種威脅性。

然而，開始練習悲心的禪修之後，我發現自己的孤立感開始減弱了，同時也覺得自己愈來愈有力量。以往我只看到問題，現在開始能夠看到解決的辦法；以前我也曾經重視自己的喜樂更甚於他人，但我也逐漸瞭解到，他人的福祉其實是讓我自心寧靜祥和的基礎。

在學習開展慈心與悲心時，我所學到的是，這一課其實要從如何「珍惜自己」開始。這非常不容易，尤其是對成長於強調個人缺失而非優點的文化裡的人，這點特別困難，而這並非只是西方社會特有的問題而已。閉關的第一年，對自己所生起的悲心真的救了我自己一命，如果我沒有認出自己的真實本性，沒有深刻看著內心深處，見到內心深處擁有真正的力量，並且瞭解它不是我一貫所認為的脆弱，那麼，我恐怕永遠都離不開我的房間。

在關房獨處的時候，我想起了「人類」的梵文字「purusha」，這個字的基本意思是「具有力量者」，這給了我很大的幫助。身為人類即具有力量，尤其是具有完成自己所欲求的一切的力量，而我們的欲求其實又回歸到最基本的生物欲求，也就是想要遠離痛苦，得到快樂。

因此，剛開始培養慈心與悲心的階段，就是要把自己當作禪修專注的對境。最簡易的方法就是，將前幾章提到的「掃描修持」做一點延伸變化；如果是正式禪修，就盡量用七支坐法，否則只要挺直脊椎，全身放鬆，維持平衡，讓你的心單純地在純然的覺性中放鬆即可。

將心安住在無所緣禪修中一會兒之後，先做一次快速的「掃描修持」，逐步地觀察自己的身體。當你掃描身體時，溫柔地讓自己瞭解到，擁有人身是多麼美好的一件事，更何況還有一顆能夠「掃描」它的心！我們要讓自己瞭解，單是擁有生命這個基本事實就多麼了不起，而擁有人身和心這樣偉大的禮物，又是多麼幸運啊！

就在這樣的認知中安住一會兒，然後慢慢引入這樣的想法：「如果可以一直享有這麼幸運的人身和心，該有多好啊！如果可以一直享有這種幸福美好，可以一直擁有這些能引發快樂、寧靜和良善的樂因，那該有多好啊！」

然後就讓心安住，保持開放與放鬆。如果是正式禪修的話，安住的時間不要超過三分鐘；如果是非正式禪修，則不要超過幾秒鐘。保持短時間禪修，然後安住自心是非常重要的。短時間禪修後安住的修持，會讓這種新覺知愈來愈穩定，或以西方科學術語來說，就是給大腦建立新模式的機會，而不讓舊有的神經元對話支配。簡單來說，就是在「放下」禪修時，讓自己有機會體驗到由禪修所帶來正向覺受的淨化過程。

一旦你開始熟悉自己對快樂的渴求之後，就會愈來愈容易把這樣的覺知擴展到周圍的人、動物，甚至昆蟲等其他有情眾生身上。慈心和悲心的修持實際上包括培養一種認知，即知道所有生物都想要感到健全完整、安全且快樂。你只要記得，他人內心正在經歷的任何狀態，其實就是你自己內心正在經歷的狀態；當你能夠這樣記得的時候，你就會瞭解，根本沒有任何理由對其他人或事物感到恐懼。你會感到害怕的唯一原因，就是因為沒有認清你所面對的其他人或生物就跟你一樣，都只是想要離苦得樂的眾生。

傳統佛經教導我們，要先以母親作為禪修的對境。母親對我們展現了無限的慈悲，孕育我們、把我們帶到這個世界、在我們年幼的時候撫育我們；為了我們，母親必須做出很大的犧牲。我知道許多西方人跟自己的父母並不一定有很貼心、親近的關係，在這種情形下，以父母親作為禪修對境的方法就不太適用了。這時，你可以選擇別的對象做為專注的對境，比如說慈愛的親人、老師、知心好友或孩童，也有些人選擇專注在自己的寵物上。禪修對象是誰都沒關係，重要的是，把注意力輕輕安住在那個你感到非常貼心或溫暖的對象上。

進行慈心和悲心的正式禪修時，先以七支坐法開始，否則至少要挺直脊椎，並自然地放鬆全身（比如搭公車或火車之時）。就像所有的禪修練習一樣，把身體的姿勢安頓好之後，下一步就是讓心自然地安住一會兒。無論剛剛在想什麼都全部放下，讓你的心大大地深呼吸釋放一下。

以無所緣禪修安住一會兒之後，把覺知輕輕地帶到那個讓你感到窩心、關心、充滿感情的對象上；如果有其他非選定對象的影像出現，而且比你所選定的對象還要清晰強烈的話，也不用太驚訝，這種情形是很自然的。我的一個學生剛開始做這個禪修時，本來是選定年幼時非常疼愛他的祖母做為觀修對象，然而腦海中卻頻頻出現童年時豢養的一隻兔子。這就是心的自然智慧展現自身的一個例子。事實上，他跟這隻兔子之間有很多溫暖的回憶，當他終於向記憶投降之後，他的練習就變得容易多了。

有時你會發現，心中自然生起的，是跟某人相處的一些美好經驗，而非原先選定的禪修對象的抽象影像。這也沒關係，培養慈心和悲心的重點是讓自己體驗溫馨、窩心和充滿情感的真實感受。

在禪修過程中，要讓這份溫馨或充滿情感的感受扎根在心中，就像在土壤中種下一顆種子般。就這樣感受幾分鐘之後，再以無所緣禪修安住幾分鐘，兩者交替練習。交替練習這兩種狀態時，記得要告訴自己，祝願這個禪修對境也能體驗到你對她（他）所感受到的開闊感與溫馨感。

這樣練習一會兒之後，就可以進展到下一階段的慈心與悲心的修持了。跟先前一樣，首先以正確適當的姿勢安坐好，以無所緣禪修讓心安住幾分鐘，然後心中想著那個選定的慈悲心對境。

安住在禪修對境上之後，可以有兩種方式繼續進行下去。第一種是想像你所選定的對象處在非常悲傷或痛苦的狀態中，當然，如果這個對象目前真的悲傷至極或痛苦纏身，那麼你只要想著此人目前的狀況就行了。無論是哪一種情況，你心中所想像的影像自然會製造出一種深刻的愛和聯繫感，還有一種迫切想要幫助此人的渴望。想著你關心的某人或某物置身痛苦的深淵會讓你感到心碎，但這顆碎裂的心也是一顆寬廣的心，每一次的心碎都是讓愛和悲心盈溢全身的契機。

另一個方法是，把你的注意力輕輕地安住在所選定的對象上，同時問問自己：「我有多麼想要得到快樂？有多麼想要遠離痛苦？」盡可能讓這樣的想法愈清楚愈好；例如，假設自己被困在一個又熱又悶的地方，你難道不想換到一個比較涼快且開闊的地方嗎？假如你的身體感到疼痛，你難道不希望消除疼痛嗎？想一想自己的答案，同時把注意力慢慢地轉移到你所選定的對象上，然後想像一下，如果此人置身相同情境時會有什麼感受。這樣的練習不僅能讓你對其他眾生敞開心胸，也會讓你自己對當下所經歷的痛苦或不適的認同感消失。

對你熟識或關心的人生起慈悲心並不難，因為，即使他們表現得很愚蠢或頑固，讓你很想把他們掐死算了，但畢竟你還是愛他們的。然而要把同樣的溫馨和關懷擴展到陌生人身上，那就有點困難了。更難的是，要把對慈悲的覺知擴展到你非常不喜歡的人身上。

我曾聽過一則發生在四、五十年前中國的故事，有一對男女剛結婚不久，但新嫁娘才進夫家，就開始為雞毛蒜皮的小事跟婆婆爭執不休。婆媳之間劍拔弩張，並逐漸嚴重到誰看誰都不順眼；在新嫁娘眼裡，婆婆根本是個愛管閒事的老巫婆，而婆婆也認為這個年輕媳婦剛愎自用，一點也不尊重長輩。

兩人之間高漲的敵意根本沒有什麼確切原因可言，但是到最後，新嫁娘竟然氣婆婆氣到惡從心生，決定想辦法把婆婆殺了。於是她找了一個醫生，請醫生給她毒藥，好讓她可以在婆婆的食物中下毒。

醫生聽完這新嫁娘的抱怨之後，同意給她一些毒藥。「但是，」他警告說，「假如我給妳會馬上發作的劇毒，那麼，大家就會把矛頭指向妳，說：『妳竟然毒死了婆婆！』然後也會發現毒藥是我賣給妳的，這樣對我們兩個都不好。所以，我會給妳藥性比較溫和、發作得比較慢的毒藥，這樣她才不會馬上死去。」

醫生又指示她，下毒期間要盡力歡喜地服侍婆婆，「每餐服侍她的時候，都要面帶微笑，」他囑咐著，「告訴她，希望她喜歡這些飯菜，還要問她需不需要其他東西。態度要謙恭體貼，這樣別人就不會懷疑妳了。」

新嫁娘同意了，於是把毒藥帶回家，當天晚上就把毒藥加進婆婆的飯菜中，並且恭敬有禮地把晚餐端給婆婆吃。被這樣恭敬服侍了幾天之後，婆婆對媳婦的觀感開始改變了，「也許她並沒有我想得那麼驕傲自大，」老婆婆自忖道，「也許我錯看她了。」慢慢地，她也開始對媳婦愈來愈好，不僅讚美她的烹飪手藝，又說她很會持家，兩人後來甚至開始聊起天、說起笑來了。

老婆婆的態度一轉變，媳婦當然也跟著改變了。幾天之後，她開始想道：「也許婆婆並沒有我想得那麼壞，其實她人還挺好的。」

就這樣過了大約一個月，這兩個女人竟然變成了好朋友；兩人相處甚歡，關係好到讓媳婦不再對婆婆下毒。但她接著便開始擔心起來了，因為她意識到自己已經在婆婆的每一餐飯裡下了很多毒藥，婆婆很可能就快死了。

因此，她趕緊回去找醫生，告訴他：「我犯了個天大的錯誤！我婆婆其實是個很好的人，我真的不應該對她下毒的。拜託幫幫忙，給我解藥吧！」

醫生聽了新嫁娘的話之後，靜默了良久，「很抱歉！」他告訴她：「我實在幫不上忙，因為根本就沒有解藥。」

新嫁娘聽了難過極了，不禁放聲大哭，咒罵著想殺了自己。

「妳為什麼要殺自己呢？」醫生問道。

新嫁娘答道：「因為我竟然對一個這麼好的人下毒，現在她就快死了，我應該了結自己的生命來懲罰自己的惡行。」

醫生又沉默了一下，然後咯咯笑了起來。

「這時候你怎麼還笑得出來？」新嫁娘質問道。

「因為妳根本不需要擔心。」他答道，「我說沒有解藥，是因為一開始就沒有給妳毒藥。我給妳的，事實上只是無害的草藥。」

我喜歡這個故事，因為這是一個顯示經驗的自然轉變有多麼容易發生的簡單例子。起初，這位新嫁娘和婆婆相互仇恨，彼此都認為對方壞極了。然而當她們開始以不同態度對待對方之後，便開始以不同的眼光看彼此；她們看到了對方的良善，最後變成了親近的朋友。她們其實還是原來彼此看不順眼的「那個人」，唯一改變的只有她們自己對事情的看法。

這類故事的發人深省之處，就在於讓我們看到，我們對他人的第一印象可能是錯誤或被誤導的。但我們也不需要因為犯了這樣的錯誤而感到自責，這只是愚痴所造成的結果罷了。幸運的是，佛陀所教導的禪修法門不僅提供了修正這些錯誤的方法，也讓我們得以預防這樣的錯誤再度發生。這種修持就稱為「自他交換」（exchanging yourself and others），簡單說，就是想像自己處於你不歡喜的人的立場或情境中，設身處地體會對方的感受。

雖然自他交換的修持隨時隨地都可以練習，但如果能利用正式禪修打好基礎是再好不過了。正式禪修有點像是幫手機電池充電，電池充飽電之後，無論在何處或任何情況下，手機都可以用很久。不過，最後電池沒電時，還是得再次充電。電池充電跟拓展無條件慈心與悲心的不同處在於，透過正式禪修，以慈悲心回應其他眾生的習性，會製造出一連串自我延續、隨時保持「滿載」狀態的神經元連結，一點兒也不會失去動力。

自他交換正式禪修的第一步驟，跟平常一樣，先以正確姿勢坐好，讓你的心安住一會兒，然後想一個你不喜歡的人或物。不要批判自己的感受，允許自己去全然體驗；將所有的批判和辯解都放下，會讓你體驗到某種程度的開闊感和清明。

下一步則是接受自己當下所感受到的一切，無論是憤怒、怨恨、嫉妒或渴望，這些感受都是當下痛苦或不舒服的來源；感受的對象本身並非痛苦的來源，你之所以會痛苦，是因為你的心對專注的對象有所反應而造成的結果。

比方說，你可以想一個曾經用盡殘酷、批判且輕蔑語氣對你惡言相向的人，或者某個曾對你睜眼說瞎話的人，然後讓自己認出，這一切也不過是有人發出聲音，而你剛好聽到而已。如果你曾下過一點功夫練習以聲音為對境的止禪修，「自他交換」禪修法對你來說，應該感覺很熟悉。

此時，你可以有三種選擇；第一個，也是最可能發生的選擇，那就是被瞋恨、罪惡感或怨恨不斷折磨而耗盡自己。第二個選擇（也是非常不可能發生的）就是去想：「我應該要花更多時間作聲音的禪修。」第三個選擇則是，想像自己就是那個以言語或行動讓你感到痛苦的人，問問你自己，這個人是真的想要傷害你，才說出這些話或做出這些事？或者只是為了要減輕他（她）自己的痛苦或恐懼？

大部分狀況下，你其實應該已經知道答案了。你可能無意間聽說了那個人的健康狀態或人際關係，也許他（她）正深陷職場的困境中。即使你不清楚那人目前的狀態，但是從對自己慈悲到擴及他人的悲心修持中，你也會知道，人的行為背後其實只有一個動機：渴望感到安全或快樂。假如有人做出傷害性行為，或說出傷人的話語，那是因為他們沒有安全感或不快樂，換句話說，他們心中恐懼害怕。

而你也很清楚害怕是什麼樣的感受。對他人有這層認知的話，就是抓到自他交換的重點了。

另一個自他交換的方法就是，選擇一個「中性」的焦點，即某個你並不很熟悉，但知道他正在經歷某種痛苦的人或動物。你的焦點可以是一個飽受飢渴煎熬的外國孩子，或一隻困在捕獸器中，絕望地企圖咬斷自己的腿以逃離捕獸器的動物。這些「中性」的眾生經歷著各種無法控制的痛苦，他們無法保護自己免於這些痛苦，也無法從這些痛苦中解脫。然而他們所經歷的苦痛，以及極力想要讓自己解脫痛苦的渴望，卻是顯而易見的，因為，你自己也有著相同的渴望。因此，即使你不認識他們，你還是能夠瞭解他們的心理狀態，並感同身受地體驗他們的痛苦。我敢打賭，如果你能夠將悲心擴展到那些你不喜歡或不認識的人身上，你肯定不會變成一頭無趣懶散的老綿羊。

第二階段

祈願一切眾生都能擁有快樂，以及產生快樂的因。

還有一種可以幫助我們生起無量的慈心和悲心的特別禪修，在西藏，這種修持稱之為「通連」（tonglen），也就是一般所說的「施受法」（sending and taking）。

施受法的練習其實很容易，只需要在觀想和呼吸之間做好簡單的協調就行了。第一步是，要先認出我們自己有多麼想要快樂、多麼想要遠離痛苦，而其他眾生的感受同樣也是如此。你並不需要觀想什麼特定的眾生，不過，如果你認為對自己有幫助的話，也可以用一個特定的觀想對境做為開始。然而到最後，就要把施受法的修持擴展到超越你所能想像的一切眾生，包括動物、昆蟲，以及我們的知識或能力無法見到的其他空間中的生命。

根據我所學到的，重點就是要記住宇宙中充滿了無量眾生，然後想著：「就像我想要快樂一樣，所有眾生也都想要快樂；就像我希望遠離痛苦一樣，所有眾生也都希望遠離痛苦。我只是一個人，其他眾生的數量卻是無量無邊，無量眾生的幸福快樂遠比我一個人的幸福快樂來得重要多了。」當你讓這些想法在心中發酵時，你其實就已經開始在積極地祈願其他人遠離痛苦了。

一開始先以正確姿勢坐好，讓自己的心簡單地安住一會兒，然後以呼吸的方法把你所有的快樂傳送給一切有情眾生，並吸取他們的痛苦。當你呼氣的時候，想像你生命中已獲得的所有快樂和利益，以淨光的方式從自己身上傾洩而出，散布到所有眾生身上並融入他們，圓滿他們所有的需求並淨除他們的煩惱。一開始呼氣時，就要想像淨光立即碰觸到所有眾生；當你的氣全部呼出時，淨光已經完全融入他們。而吸氣的時候，則要想像一切有情眾生的煩惱與痛苦像一道黑色煙霧狀的光，從你的鼻孔吸入，並融入你的心中。

持續這樣練習，想像所有眾生都從痛苦中解脫，並充滿了歡喜與快樂。這樣練習一會兒之後，讓心單純地安住一下，然後再開始練習。就這樣交替練習施受法並安住自心。

如果有助於觀想的話，你也可以挺直身體坐著，雙手輕輕握拳地放在大腿上；呼氣時，觀想淨光射向所有眾生，同時打開手掌，讓雙手從大腿滑向膝蓋；吸氣時，則想像將其他眾生的痛苦黑光收回，並融入你自己，同時將雙手收回，再輕輕握拳。

宇宙中充滿了千千萬萬不同的生命，完全超越我們的想像，更遑論要提供每個眾生直接且即時的幫助了。但是，透過施受法的修持，你就會對無量眾生敞開心胸，真心祈求他們的幸福快樂。這樣做的最終結果是，你的心會變得更清明、更平靜、更專注，且更覺知，而且會發展出直接與間接幫助有情眾生的無限能力。

有個古老的西藏民間故事，可以清楚說明發展全然無偏之悲心的利益。有個翻山越嶺討生活的牧民，因為沒有鞋子穿，赤裸的雙腳走在崎嶇不平、長滿荊棘的山路上，疼痛難當。於是，行旅中他便開始收集死去動物的皮革，沿途鋪在山路上，把凹凸不平的石塊和荊棘遮蓋起來。但問題是，無論他再怎麼努力，也只能遮蓋幾百平方碼的面積而已。直到最後他才靈光一閃，只要用幾小塊動物皮革替自己做一雙鞋子，就可以不疼不痛地走上幾千哩路了。用皮革包覆他的雙腳，就等於覆蓋了整塊大地一樣。

同樣的道理，當每一個衝突、每一個情緒、每一個負面想法生起時，如果你企圖一個個分別去處理，就會像那個牧民企圖以皮革覆蓋全世界一樣。與其如此，倒不如專心發展慈愛且平和的心，這樣你就可以將同樣的方法運用在日常生活中的所有難題上。

第三階段

一個已喚醒純正悲心之力的人，就會善於以身、語、意三門致力於他人的福祉。

蔣貢・康楚・羅卓泰耶，《了義炬》，英譯：茱蒂斯・漢森

覺醒的心，也就是菩提心的修持，看起來似乎極為神奇，因為當你選擇將他人視為完全證悟的眾生時，他們通常都會以一種比原來更正向、更有信心且平靜的方

式回應你。不過說真的，這過程一點也不神奇，因為你只是以他人全然的潛能來看待他們、跟他們對應，而相對地，他們也盡自己最大的能力來回應你，如此而已。

就如前面所說，菩提心分為兩個面向，即絕對菩提心與相對菩提心。絕對菩提心即是對心之本質的直接洞察，在絕對菩提心或絕對覺醒心（absolute awakened mind）之中，主體與客體、自與他之間毫無差別，一切有情眾生都自然而然被視為佛性圓滿的示現。然而，只有極少數的人能夠立即體會到絕對菩提心，而我當然沒有這種能力。就像大部分人一樣，我必須按部就班，以相對菩提心之道慢慢訓練自己。

這個修持道之所以被稱為「相對菩提心」（relative bodhicitta）是有原因的。第一，它跟絕對菩提心有所關連，因為就某種意義來說，兩者有著相同的目標，那就是對「佛性」或說覺醒心的直接體驗。舉例來說，絕對菩提心就像建築物的頂樓，而相對菩提心則可比喻為其下的樓層；所有樓層都是建築物的一部分，但每一個較低樓層都跟頂樓具有相對的關係；想要到達頂樓的話，你就得先通過所有較低樓層。第二，當我們達到絕對菩提心的境界時，就不會對有情眾生有所區別，每一個眾生都被視為佛性的圓滿示現。然而，在練習相對菩提心時，我們仍需要在主體與客體或自與他之間的關係框架中運作一切。到最後，根據許多大師所說，比如蔣貢・康楚・羅卓泰耶（Jamgön Kongtrul）曾在他的著作《了義炬》中提到，絕對菩提心的生起必須依賴相對菩提心的培養。

《了義炬》，蔣貢・康楚仁波切著，茱蒂斯・漢森英譯，波士頓香巴拉出版社（Boston：Shambhala，一九七七），第一九四～一九五頁。

相對菩提心的開展涵括兩個層面：「願」菩提心和「行」菩提心。「願」菩提心意味著培養幫助一切有情眾生的衷心渴望，直到他們能夠認出自身的佛性為止。我們要先想：「我祈願自己完全證悟，以便能夠幫助一切有情眾生達到相同的境界。」「願」菩提心主要專注在修持的「果」或結果上。就這個意義而言，「願」菩提心強調的是立定目標帶領眾生到達某個特定目的地，例如倫敦、巴黎或華盛頓特區等。當然，就「願」菩提心而言，這個「目的地」指的就是心的全然覺醒，也就是絕對菩提心。

至於「行」菩提心，佛經裡通常將之比喻為實際跨出腳步，以便抵達預期的目的地；也就是專注在達成「願」菩提心目標的方法上，透過各種方法，幫助一切有情眾生透過認出自己的佛性，因而遠離各種痛苦和苦因，進而得到解脫。

就如前面所提到的，在修持相對菩提心時，我們其實都還困在某種程度的二元觀中看待其他有情眾生，認為他們相對於我們而存在。但是，當我們的發心並非只為了自己，也為了讓一切有情眾生達到完全認出佛性的境界時，奇妙的事就發生了：這個自與他的二元觀會逐漸消融，而且，為了幫助他人而發展出來的智慧和力量，同時也幫助了我們自己。

就面對人生的態度而言，培養相對菩提心確實是待人處事的一大昇華。不過，這還得下一番功夫才行。我們很容易就會譴責那些與我們觀點不同的人，不是嗎？大部分人都這樣，就像輕率且不假思索地就把蚊子、蟑螂或蒼蠅打死一樣。

開展相對菩提心的重點就在於，認出那股想要打扁一條蟲的欲望，以及亟欲譴責與我們意見不合的人的強烈衝動。因為這兩者基本上是一樣的，是一種根植於腦部的爬蟲類層中，「對抗或逃避」的生物本能反應，或者，直截了當地說，就是我們的鱷魚本性。

因此，開展相對菩提心的第一步，就是要決定「我寧可是條鱷魚？還是一個人？」當鱷魚的話，確實有很多好處。因為鱷魚非常善於打敗敵人而贏得生存機會，但牠們卻無法愛別人或體驗被愛的感受；牠們既沒有朋友，也永遠無法享受養育孩子的喜悅；牠們不太欣賞音樂或藝術，也無法開懷大笑，而且牠們之中有很多到最後還會淪為穿在別人腳上的皮鞋。

假如這本書你已經讀到這裡了，那麼你應該不會是條鱷魚。不過，你應該認識一些行為像鱷魚的人。開展相對菩提心的第一步就是，放下你對「鱷魚人」的厭惡，並培養對他們的悲心，因為他們並不知道自己錯過了多少關於生命的豐富與美麗。一旦你可以這樣做，那麼，要將相對菩提心擴展到一切有情眾生身上就容易多了，包括真的鱷魚，還有其他讓你感到討厭、害怕或噁心的生物。只要想一想這些生物錯過了什麼，你大概就會自動對牠們敞開心胸了。

事實上，「願」菩提心和「行」菩提心就像硬幣的兩面，少了其中一面，另一面就無法存在。「願」菩提心就是培養一種永無止境、隨時準備幫助所有眾生的心態，幫助他們獲得全然的喜樂與自由，完全遠離痛苦與傷痛。無論你是否真的能夠度脫他們都沒關係，重要的是你的發心。「行」菩提心則牽涉到實現發心所需要的行動，修持「行」菩提心可以增「願」願菩提心，而修持「願」菩提心也可以增強「行」菩提心。

修持「行」菩提心的方法有很多，比方說，盡全力做到不偷盜、不說謊、不搬弄是非、不蓄意以言語或行為引起他人的痛苦、盡力對他人行布施、調解紛爭、言語溫柔有禮而非行為失控，以及隨喜他人的快樂與成就，而非讓嫉妒或羨慕淹沒自己等，這些行動都是將禪修體驗延伸運用在日常生活中每個層面的方法。

再也沒有比想要引領眾生達到認出自心本性的圓滿解脫與全然幸福快樂還要偉大的發心和勇氣了，最後到底有沒有成就這個目標並不重要，僅只是這個發心就具備強大的力量了。在實現這個發心的過程中，這股強大的力量就會讓你的心變得更堅強，你的煩惱會消失，你會變得更善於利用各種善巧方便去幫助其他眾生，而在如此實踐的同時，你也創造了自身福祉的因緣條件。

修持的方法、時間與地點

清淨堅定的信心需要循序漸進地建立。

第十二世泰錫度仁波切，《帝洛巴：一瞥大師生平》(*Tilopa: Some Glimpses Of His Life*)，英譯：肯・福爾摩斯（Ken Holmes）

我最常被問到的問題之一是：「為什麼有這麼多的修持法門？到底哪一個最適合我？」

如果你對周圍稍加觀察，你就不得不承認，沒有任何兩個人的個性和能力是一模一樣的。有些人擅長語言文字，可以精準地掌握口語教導，也能自在地對他人解說；有些人則較為「視覺型」，對於圖解和圖片說明的接受度最高；有些人的聽覺比他人敏銳，有些人對氣味較敏感，有些人則擅長推論分析，很快就能瞭解複雜的數學公式，還有些人則擁有詩人情懷，非常善於以各種隱喻和類比，為自己和他人描述這個世界。

選擇最適合自己的方式

安置正念的守衛，然後安住。

嘉華・揚・貢巴（Gyalwa Yang Gönpa），《了義海大手印》節錄，英譯：伊莉莎白・克拉漢。

不同情況需要不同的方法措施，因此，若能掌握幾種可供選擇的不同方式，肯定會很有幫助。這個法則在人生的各個層面都很管用，舉例來說，在商場或人際關係中，有時比較適合用電子郵件進行構思、修改及溝通想法，但有時候一通電話或面對面的會議會更有效率。

同樣地，以禪修而言，最適合自己的技巧，不但依個人特定狀態而有所不同，也取決於每個人的個性和能力。比方說，在面對悲傷、瞋恨、恐懼等情緒時，施受法有時可能是最好的法門，但有時只要利用情緒本身作為「止」的修持對境可能會更有效。想找出對自己最有效的技巧，唯一的方法通常就是透過嘗試與錯誤。

重點是，選擇一個你最喜歡的方法，然後持續修持一段時間。假使你是屬於比較「視覺型」的人，那麼一開始練習安定自心時，就可以先用色相禪修法練習一段時間；假使你對身體的感受較為敏感，那就試試身體掃描法或專注在呼吸上；假使你是個「言辭型」的人，就試試唸誦咒語。技巧本身並不重要，重要的是學到如何安住自心——跟心互動，而不是被心牽動。

不過，由於心是如此活躍，如果只用一種方法來修持，很容易就會感到無聊厭煩。練習某個法門幾天、幾星期或幾個月之後，你會發現自己開始有這種想法：「好煩哦，又得做禪修了。」比方說，假設你一開始選擇的是色相禪修法，剛開始，一切看起來似乎都很美好、順利。但某一天，毫無來由地，你突然對這個修持方式感到厭煩了——沒有關係，這時你不一定要繼續禪修色相，你可以試試別的，比如說，禪修聲音。

接下來的一段時間，這個新的修持方式似乎很新鮮且令人振奮，你可能會想：「哇，我從來不曾這麼清明過！」

但經過一段時間之後，你可能發現自己又開始對這個新技巧感到厭煩了。這也沒關係，如果你開始覺得聲音禪修法很無聊，那就再試試別的新方法，比如說，你可以禪修氣味或看著自己的念頭，或把注意力放在呼吸上。

你現在應該比較瞭解佛陀為何要教導這麼多不同的禪修法門了吧？在電視、網路、收音機、MP3和電話發明之前，佛陀就已經知道人心是多麼煩躁不安，又多麼離不開那些讓人煩亂分心的娛樂消遣，所以他教導了我們許多面對這顆煩躁之心的法門。

不管你選擇什麼方法，重要的是，每一座禪修之中都要交替練習「有所緣禪修」，以及直接安住自心的「無所緣禪修」。有所緣禪修法的重點在於發展出某種程度的心理穩定度，讓你得以在自心感知事物的同時，能夠保持對自心的覺知。以無所緣禪修法和有所緣禪修法兩者交替練習來安住自心，能讓你充分消化、吸收自己所經歷的一切。藉由這樣的交替練習，無論你處於哪一種狀態——面對自己的念頭和情緒，或面對似乎是存在於「外界」的某個人或某種情境——你都會逐漸學會認出，所有你正在經歷的一切，都跟自己的覺性息息相關。

時間短，次數多

……遠離所有的蓄意造作。

《帝洛巴：恆河大手印》，英譯：伊莉莎白．克拉漢

神經元對話製造了某種看似天然生成或獨立的自我，或者某種看似天然生成或獨立的他人。若想斬斷這些積習已久的神經元對話，那麼，養成正式禪修的習慣是最有效的方法。若能撥出時間做正式禪修，你就會發展出一種具有建設性的習性；這種習性不僅能削弱舊有的神經元模式，還能有效地建立起一種新的神經元模式，使你能認出自心如何參與感知過程。

雖然一天當中隨時都可以進行正式禪修，但是根據我所學的，正式禪修的最好時間是在經過一夜好眠，尚未進行任何日常活動的清晨時刻，這時候我們的心最清新，也最放鬆。出外工作或進行生活瑣事之前，先撥出一些時間做禪修，會奠定你一整天的生活基調，也會增強你整天持續修持的決心。

不過，有些人實在沒辦法一大早起來做正式禪修，勉強把清晨的禪修列入每日

行程當中，只會讓你覺得禪修是件例行工作罷了。如果你發現真是這樣，請務必另外選一個比較方便的時間，也許是午餐時間、晚餐後或睡前都可以。

正式禪修並沒有什麼「規定」，不過，倒是有個非常實用的指導方針——我父親總是向所有學生一再叮嚀強調這一點，而他的說法也很容易讓人銘記在心：時間要短，次數要多。

我開始教學之後，發現有許多學生才初學禪修，就為自己設定了不切實際的目標；他們認為禪修就是必須以標準姿勢坐得愈久愈好，因此就坐在那兒，試圖把自己「鎖定」在禪修狀態中，試圖用意志力迫使自己進入平靜的狀態。一開始幾秒鐘，這種方式似乎很有效，他們真的感受到某種寧靜的覺受，但是，心總是不斷在變動，不斷在處理新的念頭、新的對境，以及新的感官觸受。這本來就是心的工作，而禪修即是學習如實面對自心，而不是強迫你的心套上某種佛法束身衣（Buddhist straightjacket）。

我們以為連坐好幾個小時便是所謂的「精進」，但是，真正的「精進」並非強迫自己超越原本的極限。真正的「精進」是指盡一己之力做好，而不是專注在你想要達到的結果上；也就是說，我們要在過於鬆散和過於緊繃之間，找到一個適宜的中間地帶。

經典中記載了另一個琴藝非凡的西塔琴家故事。他是佛陀的親近弟子，但佛陀發現這個弟子非常難以調教，因為他的心不是太過緊繃，就是太過鬆散。當他一緊繃起來，不僅無法禪修，連佛陀教過的簡單祈願文都不記得要怎麼唸誦。可是當他的心過於鬆散時，就乾脆連修持都放棄了，只管睡他的大頭覺。

因此，佛陀最後終於問他：「你回家後都在做什麼？在家裡會彈琴嗎？」

這位弟子答道：「會啊！」

「你的琴藝高超嗎？」佛陀問他。

西塔琴家答道：「是的，我是國內第一把交椅。」

「那麼，你都怎麼彈琴的呢？」佛陀詢問他，「彈奏音樂時，你都怎麼調整音調？把弦調得很緊？或調得很鬆呢？」

「都不是，」弟子回答，「如果我把弦繃得太緊，就會發出『錚錚錚』的聲音；如果調得不夠緊，就會發出『蓬蓬蓬』的聲音。只有當我把弦調得剛剛好，不緊不鬆的時候，音調才會準確。」

這時，佛陀微笑了，跟這位西塔琴家交換深深的目光。最後，佛陀說道：「禪修就是要像這樣。」

這個故事說明了初學禪修時，避免過度緊繃是很重要的。現代人由於生活繁忙，在初學正式禪修時，就算每天只撥出十五分鐘，也都代表了極大的承諾。無論你將這十五分鐘分成三個五分鐘，或五個三分鐘來練習都可以。

尤其是在初學時，盡可能投入時間做禪修，同時又不過分緊繃，這點是絕對重要的。我可以提供大家的最好建議是，把禪修看做上健身房。實際到健身房運動十五分鐘，總比什麼都沒做好太多了。所以，即使你只能花十五分鐘做禪修，也比完全沒有投入修持好得多。有些人只能舉十磅重，有些人卻可以輕易舉起五十磅；如果你只能舉十磅，千萬不要逞強舉五十磅，否則不但會把自己累死，而且很可能會就此放棄。禪修時，要像上健身房運動一樣，盡力就好，不要超過自己的極限。

禪修又不是競賽，你輕鬆地花十五分鐘所做的禪修，最後可能比有些人過分勉強地花好幾個鐘頭做長時間禪修來得更有益處！最好的禪修原則是，禪修時間要比你自認為自己能力所及的時間再短一點；如果你覺得自己可以禪修四分鐘，那就禪修三分鐘；如果你覺得自己可以禪修五分鐘，那麼，四分鐘之後就可以停下來了。以這樣的方式練習的話，你就會發現自己熱切期待下一次禪修的到來。因此，與其讓自己覺得自己達成了某種目標，還不如讓自己感到意猶未盡來得好。

另一個更快速的短時間禪修法，是用一點時間生起菩提心。菩提心是一種為了他人利益，而渴望達到某種程度了悟的心態。別太在意這個渴望是否特別強烈，這個發心本身就足夠了；練習一陣子之後，你可能會發現，這個發心開始有了重大深遠的切身意義。

在你花了一些時間生起這種寬廣、包容的心態之後，以無所緣禪修安住自心一會兒。無論你在何時選擇了什麼方法禪修，禪修之後，再交替無所緣禪修是非常重要的。

在安住自心與生起菩提心之間，至少已經過了一分鐘。現在你有一分半鐘可以好好練習你所選擇的方法。不論是專注在一個視覺的對境、一種氣味或一個聲音上，看著念頭或感受，或是練習某種悲心的禪修等都可以。之後就安住在無所緣的止禪修中約半分鐘左右。

此處明就仁波切教導的禪修次第為：一，生起菩提心。二，安住自心於無所緣禪修。以上兩者為前行，約用一分鐘。三，正行：有所緣禪修。自選對境。約用一分半鐘。正行最後：安住自心無所緣禪修。約用半分鐘。四，結行：功德迴向。約用半分鐘。所以在這個例子中，整座禪修用去了三分半鐘。

修持快結束時，你大概可以用三十秒時間做「功德迴向」。無論是公開教導或私人面談，我常常被學生問到這個問題：「為什麼最後一定要做功德迴向？」

在每座修持結束之前將功德奉獻出來，其實也可以說是一種祈願，也就是祈願將修持所獲得的任何心智力量或情緒力量都奉獻給他人。這不僅是殊勝簡短的悲心練習，同時也是消融自他差異的一種極為微妙之法。

功德迴向只需三十秒鐘，用藏文或中文都可以，中文偈言為下：

以此功德願眾生
圓滿福德與智慧
以此福德智慧故
願能證得二妙身

另外，雖然我不能說有什麼科學根據，但有些學派相信，以西藏原文讀誦祈願文可以增強其力量；他們認為這些藏音祈願文已經被唸誦迴響了許多世紀，因此藉由藏音的複誦，可以跟這些古老的聲波產生連結共鳴，因而增強迴向的力量。因此，我想在此處提供大家這首迴向偈的譯音：

給瓦帝依皆沃坤（*Gewa di yee che wo kun*）

索南耶謝措作內（*Sönam ye shay tsok dsok nay*）

索南耶謝雷炯位（*Sönam ye shay lay jung wa*）

當巴姑尼托巴秀（*Tampa ku nyee top par shok*）

無論你選擇用正式的藏文偈言或非藏傳的中文偈言，以功德迴向結束修持是有其實際原因的。

「功德」的藏文是「索南（sönam）」，意思是「心智力量」或「發展心智力量的能力」。從事善行時，我們自然而然的慣性想法是：「我真是個好人哪！我剛剛才作了禪修，才為一切眾生作了祈願，祈願他們都能離苦得樂。那我能從中得到什麼？我的生命會因此而變得更美好嗎？這些修持對我有什麼好處？」

這些話也許跟你腦海裡的想法並非一模一樣，但也八、九不離十了。而你也確實做了好事。唯一的問題是，這樣祝福自己通常會強化自我與他人之間的差異感。「我作了一件善事」、「我真是個好人」、「我的生活將會有所不同」等，諸如此類的想法微妙地強化了一種觀感，那就是自我與其他眾生是分離的，會對你修持後所生起的悲心、信心和安全感逐漸造成損害。

藉由迴向你修持的功德——換句話說，刻意思惟「每個人其實都渴望一切有情眾生之間充滿平靜和滿足」，你就會很巧妙地將「自我與他人為不同個體」的神經元慣性認知逐漸消融殆盡。

非正式禪修

工作中，要記得隨時認出心的本質。

祖古・烏金仁波切，《如實》，英譯：艾瑞克・貝瑪・昆桑

每天都要撥出時間做正式禪修，有時候真的很困難。你可能必須花上好幾個小時為重要會議作準備，又或者你必須出席重要場合，比如婚禮或生日宴會等；有時你已經答應陪孩子、夥伴或配偶做什麼事；有時你就是覺得好累好累，一個星期工作下來，你只想整天躺在床上或看電視。

一、兩天沒做正式禪修會不會讓你變成一個壞人？不會的。那會不會把你之前投入時間做正式禪修所產生的改變逆轉回去？也不會。一、兩天（或三天）沒做正式禪修就表示你得重新馴服一顆未調伏的心嗎？也不是。

正式禪修非常棒，因為一天坐個五、十或十五分鐘，就會創造一個改變自己觀感的機會。不過，佛陀早期的學生都是農夫、牧人或游牧民族，他們每天都得耕作莊稼、看顧牲畜、照顧家人，實在沒有多餘時間可以好好坐下來，盤起雙腿、擺直雙臂、眼光端正專注地正式禪修，可能連五分鐘都無法辦到。因為，一下子哪裡有頭羊在咩咩叫，或一下子寶寶哭了，又或一下子可能有人衝進營帳或茅屋，通報大家說一陣急雨就快要把莊稼都毀了。

佛陀其實很清楚他們的難處。雖然許多野史外傳都把佛陀的出生和成長背景描

寫成富裕王國的皇子，在富麗堂皇的宮殿中長大。但事實上，他的家世並沒有這麼顯赫。佛陀的父親其實只是十六個共和國中的一位首領，為了避免自己的國家被印度併吞，必須奮力對抗強大的印度君主政體；而他的母親產下他之後，便與世長辭。青少年時，父親強迫他結婚以延續香火，但他卻選擇離開家園，追求一種比政治和軍事權謀更有意義的生命。他的繼承權也被剝奪了。

所以當我們談到佛陀時，應該要知道，他其實非常瞭解日常生活中不一定會有機會或閒暇做正式禪修。佛陀對人類最大的貢獻之一，就是教導我們可以隨時隨地進行禪修。

事實上，佛法修持的主要目標之一，就是要將禪修運用到日常生活上，任何日常活動都可以是禪修的機會。在日常生活中，你可以看著自己的念頭，隨時將注意力安住在味道、氣味、色相或聲音的體驗上，抑或當你純然地覺知心中各種念頭、感受而生起奇妙的體驗時，就在這樣的體驗中安住幾秒鐘。

不過，對非正式禪修而言，先設定某種目標是很重要的；比方說，每天進行不超過一到兩分鐘的非正式禪修約廿五次，如果能記下次數的話就更好了。第三世界的僧人和牧民通常都用念珠來計數，但西方人的選擇可說是五花八門：有輕便的隨身計數器、ＰＤＡ，甚至還有超市裡用的那種小小的計數機，或者你也可以簡單地用便條紙寫下來。重點是，記下所有非正式禪修的次數，以便和你所設定的目標做對照。舉例來說，假使你正在進行無所緣禪修，就計算為一次，隨後你分心了，就再重新試一次，這就算是兩次了。

用這種方式來安排禪修練習的極大利益之一，就是既便利又具機動性，你隨處都可以做修持，無論是在海邊、看電影、工作、在餐廳吃飯、搭公車或捷運，或者在學校，只要你記得自己有禪修的意圖，那就是禪修。

無論你對自己的禪修滿不滿意，真正的重點是，牢記自己有禪修的意圖。若有抗拒禪修的念頭生起時，就想一想老牛邊走邊撒尿的畫面吧！這一想，你的嘴角應該就會揚起一絲微笑，也會提醒你，修持其實就像老牛撒尿一般，是很容易、很必要，也很能放鬆自己。

當你習慣一天廿五次短時間禪修之後，就可以開始把目標提升為五十次，然後逐漸增加到一百次。重要的是，要訂一個計畫，如果沒有訂出任何計畫，你就會完全忘了修持這檔事。若每天都能這樣做幾秒鐘或幾分鐘禪修，讓自己安住或集中注意力，就會幫助你穩定自心，而當你有機會作正式禪修時，就不會覺得好像在跟陌生人吃晚飯似的。你會發現對自己的念頭、情緒和所接收的對境熟悉多了，就像可以坐下來交心直言的老朋友一樣。

非正式禪修還有幾個好處。第一，有些人正式禪修時很安定、平和，但到了辦公室就變得又緊張又憤怒。如果能把修持和日常生活結合在一起，你就可以避免墜入這樣的陷阱中。第二，這或許是更重要的一點，即一般人都誤以為一定要在絕對安靜的地方才可以禪修，但日常活動中的非正式禪修練習，卻能逐漸消除這種錯誤的普遍印象。

從來就沒有任何人找得到所謂毫無干擾的地方，到處都有干擾。即使到了山頂這種相對於辦公室或城市塵囂紛擾的寧靜之處，你一開始也許會覺得很輕鬆舒暢，但一等到心沉澱下來，肯定就會開始聽到一些微小的聲音，比如蟋蟀的鳴叫、風吹過樹梢的聲響、鳥兒或小動物的嬉戲聲，或者流經岩縫的潺潺流水，剎那間，你所尋找的偉大寂靜就被中斷了。

即使是關起門窗在室內禪修，你一定還是會被什麼東西所干擾，比如搔癢、背痛、吞嚥、水龍頭滴水聲、鬧鐘的滴達聲，或者樓上的腳步聲等。無論身在何處，你永遠都會遇到干擾。無論干擾以何種形式出現，無論有多煩人，非正式禪修最大的益處就是，讓我們學會如何面對這些無所不在的干擾。

隨時，隨地

以禪修面對所有的情境。

記住前面所提到的，接下來我們來看看可以運用在日常生活中的一些修持方式，甚至連一般認為是干擾的事物都可以用來當作禪修的助緣，幫助我們安住自心。古老的典籍稱這種方法為「以生活為道用」（taking your life as the path）。

蔣貢．康楚．羅卓泰耶，《覺醒大道》（*The Great Path of Awakening*），英譯：肯．馬力歐（Ken Mcleod）

即使只是走在街道上，也可以是發展正念的大好時機。你是否常發現自己在做某件事時，比如說前往超市或到餐廳吃飯時，怎麼渾然不覺地就到達目的地了？這就是瘋猴子發飆撒野的典型例子，我們任由瘋猴子製造各種干擾，不僅讓自己無法充分體驗當下時刻，同時也剝奪了我們專注和訓練覺性的機會。此處所說的機會，指的是能夠有意識地把注意力放在周遭的事物上，也許是看著你所經過的建築、人行道上的行人、街道上的車水馬龍，或者行經路線上的路樹等。當你真的去注意你所見到的，這隻瘋猴子就會安靜下來，你的心會變得比較不焦躁，同時也會開始發展出一種平靜感。

你也可以將注意力放在行走時身體的感受上，比如注意雙腿的移動、雙腳接觸地面、呼吸或心跳的節奏等。即使在繁忙時刻，這個方法也很管用，是克服匆忙趕路焦慮感的有效方法。當你把注意力放在自己身體的感受上，或者他人，或者路過的地方與其他事物時，你還是可以快步行走，只要讓自己想著：「現在我正走在街上……現在我看到了一棟建築……現在我看到一個穿著T恤和牛仔褲的人……現在我的左腳接觸到地面……現在我的右腳接觸到地面……」。

如果能在這些行動中都帶著有意識的覺知，煩亂和焦慮就會逐漸消失，而你的心也會變得更平靜、更放鬆。當你到達目的地之後，也能夠以更自在、開放的心態面對下一階段的行程。

你也可以利用相同的專注力來開車，或用在家中、職場中所進行的一切日常活動。只要把注意力放在視線範圍內的種種對境上就行了，或者，也可以運用聲音作為禪修助緣。甚至像烹飪或飲食這類簡單的活動，都提供了修持的大好機會，比如切菜時，你可以邊切邊把注意力放在切割的形狀或顏色上，也可以注意湯汁或醬料沸騰冒泡的聲音；吃飯的時候，便把注意力放在體驗到的氣味和口味上。

你可以任選這些情境來練習無所緣禪修，無論你在做什麼事，既無貪著也不嫌惡地讓自心單純開放地安住即可。

你甚至可以在睡覺或作夢時進行禪修。當你快睡著時，可以用無所緣禪修來安住自心，抑或輕輕地將注意力放在睡意的感受上。或者，你也可以在睡前默默對自己複誦幾遍：「我會認出我在作夢，我會認出我在做夢，我會認出我在作夢……」創造一種將夢境轉為禪修經驗的機會。

結論

當你開始感到完全孤寂時，
你就是開始在幫助自己，讓自己回到家。

邱陽．創巴仁波切，《幻相的遊戲》（*Illusion's Game*）

禪修並非「單一規格」（one size fits all）的修持。每一個人都意味著不同性格、背景和能力的獨特組合，也由於認知到這點，佛陀教導了形形色色的法門，以幫助芸芸眾生在人生旅途和各種情境中認出自心本性，並從貪、瞋、癡三毒中獲得真正的解脫。有些法門看起來雖然平凡無奇，卻代表著佛法修持的心要。

佛陀教法的重點在於，要我們將正式禪修的體驗應用在日常生活中的每一層面；否則，正式禪修幫助我們培養出對空性、智慧和慈悲的直接體驗就失去了意義。因為只有在面對日常生活的種種挑戰時，才能真正測出我們內在的平靜、洞察力與慈悲的進展。

即使如此，佛陀還是要我們親自試試不同的修持方法。有一部經典中提到，佛陀鼓勵他的弟子透過修持來驗證他的教法，而不是根據表面的重要性而接受他的教法：「猶如我們以鍛燒、切割、摩擦的方法檢驗真金一般，同理，有智慧的比丘也要檢驗我的教法，要透徹檢驗我的教法，不要因為盲從而領受之。」

基於相同的精神，我也請大家親自嘗試這些教法，看看這些教法對你是否有效。有些法門可以幫助你，但有些對你可能沒有助益；有些人可能馬上就發現自己跟某個或某些技巧很相應，但也有些法門需要多加練習才會熟悉。也有某些人可能會覺得禪修對自己一點好處也沒有，這也沒關係，最重要的是，要找到能夠發展出平靜、清明、自信和安詳的修持方法，並且實際去修持。假使你可以這麼做，那麼，你不僅能夠利益自己，還可以利益周遭的每一個人，而這就是所有科學研究與內心修持的最終目標，不是嗎？我們不僅為自己，更要為後代子孫創造一個更安全、更和諧、更和善仁慈的世界。

第三部

果——成果

經驗改變大腦。

傑若米・卡根（Je Rome Kagan），《三個令人趨之若鶩的概念》（*Three Seductive Ideas*）

四 問題與可能性

一開始，我們的心無法長久保持穩定，也無法長時間安住。然而，只要堅忍不拔並持之以恆地禪修，心的平靜和穩定性就會逐漸開展。

波卡仁波切（Bokar Rinpoche），《對初機者的忠告》（*Advice to Beginners*），英譯：克理斯汀．布卻（Christiane Buchet）

當你以禪修來安住自心時，奇妙的體驗就可能會發生；有時要禪修一段時間之後才會有這些體驗，有時才第一次坐下來禪修，它就發生了。最常見的體驗就是喜樂、清明和超越念想。

喜樂，是身心兩方面的純然快樂、舒適和輕安；當這種體驗增強時，你所見到的一切就好像都是由「愛」所產生，即使肉體的疼痛也都會變得很輕微，甚至幾乎完全感受不到。

明性，是能夠洞見事物本質的一種能力，見一切事物時，就好比見到無雲晴空下燦爛閃亮的山水景色般，每件事物都很合理地清晰呈現。即使是紛擾的念頭和情緒，在這片景色之中也都有其歸屬的所在。

超越念想則是一種自心完全開闊寬廣的體驗。你的覺性直接無遮，不被「我」或「他」、主體和客體，抑或其他形式的限制所遮蓋。這是一種清淨心識的體驗，廣大如虛空，無起始，無中間，也無止境；就像雖是在夢境中，卻是清醒的，而且也認出夢中所經歷的一切與作夢者的心並非分離的。

不過，我常聽到初學禪修的人說，他們雖然坐著，卻什麼也沒發生；有時他們會感受到某種非常短暫而輕微的平靜，但大部分時間裡，他們並沒有感受到禪修前和禪修後有什麼不同。這種情形可真會使人感到失望啊！

此外，有些人還會產生某種迷失感，好像他們所熟悉的念頭、情緒和感官知覺的世界發生了某種微妙的變形，而這有可能是愉悅的，也可能是不悅的。

我前面提過，無論你體驗到的是喜樂、清明、迷失感，或什麼都沒有，你「想要禪修」的意圖，比起禪修時發生的一切來得重要多了。由於正念已經在那兒，只要透過禪修，努力地與它連結上，就能發展出對它的覺察。假使能持續不斷地練習，逐漸地，你可能就會感受到某種不同於一般心理狀態的安定感或平靜感。開始有這樣的體悟之後，你就能直覺地瞭解「散亂的心」和「禪修時不散亂的心」兩者之間的差異。

大部分人在剛開始的時候，根本無法長時間在純然的覺性中安住自心。如果你只能安住很短的時間，沒有關係，只要按部就班，遵循前面所提到的教法，在任何修持座中都一再重複練習「短時間的放鬆」就對了。即使只是在一呼一吸的短暫瞬間安住自心，也是大有益處的。只要持之以恆，一再重複練習就行了。

周遭環境的因緣條件不斷在改變，但真正的平靜來自於適應改變的能力。比方說，假設你正在打坐，就在平靜地專注於自己的呼吸之際，樓上的鄰居竟然開始用吸塵器吸地板，或者附近的狗突然開始汪汪亂叫；也許你開始覺得腿痛或背痛，也許覺得哪裡很癢；或者，你以前跟別人吵架的情景突然毫無來由地湧上心頭……這些狀況時常會發生，而這就是為何佛陀要教導許多不同禪修法門的另一原因。

當這類干擾發生的時候，你就要把它們都變成修持的一部分。這時你可以用覺性去察覺這些干擾；如果你的呼吸練習被狗叫聲或吸塵器的噪音打斷，那麼你就轉而練習聲音禪修法，把注意力安住在這些聲響上；如果你感到背痛或腿痛，就把注意力放在那感到疼痛的心；如果你感到哪裡很癢，乾脆就抓抓癢吧！假如你去過正在舉行佛法教學或是僧人正在唸經的佛堂，你一定看過僧人們不斷在抓癢或咳嗽，或在坐墊上調整姿勢等等。但是，如果他們曾用心體會老師所授與的嚴格訓練，那麼很有可能的狀態是，儘管他們在那兒又抓癢又動來動去的，卻是保持著覺察的心——把自己的注意力放在搔癢感、抓癢的感受，以及抓完癢的爽快感上。

如果你正在被強烈的情緒干擾，也可以試試前面提到過的方法，專心注意那正在體驗情緒的心；或者你也可以轉而修持施受法，利用當下的感受——無論是瞋念、悲傷、嫉妒或欲望——作為修持的基礎。

還有一種相反的狀況。我認識的不少人都發現，禪修時他們的心會陷入朦朧或昏昏欲睡的狀態，要費盡力氣以張開眼睛，並集中注意力去禪修，這時「今天算了，躺下來睡一下」的念頭就很誘人了。

這種情況有幾種對治的方法，第一種方法是，將注意力轉而放在昏沉感或睡意上即可，這其實只是覺察身體感受的一種變化式。換句話說，要能利用你的昏沉，而不是被昏沉所利用。如果你實在坐不直，那就乾脆躺下來，同時盡量挺直脊椎。

另一個對治法則是將眼睛向上凝視，你不需要抬起頭或下巴，只要把眼光往上移，凝視著上方即可。這樣做通常可以讓心產生清醒的作用。而當你的心感到煩躁時，凝視下方則能產生一種安定的作用。

如果這些對治昏沉或干擾的方法都無法奏效，我通常就會建議學生先暫停一會兒，休息一下；可以出去走走、做做家事、運動、讀書，或種種小花小草等。如果你的身心都不合作，那麼強迫自己禪修實在沒什麼意義。如果你企圖壓制自己的抗拒感，到最後你只會對禪修的想法感到挫折，然後就乾脆放棄，寧可透過其他短暫而吸引人的事物來得到快樂。在這時候，你家衛星電視和有線電視的節目看起來就很誘人了。

禪修的次第

讓那被念頭所混濁的（心之）水澄清。

帝洛巴，《恆河大手印》，英譯：伊莉莎白·克拉漢我剛開始禪修時，驚恐地發現，比起未禪修以前，我反而體驗到更多的念頭、情緒和感官知覺；我的心非但沒有更平靜，甚至還更加煩躁了。「別擔心，」我的老師們這樣告訴我：「你的心並沒有變得更糟。事實上，這些心念一直都在，只是你以前從來沒有注意到，而現在愈來愈能清楚地察覺到它們罷了。」

瀑布般的體驗

我的老師們將這種體驗比喻為山上融解的雪水突然使瀑布水漲。他們告訴我，當融解的雪水從山上往下傾洩時，雪水所及之處，各種物質都會被翻攪而起；無數的岩石、石塊和其他物質都會隨著雪水一起奔流而下。由於水流非常快速，沖刷而下的碎石濁沙又造成水流混濁不清，因此不可能將這些東西都看得一清二楚。同樣地，這些心理與情緒的碎石濁沙的確很容易讓我們分心散亂。

老師們於是教我一段短版的祈願文：「持金剛祈願文」（Dorje Chang Tung-ma）。我發現，當我的心被念頭、情緒和感官知覺淹沒而不知所措時，這段經文非常有幫助。部分偈言略譯如下：

> 禪修的正行即是不散亂，無論心感知了什麼念頭，念頭也只是念頭罷了。
> 祈請您幫助那安住於一切念頭之本質的行者，如實地安住於自心。

全球巡迴講學的時候，我觀察到，「瀑布體驗」是人們開始禪修時，通常會碰到的第一個經驗。面對瀑布體驗時，實際上還會是產生幾種普遍反應，我自己全都親身經歷過。就某種意義來說，我感到自己非常幸運，因為親身經歷了這些過程，讓我能夠對學生產生更深的同理心，只不過在當時，這些瀑布體驗似乎是可怕的折磨。

第一種反應是企圖阻斷瀑布，也就是蓄意阻止念頭、情緒和感官知覺的生起，以便能體驗到平靜、開闊和寧靜的感覺。試圖抗拒念頭等經驗的意圖會產生一種反作用，因為這樣做會造成心理或情緒的緊張感，到最後演變為身體的一種緊張狀態，尤其是上半身：雙眼上翻、耳朵豎得緊緊的，而脖子和肩膀則變得異常緊繃。我通常把這階段的修持稱為「如虹禪修」（rainbow-like meditation），因為阻斷瀑布之後的安定感就像彩虹般虛幻且短暫。

一旦你不再蓄意強加這種造作的安定感，你就會發現自己得面對「原來」的瀑布體驗。而在這樣的體驗中，你的心迷失在先前試圖抵擋的各種念頭、情緒和感官知覺中。基本上這就是本書第二部所描述的「哇」的經驗，這時你開始試著觀照自己的念頭、情緒和感官知覺，但是一下子又被它們帶得團團轉；你認出自己又迷失了，然後再強迫自己回去觀察心中所發生的一切。我把這種狀態稱為「鉤鍊禪修」（hook form of meditation），在這樣的禪修中，你試圖鉤鍊住自己的體驗，萬一不小心讓自己迷失了，你就會感到有些懊惱。

有兩種方法可以對治這種「鉤鍊」的狀態。假如你極其懊惱自己迷失在散亂之中，那麼，就讓自己的心輕輕安住在懊悔的體驗中。不然，就放下散亂的心，把覺性安住在當下的經驗中。舉例來說，你可以試著把注意力放在身體的感受上：也許你的頭覺得有點溫熱，也許你的心跳有點快，又或許你的脖子或肩膀有點緊繃，只要把覺性安住在當下的感受就對了。你也可以像本書第一部和第二部探討過的，試著以純然的專注力安住在「瀑布」本身的奔流之中。

無論你如何面對瀑布般的體驗，這些體驗都為我們上了非常寶貴的一課，消除了我們對禪修先入為主的觀念。其實，你對禪修所抱持的期待，通常就是你會遇到的最大障礙，因此，重點是要讓自己如實地覺知自心生起的一切。

另一個可能性是，經驗來來去去，速度快到你根本無法認出它們；每一個念頭、情緒或感官知覺就像滴入大水池的水滴一樣，馬上就被吸納了。這個體驗其實是很棒的，而這就是無所緣禪修的一種，是「止」修持最棒的形式。所以，倘若你無法捕捉住每一「滴」，也無須責怪自己，反而要祝賀自己一下，因為你已經自然地進入了大部分人都覺得很難達到的禪修境界。

修持一段時間之後，你會發現念頭、情緒……等的激流開始和緩下來，你也更能清楚區別自己的經驗。這些經驗其實一直都存在，然而，就如同真實的瀑布一樣，奔騰的水流把許多污泥和沉積物翻攪而起，讓你根本無法把它們看清楚。同理，透過禪修，平時遮蓋住自心的習氣和散亂就會開始平息下來，然後你就會開始看到平常沒有覺知到的心念活動。

當然，也許你還無法觀照到每一個經過的念頭、情緒和所接收的對境，就像之前所提到「錯過公車」的經驗一樣，只能對它們驚鴻一瞥——這也沒關係，「知道錯失了某個念頭或感受」的知覺，就是一種進步的徵兆，顯示你的心已經敏銳到能夠捕捉變動的痕跡，就像偵探開始找到線索一樣。

再繼續練習下去，你會發現自己愈來愈能夠在每個經驗生起的瞬間就清楚覺察到它。我的老師曾把這個現象比喻為強風中飄揚的旗幡：旗幡不斷隨著風的方向飄盪，旗幡的動向就好比在你心中迅速生滅的種種妄念，而旗杆則有如你自然的覺性，筆直穩固、屹立不搖地固定在地上。無論風勢多麼強勁，無論強風將旗幡吹往哪個方向，旗杆總是在那兒，如如不動。

河流般的體驗

持續不斷練習，慢慢地，你勢必會發現，自己開始能夠清楚分辨那些經過心中的念頭、情緒和感官知覺的動向。此時，你已經開始將「瀑布體驗」轉變為我的老師們所說的「河流般的體驗」；此時，一切仍活躍地進行著，但速度已漸慢且趨於和緩。進入這種「河流」階段的禪修體驗的最初徵兆之一，就是發現自己偶爾已經可以輕鬆不費力地進入禪定的覺性境界，可以自然覺察內在和外在所發生的一切；而當你正式禪修時，喜樂、清明、超越念想的體驗也更加清晰明確了。

這三種體驗有時會同時出現，有時其中一種會比另外兩種強烈；你可能會感到自己的身體變得更輕、更鬆，也可能會發現自己所領受的一切外在境相變得更清楚，或者說更「明晰通透」，它們似乎已不再像以前一樣沉重或壓迫了，念頭和感受也不再顯得那麼強烈。這妄念之流被禪定覺性的「甘露」（juice）所灌注，變得比較像是來來去去的短暫印象，而不再是絕對的事實。

當你進入這「河流」般的體驗時，會發現自己的心變得平靜多了；你也會注意到自己不再把心的活動那麼當真，那麼在意心的變動。因此，最後你會發現自己自然地體會到一種更堅定的自信與更深遠的開闊感；無論遇到什麼人、經歷了什麼，或到何處去，你都如如不動。雖然這些體驗來來去去，但是，你已經開始要體會周遭世界的美麗了。

一旦這些體驗開始發生，你也開始能分辨出每個經驗之間的微小空隙。這些空隙最初會很短暫，只是對「超越念想」（non-conceptuality）或「超越經驗」（non-experience）的驚鴻一瞥，但假以時日，隨著自心愈來愈平靜，這些空隙便會愈來愈長。而這就是「止」禪修的精髓：能夠察覺並安住在念頭、情緒和其他心理活動之間的空隙上。

湖泊般的體驗

在「河流般的體驗」之中，你的心可能還是會有高低起伏，但是，當你到達下一階段，也就是我的老師們所說的「湖泊般的體驗」時，你的心就會開始感到非常平穩、寬廣且開闊，就像是平靜無波的湖泊一樣；你發現自己打從心裡感到快樂，沒有任何高低起伏；你充滿了自信、穩定，而且多少已體悟到禪定覺性的持續境界，即使在睡夢中也是。

人生中，你也許還是會遭遇許多困難，比如負面的念頭、強烈的情緒等，但是，這些困難對你而言已不再是障礙，反而成為加深禪定覺性的契機。這就像賽跑選手挑戰自己多跑半英哩，以期能夠突破瓶頸而獲得更堅強的實力和能力一樣。

在這同時，你的身體開始感受到喜樂的輕安，你的明性也更為增長，因此所領受的一切境相都變得更鮮銳了，幾乎是一種明晰澄澈的狀態，就像鏡中的影像一樣。雖然瘋猴子在河流般的體驗階段可能還是會製造一些問題，但是當你達到「湖泊體驗」時，瘋猴子便會從此退隱江湖。

佛典中把這三個階段的過程比喻為蓮花出污泥而不染。蓮花從湖泊或池塘底的污泥和沉積物中長出，當花朵在水面上綻放時，卻沒有沾染到任何污泥。事實上，花瓣表面似乎還有抗污染的能力。同理，當你的心在湖泊體驗中開花綻放時，你不會有任何攀緣或執著，不會有任何與「輪迴」有關的問題，你可能還會開展出如古代大師所成就的神通，諸如遙視或他心通。不過，假使你真的有這些經驗，除了你的老師或老師的親近學生之外，最好不要跟任何人提起或誇耀。

在佛教傳統中，修行人不太會跟他人談論自己的體驗和了悟，主要是因為這樣容易增長我慢，而且也可能導致濫用這些體驗，以獲取世間權力或用來影響他人，這對自己和他人都會造成傷害。

基於這樣的原因，禪修的訓練便牽涉到所謂的誓戒或諾言，亦即梵文「三昧耶」（samaya），也就是不濫用從禪修訓練所得到的能力，也有點像是限用核武條約一樣。而違犯三昧耶的結果，便是失去這些透過修持而獲得的了悟和能力。

體驗並非開悟

捨棄你所貪執的一切。

第九世噶瑪巴，《大手印了義海》，英譯：伊莉莎白・克拉漢

雖然「湖泊經驗」被視為「止」禪修的最高境界，但並非真正的開悟或完全證悟；它是修持道上重要的一步，卻不是終極目標。所謂的「開悟」，是完全證悟自己的佛性，佛性是輪迴與涅槃的基礎，它超越一切念頭、情緒，以及感官識（根識）和意識的感受經驗，也遠離了「自與他」與「主體與客體」的二元體驗；是浩瀚無際的，是智慧，是悲心，也是大能。

我父親曾經說過一則他在西藏時發生的故事。他的一個出家弟子在山洞中禪修，有一天，這弟子捎了一個緊急信息給我父親，請父親務必到山洞中看他。我父親抵達時，這位僧人興奮地告訴他：「我已經完全證悟了，我知道我能飛了。但

是，因為您是我的老師，我還是需要得到您的許可。」

父親知道這個僧人只是短暫地體驗到自心本性而已，於是坦白告訴他：「別傻了，你飛不起來的。」

「不，不，」僧人興奮地答道：「假如我從山洞頂端跳下去……」

「不可以！」父親打斷他。

他們就這樣來回爭辯了好一會兒，最後這位僧人終於讓步了，說道：「好吧！既然您這麼說，我就不去試了。」

這時已接近中午時分，於是僧人便供養我父親午餐。服侍我父親用完午餐之後，這位僧人便離開了山洞。但過了沒多久，我父親就聽到一個奇怪的聲音「砰！」隨後，深邃的山洞底下便傳來哀嚎聲：「救救我，我的腿斷了！」

我父親於是爬下去，到了僧人橫躺的地方，說道：「你不是說你已經證悟了嗎？現在你的證悟在哪兒啊？」

「請別再提我的證悟了，」僧人哭喊道，「我快痛死了！」

慈悲如昔地，我父親把這位僧人揹到山洞中，用木板固定住他的腿，並給了他幫助傷口癒合的藏藥。然而，這肯定是這位僧人永難忘懷的一課。

就像我父親一樣，我的諸位老師總是審慎地指出「短暫體悟」和「真正開悟」之間的不同。體悟隨時都在變化，就像天空中雲朵的飄浮移動般；而開悟，即自心本性的穩定覺性則如天空本身，是襯托各種變動經驗生起的一個不變背景。

想要達到開悟的境界，最重要的是讓自己的修持逐步開展，並以每天多次的短時間禪修作為開始。從短時間禪修中逐漸增長的安定、平靜或清明等體驗，很自然而然地就會激勵你延長修持的時間。太疲倦或太散亂的時候，別強迫自己一定要禪修。但是，當你心中有個微弱卻堅定的聲音告訴你，現在是專注禪修的好時機時，那就千萬要把握機會做禪修。

另外很重要的一點是，要放下任何你可能體驗到的喜樂、清明和超越念想的覺受。喜樂、清明和超越念想都是非常美好的體驗，也是你跟你的自心本性建立了甚深連結的一種明確徵兆。但是，當這樣的體驗發生時，我們通常都會被誘惑而想緊抓不放，希望這些體驗能持續下去。

你可以記住並領會欣賞這些體驗，但如果你試圖留住或重演這些體驗，最後你就會感到挫折與失望。我非常瞭解，因為我自己曾經歷過這樣的誘惑和企盼，也曾因為屈服在這樣的誘惑和企盼之下而感到灰心挫折。每一次喜樂、清明或超越念想閃現的瞬間，都是當下對自心如實的自然體驗。

當你試圖抓住某個喜樂或清明的體驗時，這個體驗就會失去本身活躍生動且自然的特質，而變成一種概念、一種死去的體驗，無論你再怎麼努力想要留住它，還是會漸漸消退。稍後如果你試著再複製這個體驗，也許可以嚐到一點先前的滋味，但這也僅只是一種記憶，絕非那個直接的體驗本身。

我學到的最重要一課是，獲得平靜的體驗時，要避免對這種正面的體驗產生執著。就如同任何內心的經驗一樣，喜樂、清明、超越念想等體驗也都是自然地來來去去，並非你所創造的，也不是因為你做了什麼才讓它們發生，更不受你控制；它們僅只是自心本然的特質。老師們教我，每當這些殊勝的體驗發生時，要在這些覺受消退之前見好就收。因此，每當喜樂、清明或其他美好的體驗發生時，我就會馬上停止禪修。出乎意料之外地，這些體驗竟然比我試圖抓住它們時更加持久。我也發現，下一次的禪修時間快到時，我已經迫不及待地想要禪修了。

更重要的是，我發現在喜樂、清明或超越念想的體驗生起時就結束禪修，其實是學習放下執著的大好時機。緊抓或堅守著美好體驗不放，真正是禪修的一大危機，因為我們很容易就會將這些美好的體驗誤以為是開悟的徵兆。但在大多數情況下，這只是暫時現象，是對自心本性的短暫瞥見；它很容易被遮障，就像太陽被雲朵遮住一樣。一旦那短暫的清淨覺性體驗過去了，你又得處理內心所面臨的昏沉、散亂、驚擾不安等平時狀態。事實上，比起試圖攀執喜樂、清明、超越念想的體驗，好好處理這些負面狀態，反而會讓你獲得更大的力量與更大進展。

讓你的體驗成為你自己的嚮導和靈感吧！走在這條修持的旅途上，要讓自己盡情欣賞沿途的景色。這旅途上的無限風光就是你的自心，由於你的心本來就是證悟的，因此，倘若一路上你都能把握機會隨時安住一會兒，那麼，最後你將會領悟到，你想要到達的地方，其實就是你當下所在之處。

內部作業

證悟之道只有一條：從內在做起。

第十二世泰錫度仁波切，《了義大手印祈請文》釋論，摘自《利他之光》（Shenpen Ösel）雜誌第二期，一九九八年三月號

全球巡迴教學的好處之一，就是有機會學到不同語言的零星片段。我很喜歡美國人形容公司員工犯罪行為的一種說法，他們稱之為「inside job」（內部作業）。犯下這種罪行的人通常自恃安全無虞，因為他們自認為很清楚公司設定的所有警戒措施，然而結果通常是他們並不真的知道所有細節，終究還是讓自己的罪行露出馬腳。

就某方面而言，讓自己受制於自心的煩惱，就是一種「內部作業」。當我們失去貪愛的人、事或物，或當我們被迫正視自己不願面對的狀態時，就會感受到各種不同的痛苦，而這正是因為我們可以或應該瞭解自心，卻不去瞭解所造成的直接結果。我們被自己的無明愚痴所捆縛，還企圖藉由外在方法讓自己從中得到解脫，但這些方法也不過是二元對立的無明所反射罷了，更何況讓我們陷入煩惱的，就是這種二元對立的無明愚痴，這些外在方法只會讓囚禁我們的桎梏更加牢固而已。

因此，我所學到關於念頭和感知作用的生物性過程（the biological processes），在在顯示了若想要從痛苦的桎梏中解脫，唯一的方法就是，以苦的形成原因來化解苦的囚禁。只要一天沒有認證原本就存於自心的寧靜，我們也就絕對無法從外在對境或活動中找到永恆的滿足。

換句話說，快樂和不快樂都是「內部作業」。

關鍵的問題：只求生存或更求發展

一切喜樂由善生起。

岡波巴大師，《岡波巴大師教言：無上道寶鬘》（*The Instruction of Gampopa: A Precious Garland of the Supreme Path*），英譯：喇嘛耶喜．嘉措（Lama Yeshe Gyamtso）

小時候老師曾教我，快樂有兩種：短暫的快樂和永恆的快樂。短暫的快樂就像心的阿斯匹靈，只能暫時緩解情緒性痛苦幾個小時，而永恆的快樂則來自於去除痛苦的根本原因。

短暫快樂和永恆快樂之間的差異，跟本書第一部所討論的「情緒反應」與「人格特質」之間的區別，在許多方面都很類似。以遺傳學的角度而言，人類似乎被設定為傾向尋求短暫的快樂，而非永恆的快樂。飲食、性愛，以及其他活動都會釋放出賀爾蒙，造成生理與心理上的幸福感受；而透過賀爾蒙的分泌，飲食、性愛等生存繁衍的種種活動，在保障個人生存與基因傳遞上都扮演了非常重要的角色。

就我瞭解，我們從這些活動所獲得的愉悅感之所以很短暫，其實和基因的設定有關。倘若飲食、性愛等活動能夠製造恆常的幸福快樂，那麼，我們只消從事這些活動一次，就可以翹起二郎腿好好享受一番，讓其他人接棒執行延續種族的任務。以純粹的生物學觀點而言，這種求生存的驅動力只會讓我們更趨於不快樂，而非更快樂。這就是其中的壞消息。

好消息是，腦部構造中一個不尋常的生物性「逆轉（quirk）」讓我們能夠凌駕基因的傾向之上；其實我們能夠訓練自己去認識、接受，並安住在較持久的寧靜與滿足感之中，而不會只為了再次體驗短暫的快樂，就衝動無節制地重複相同活動。這個「逆轉」，其實就是高度發展的大腦皮質層，即大腦中負責推論、邏輯和概念化的部分。

當然，擁有非常複雜的大腦皮質層也有缺點。很多優柔寡斷的人常常讓自己卡在反覆推敲的死胡同裡，從該不該跟伴侶一刀兩斷，到什麼時候應該去超市購物，都要秤斤秤兩，仔細琢磨其中的利弊，結果是什麼也決定不了。不過，這種能夠在不同選擇中做取捨的能力，的確是很棒的優勢，而且是好處遠多於壞處。

指揮腦

柴火本身並非火焰。

龍樹菩薩，《中觀基礎智慧》（*The Fundamental Wisdom of The Middle Way*），英譯：阿里・金洲

現代人普遍都知道，腦部基本上分成左、右兩部分，即左腦與右腦。而左、右腦或多或少是彼此的「鏡像」（mirror image，對稱的結構），連結著各自的腦杏仁核、海馬迴，以及負責處理大腦皮質層大部分理性過程的大腦額葉。我曾聽過有人隨意聊到說自己是「左腦發達」（left-brained）或「右腦發達」（right-brained），意思是指，左腦較活躍的人通常比較擅長分析或較為理智，而右腦發達的人則較有創造力或藝術天分。我不知道這是不是真的，不過據我所知，過去幾年的研究結果在在顯示了，人類和其他較進化物種（比如說，我們的猴子朋友）的兩邊大腦額葉，在情緒的塑造和體驗上各自扮演著不同的角色。

二〇〇一年在印度達蘭莎拉所舉行的「心與生命學會」研討會中，理查・大衛森教授發表了在威斯康辛州麥迪遜市衛斯門實驗室所做的研究結果。受試者被示以特別設計的照片，以喚起不同的情緒；照片內容從母親慈愛地抱著嬰兒，到意外事故與被燒傷的罹難者都有。受試者在兩個月內接受了好幾次測驗，每次間隔約數星期。實驗結果清楚顯示，當受試者看到一般認為與喜悅、溫馨、慈悲等正面情緒的相關照片時，大腦左前額葉的活動明顯增加了；而看到會引起恐懼、憤怒或噁心等負面情緒的照片時，大腦右前額葉的活動就會增加。▼

換句話說，這強烈指出了快樂、慈悲、好奇和喜悅等正面情緒，跟大腦左前額葉的活動相關，而憤怒、恐懼、嫉妒和仇恨等負面情緒，則由大腦右前額葉的活動所造成。這個關聯性的確認，代表我們對「快樂」或「不快樂」的生物性基礎有了更

■《如何克服破壞性情緒？》（*Destructive Emotion: how Can We Overcome Them?*）丹尼爾・高曼著，（New York: Bantam Dell, 2003），第一九四～一九五頁。

深一層的瞭解，而且長遠來看，可能還會為發展實用的「快樂科學」奠定基礎。這個關聯性更立即提供了一個重要關鍵，讓我們得以瞭解大衛森和安東尼·露茲兩位教授後來針對曾受過不同禪修層次訓練的行者，以及未曾有過禪修經驗的實驗對象所進行的研究結果。

這些研究始於二〇〇一年，他們向我解釋時，將其描述為「試驗性研究」（pilot study），換句話說，就是科學家在發展正式臨床研究時，設計用來幫助科學家能以更明確的標準和控制來執行的一種試驗性計畫。這次試驗性研究的實驗對象，是一個曾於多位當代藏傳佛教大師座下受訓三十多年的僧人。需要注意的是，此次試驗性研究的結果還不具結論性。首先，也是最重要的一點是，研究成果的檢驗需要時間，以便規整出未預期的技術性問題；其次，檢討試驗性研究的結果可以幫助科學家釐清與研究可能有關或無關的資訊；第三，跟西藏僧人合作時，語言溝通上的困難常會造成實驗對象和研究者之間無法明確溝通。最後一點，也是本書第二部最後所提到的，藏傳佛教行者必須持守三昧耶戒，除了具格上師之外，不能跟其他人描述自己所體驗的實際境界。

衛斯門實驗室這項試驗性研究的目的，是為了確定實驗對象三十年多來所受的心智訓練，是否真的能夠讓腦部不同區域的活動產生某種客觀性可測量的改變。為了達到這個實驗目的，僧人被要求進行許多不同的禪修法門，其中包括了把心安住在某個特定的對境上、生起慈悲心，以及無所緣止禪修等。（參與此次試驗性研究的僧人將無所緣的止禪修描述為「當下且開放」的禪修，也就是純然安住在自心開放的當下，不刻意專注於某個對境。）他先是安住在一個中性狀態中六十秒，然後再進行特定的禪修六十秒，就這樣交替進行。

在這次試驗性研究中，科學家以功能性核磁共振造影掃描裝置（fMRI）監測這位僧人的大腦，再加上兩次的腦電圖測量（EEG），第一次用了一二八個電極，第二次則一口氣用了二五六個電極，比醫院一般所使用的感應器數量多很多，而一般醫院所使用的感應器，還僅止於測量頭皮下的電流或腦波活動。我看到的腦電圖照片非常有趣，看起來就像幾百條蛇黏在僧人頭上一樣！這些蛇般的電極所蒐集的資訊，經過專為衛斯門實驗室所開發的先進電腦程式分析，就能產生僧人腦部深層區域的活動圖像。▼

雖然要花上好幾個月時間，電腦才能把這些腦部掃描的複雜數據整理出來，但研究的初步結果卻指出，僧人腦部許多大型神經元迴路之間活動的轉移變動。這至少顯示了僧人腦部活動的變化，與他應要求所進行的禪修技巧有相對應的關聯。相反地，對未受過禪修訓練的實驗對象進行類似的腦部掃描之後，結果則顯示，在執行特定心智活動時，他們自主指揮腦的能力比較有限。

前陣子，我在英國向人提起這次實驗，好幾個人便告訴了我關於倫敦大學的科學家對倫敦計程車司機所進行的一項腦部核磁共振（MRI）掃描實驗。倫敦的計程車司機通常必須接受二到四年所謂的「道路知識」（The Knowledge）訓練，才能學

■出處同前注，第四～廿七頁。

會在倫敦錯綜複雜的街道中行駛。實驗結果顯示，受測試的計程車司機腦中跟空間記憶最有關的海馬迴有了顯著成長。簡單地說，這個研究證實了重複的經驗的確可以改變腦的構造和功能。

能夠認出他人的情緒和感受是擁有腦邊緣系統的哺乳動物所特有能力，▼但無疑地，這種能力有時候似乎是麻煩多於益處。想想看，如果沒有腦邊緣系統，那麼面對每一種狀況時，都只用簡單的、非黑即白的反應方式決定去殺或被殺、去吃或被吃，這樣不是很好嗎？不過，如果只用這種簡單的求生策略過活的話，那我們的損失可大了。因為腦邊緣區域讓我們擁有「愛」與「被愛」的能力，也讓我們能夠體驗到友情，並組織社會的基本架構，以提供更多安全感與生存條件，好確保我們的子子孫孫都能興盛成長且綿延不絕。腦邊緣系統讓我們有能力創造並體會藝術、詩歌和音樂所激發的微妙情緒。這些能力當然是複雜且麻煩的，不過，下次看到螞蟻或蟑螂在地板上匆匆爬過時，你也可以問問自己，你想用這種不是恐懼，就是倉皇逃生的簡單反應方式度過一生？還是寧願擁有愛、友情、欲望，以及美的欣賞等較為複雜與微妙的感受能力？

腦邊緣系統有兩個截然不同，卻又相互關連的功能，而這跟慈悲心的開展大有關係。第一個功能被神經科學家稱為「腦邊緣共振作用」▼（limbic resonance），是透過臉部表情、費洛蒙、肢體語言或肌肉位置，以辨認對方情緒狀態的一種腦對腦（brain-to-brain）的直覺能力。腦邊緣系統處理這些微細訊號的能力快得驚人，所

■詳細內容請參照項谷（J. P. Changeux）、達馬西歐（A. R. Damasio）、新爾（W. singer）與克利斯坦（Y. christen）所編輯的《具人性價值的神經生物學》（*Neurobiology of Human Values*）中，〈同性戀是人類的狼瘡？道德、社交本能與我們靈長動物的同類〉一文（Homo homini lupus?-Morality, the Social Instincts, and Our Fellow Primates），海德堡S-V出版社，二〇〇五年出版，（Heidelberg：Springer-Verlag, 2005）。

■《愛的通論》（*A General Theory of Love*），湯瑪士・路易斯博士（Thomas Lewis, M.D.）、法瑞・阿彌尼博士（Fari Amini, M.D.）、理查・藍儂博士（Richard Lannon, M.D.）合著，紐約藍燈書屋出版，二〇〇〇年，62ff。

以，我們不僅能夠迅速認出他人的情緒狀態，還可以根據這些資訊來調整自己的身體反應。如果我們沒有訓練好自己以純然的注意力去觀察自心的轉換與變動，那麼在大多數情況下，腦邊緣共振的過程是不自覺地發生，而這種腦對腦立即的調整能力，展現了腦部奇蹟般的靈敏度。

第二個功能指的是「腦邊緣修正作用」（limbic revision），簡單地說，就是「能改變或修正腦邊緣區域之神經元迴路的能力」。這種修正作用可以透過人來進行，比如上師或治療專家；也可以直接透過演練一套相關指令來達成，比如修車指南或組合鞦韆指南等。▼腦邊緣修正作用的基本原理是，腦部這個區域的神經元迴路具有非常大的可塑性，禁得起改變。舉一個很簡單的例子，假設你跟朋友談到你剛認識了一個很喜愛的對象，才說到一半，朋友就回了你一句：「我的天啊！這種人不就跟你上一個對象一模一樣嗎？你難道忘了那段感情帶給你多少痛苦？」讓你開始重新考慮是否繼續這段新感情的，未必是朋友所說的這些話，反倒可能是他說這話時的語調、臉部表情讓你下意識地產生某種程度的警醒。

而禪修，尤其是「悲心」的禪修，似乎創造了新的神經元傳導路徑，大大增強了腦部不同區域之間的溝通，產生了科學家所謂的「全腦運作」（whole brain functioning）。

然而從佛教的角度來看，我可以說悲心的禪修培養了對各種經驗的本質更寬廣的洞察力，而這種洞察力來自於卸下心對自他二元分別的習性枷鎖——這種心識的

■出處同前注，176ff。

分析層面與直覺層面的統一是大快樂，也是大解脫！

透過對他人生起慈心與悲心的訓練，我們就有可能更具覺知地來整合腦邊緣區域的運作過程。安東尼．露茲與理查．大衛森兩位教授早期針對腦部掃描所進行的一些研究的發現之一就是，無所緣悲心的禪修（meditation on non-referential compassion）（我曾參與此實驗），即空性與慈悲相結合的禪修，大大增強了所謂的「伽瑪波（gamma waves）」；這是透過腦電圖所測量到的腦部電流活動的一種變化，反映的是腦部各個不同區域間的資訊整合。伽瑪波是一種非常高頻率的腦波，通常是與注意力、感知力、心識，以及本書第一部曾探討過的神經元同步有關。許多神經科學家認為，伽瑪波代表了橫跨腦部大範圍區域之間，不同神經元自發性地同步溝通時所產生的活動。

初步的研究指出，長期禪修的行者自發地展現了高度的伽瑪波活動，顯示禪修時，其腦部已達到更穩定合一的狀態。然而，由於神經科學與其研究所需的科技尚且在萌芽發展的階段，因此我們也還不能斷言，禪修真的可以增強腦部更大範圍間的溝通。不過，先前提到的倫敦方面所做的計程車司機研究，似乎顯示了重複的經驗的確可以改變腦部結構，所以這也意味著，專注於念頭、情緒和感受等經驗的清晰通透，很可能也會轉化腦部的相關區域。

請參考美國國立科學院二〇〇四年會論文集（Proceedings of the National Academy of Science 101, 2004: 16369-73）中，〈禪修資深行者進行修持時引發的大振幅伽瑪波同步〉一文（Long-Term Meditators Self-Induce High-Amplitude Gamma Synchrony During Mental Practice）露茲等人著（A. Lutz et al.）。

悲心之果

即使是行小善，也會帶來大快樂。

《具義表達集》（*The Collection of Meaningful Expressions*），英譯：伊莉莎白・克拉漢

「止」禪修就好比幫「心智與情緒的電池」充電一般，而悲心則是能以正確適當的方式使用這滿載電池的「心智與情緒的科技」。我之所以說「正確適當的方式」，是因為你很可能會誤用止禪修所發展出來的能力，僅用在增強自己心智與情緒的穩定性，以便掌握，甚至傷害他人。不過，當你獲得一些體悟後，悲心和止禪修通常是要結合在一起練習的。而當你把悲心和止禪修兩者結合時，不但會利益自己，還可以利益他人。修持道上的真正進步，就是包含能夠覺醒到自利的同時也要利他。

悲心是對等互惠的。當你發展出心智和情緒的穩定性，且能夠進一步將這個穩定性擴展為以悲憫體諒他人，以仁慈、同理心的方式對待他人時，你的企望或所做的祈願就會較迅速，也較容易實現。為什麼呢？因為如果你體會到他人也都跟你一樣，希望得到快樂，而不要痛苦，因而你慈悲地對待他人，那麼，你周遭的人就會被你所吸引，你有多麼想要幫助他們，他們就有多麼想要幫助你；他們會更注意傾聽你所說的話，並且會對你生起一種信任感和尊敬。曾經跟你敵對的人會開始以一種較尊敬且關心的態度對待你，並幫助你完成艱困的工作。人際間的衝突也較能自行化解了，你會發現自己在職場上較得心應手，也開始有了新的親密關係，不必再

經歷相同的椎心之痛；你甚至有機會組織一個家庭，或者更能改善現有的家庭關係。這些都是因為你已經透過止禪修充飽了自己的電池，且由於跟他人發展出更仁慈、更體諒，以及更具同理心的關係，因而延續了這滿載電池的電力呢！就某種意義而言，悲心的修持是以行動展現互為緣起的真諦；你對他人愈誠懇包容，他人對你也會愈誠懇包容。

當悲心開始在你心中甦醒時，你就愈能誠實面對自己。如果你犯了錯，你會坦承犯錯，並逐步改正。同時，你也比較不會在別人身上挑毛病。如果別人真的冒犯到你，開始對你大吼大叫或粗暴地對待你時，你會發現（很可能是驚奇地發現），自己竟然沒有採取以前可能會用的方式來做回應。

幾年前我在歐洲教學時認識了一位女士，她來問我如何處理跟鄰居的衝突。她跟鄰居的房子距離很近，中間隔著各自窄小的花園。這個鄰居的小動作很多，總是喜歡找她麻煩，不是丟一些小東西到她花園裡，就是故意弄死她的花草等。她問鄰居為什麼要這麼做，鄰居回答她：「我就是喜歡找別人麻煩。」

當這些小動作不斷發生，這位女士當然也就怒火中燒，於是也不由自主地開始以同樣的方式對鄰居進行報復。「花園戰役」愈演愈烈，兩個鄰居間的敵意也愈來愈深。這位女士顯然感到很挫敗，她問我要怎麼做才能化解這些問題，她的生活也才能恢復平靜。我勸告她，要對她的鄰居禪修悲心。

「我早就試過了，」她答道，「根本沒有用。」

我詢問了她的禪修方式之後，跟她解釋道，悲心的禪修不僅是要試著對那些惱怒我們、挫敗我們的人生起溫馨親切感或仁慈的心。事實上，我們還得分析、研究一下對方的動機，更進一步試著瞭解對方的感受，明白每個人都有相同的需求，就像我們自己一樣，都想獲得快樂並避免受苦。

隔年我回到歐洲時，她又來見我，這次臉上掛著燦爛的笑容。她告訴我，一切都好轉了。我問她發生了什麼事，她解釋道：「一年前，我開始照著您的指示做禪修，想了想我鄰居的感受，還有他可能的動機——他也跟我一樣，想要快樂並避免受苦啊！一陣子之後，我突然發現，我再也不怕他了，我體認到他的所作所為其實都傷害不了我。當然他還是繼續搞破壞，但他所做的一切竟然不再讓我感到困擾。這好像是由於對他禪修悲心，我自己卻發展出自信了；我並不需要進行報復或感到義憤填膺，因為無論他做了什麼，對我而言，似乎已不具傷害性且微不足道。」

「一陣子之後，」她繼續說道，「他竟然開始覺得有點不好意思。當他發現，不管他做什麼，我都沒有反應時，他不僅不再找我麻煩，而且每次看到我時，還有點害羞呢，後來也慢慢地變得很有禮貌。結果，有一天他竟然來找我，為他所做的那些惱人的事向我道歉。我覺得，在某種程度上，似乎從我對他禪修悲心之後，不但我自己發展出了自信，他也逐漸地發展出自信了，因為他不必再做什麼來證明自己可以有多強、多有破壞力。」

我們大部分人都無法離群索居，我們住在一個相互依賴的世界中，想要改善自己的生活品質，就得處處依賴他人的幫助。如果沒有這樣相互依賴的關係，你不可能飲食無缺，不可能有遮風擋雨的住處，也不可能有工作可做，甚至連到星巴克買杯咖啡都不可能！因此，倘若能夠以悲憫心和同理心來對待他人，你的生活品質就會好上加好！當你用這種方式看待你跟這個世界的關係，以及自己的生活時，你就會瞭解，慈心和悲心是多麼多麼地具有威力！

培養悲心的另一個大利益是，由於能夠體會他人的需求、恐懼和欲望等，你於是能發展出更大的能力來瞭解自己，瞭解自己所憧憬的、想要迴避的，並且體會自身本性的真諦，如此便能轉而消除你可能感受的任何寂寞感或自卑感。當你開始體認到，每一個人都渴求快樂且害怕受苦，你會開始明白，你並非唯一感到恐懼的人，也不是唯一有需求的人，更不是唯一感受到渴望的人。了悟到這點之後，你對他人的恐懼就會消失；每個人都可能成為你的朋友，也都可能跟你親如兄弟姊妹，因為你們有著相同的恐懼、相同的憧憬，以及相同的目標。基於這樣的理解，跟他人真心誠意地交談溝通就變得容易多了。

我的一個西藏朋友的故事，就是這種坦率溝通的最佳範例之一。他是紐約的計程車司機，某天交通尖峰時段車水馬龍之際，他在不該轉彎的地方轉了個彎，因而在單行道上逆向行駛。結果被警察攔下來，不但開了罰單，還給他一張必須到法院出庭應訊的傳票。當他出庭的時候，有個排在他前面的人非常憤怒，正在對著法官、開他罰單的警察，還有身旁的律師大聲咆哮。這人粗暴無禮的行為不僅沒有得到法庭的諒解同情，相反地還輸了案子，結果被罰了一大筆罰款。

輪到我朋友被法官質詢時，他放寬心情，面帶微笑，並對開他罰單的警察親切地說了聲早安，很有禮貌地問他今天好不好。一開始，警察先生有點驚訝，但也緊接著答道：「哦，我很好！你呢？」我朋友同樣有禮貌地問候了法官。開庭之後，法官問他：「你那天為什麼在那裡轉彎？」我朋友還是很有禮貌地解釋說，因為那天塞車塞得太嚴重了，他實在不得不轉那個彎。法官轉而詢問警察，我朋友說的話是否屬實？警察先生也承認那天交通狀況真的很糟，在那種情況下，我朋友所犯的錯實在是情有可原。法官於是撤銷了告訴，讓我朋友離去。之後在法院大廳，那位警察先生趨前跟我朋友說道：「你剛剛表現得很好。」

不僅對我朋友，這個法庭經驗對我而言也是個很好的範例，不僅展現了實踐單純慈悲心的利益，也展現了「己所欲，施於人」的利益，而非把對方視為敵對的人物。無論你在生命舞台上扮演的是什麼角色，計程車司機也好，位高權重的政治人物也好，企業組織的高階主管也好，如果你能夠把自己面對的人當作朋友，知道他們有著跟你相同的希望與恐懼，那麼，你自己獲得快樂的機會也會大大增加！再者，這種方式的效果是倍增的。假設你只能夠影響一個人的態度或看法，此人也會把這個改變的成效傳遞給另一個人；假設你可以改變三個人的態度，那麼，這三個人各自也會影響另外的三個人，這樣你就改變了十二個人的生命，而這樣的連鎖效應就會不斷地延續下去。

第十七章
296

快樂的生物學

要從內心深處生起對因果法則的確信。

巴楚仁波切，《普賢上師言教》，英譯：貝瑪卡拉（蓮源）翻譯小組

一個真正好的科學實驗所能發掘出的問題，就跟它所能得到的解答一樣多。在進行禪修行者的研究時，所產生的最大疑問之一就是，禪修行者指揮心的能力到底是源自於類似的遺傳天性？還是相同的文化和環境背景？抑或從類似的訓練方式而來？換句話說，不是從小在藏傳佛教寺院這種特殊環境下接受薰陶的一般人，是否也能夠從佛法禪修技巧的修持中得到利益？

由於有關佛法禪修大師的臨床研究目前仍在萌芽階段，因此，這類問題可能要很久之後才會有真正確定的解答。然而我們都知道，佛陀已經教導過幾百，甚至幾千個平凡人，包含農夫、牧人、國王、商人、軍人、乞丐，甚至常見的罪犯等，幫助他們學習如何駕馭自己的心，並由此產生某種生理性的微妙改變，讓他們能夠超越生理條件和環境條件的限制，達到穩定恆久的快樂。如果佛陀的教法沒有成效，那麼，就不會有人知道佛陀的名號，也不可能有所謂的佛法傳統，而你手中更不可

能握著這本書！

接受自己的潛能

造成束縛之因，亦為解脫之道。

第九世嘉華噶瑪巴，《了義海大手印》，英譯：伊莉莎白．克拉漢

你不必要是個大好人才能開始進行讓自己快樂的「內部作業」。藏傳佛教有史以來最偉大的大師之一，過去就是個殺人兇手。但現在他已經被視為聖人，他的畫像總是畫著他把一隻手舉在耳朵邊，聆聽著世人對他的祈請。

他的名字就是密勒日巴（Milarepa），生於西元十世紀左右，是一對富有夫婦的獨子。他的父親意外去世之後，伯父便接管了他們家的財產，並迫使密勒日巴和母親生活在貧困之中。密勒日巴母子當然無法接受這青天霹靂的轉變，但家族中卻沒有任何親戚挺身而出為他們主持公道。在當時的時代背景下，孤兒寡母不得不就這麼接受了家族男人所做的決定。

故事的發展是，當密勒日巴長大後，他的母親便送他到一個巫師那兒學黑咒術，這樣他就可以對那些惡親戚進行報復。當時密勒日巴心中充滿了瞋恨，同時也為了取悅母親，他精通了這些黑咒術。就在堂兄娶親當天的婚宴上，他施放了咒術讓伯父的房子倒塌，一次就殺害了卅五個家族成員。

密勒日巴到底真的是以咒術，或利用其他方法殺了他的親戚，是可以討論的，不變的事實是，他確實殺害了這些親戚。但事發之後，他心中便充滿了罪惡感和自責。如果撒個小小謊都會讓你一夜輾轉難眠，想想看，殺了卅五個親戚之後，你會有什麼感受？

為了贖罪，密勒日巴離開了家鄉，終其一生投入利他的行持。他去了西藏南方，在馬爾巴（Marpa）大師座下學習。馬爾巴大師曾經三次到印度取經，將佛陀教法的心要帶回西藏。最值得注意的是，馬爾巴大師本身並非出家人，而是在家眾，意思就是，他有妻有子，也擁有田產，每天都要忙著工作，還要照顧家人。但是，他也專心投入佛法修持，而他的虔誠帶給了他無比的勇氣——從西藏橫越喜馬拉雅山到印度並非易事，況且大部分人在途中就命喪黃泉了。

馬爾巴大師取經的時間點也非常特別且關鍵，因為就在他完成最後一趟取經之旅後不久，印度就被外敵入侵，所有的藏經閣和寺院都被摧毀，而延續佛陀教法的僧眾和佛法教師也大多被殺害了。

馬爾巴把從印度帶回來的所有教法都傳給了他的大兒子達瑪多得（Dharma Dode），但是達瑪多得後來卻從馬背摔下而意外身亡。甚至馬爾巴仍在喪子之痛中，他就在找一個堪能繼承他從印度求得之法教的弟子。他一眼就看出密勒日巴不僅能夠精通教法細節，也能夠掌握教法精義，並將教法傳給後代。為什麼呢？因為密勒日巴對自己的罪行感到極度心碎懊悔，而發自內心深處的痛悔自責，讓他願意不計一切地彌補自己的罪過。

單單透過自己的體驗，密勒日巴就醒覺過來，認知了佛陀教法最基本的教義之一：你所想的一切、所說的一切，以及你所做的一切，都會反射回到自己身上，成為自己的經驗。假如你造成他人的痛苦，你就會經歷十倍的痛苦；假如你給予他人快樂和幸福，那麼，你就會體驗十倍的快樂；假如你的心很平靜，那麼周遭的人也會體會到相同程度的平靜感。

這種見解其實是老生常談了，不同文化也都以不同方式闡述這個道理，甚至連著名的海森堡測不準原理都認可了內在經驗和物理現象之間存在著某種密切關聯。我們這個時代最令人興奮的發展就是，現代科技開始讓研究人員能夠以實際的研究證實這些原理；研究人員已經開始提出客觀證據，證明學習安定自心並培養慈悲的心態，能夠創造更高層次的個人喜樂，而且真的可以改變腦部的構造與功能，讓這種喜樂恆久持續。

為了測試佛法禪修運用在一般人身上的效果，理查．大衛森和他的同僚設計了一個研究實驗，受試者是美國中西部一家企業的員工▼，實驗目的是，決定禪修技巧是否真能消除工作壓力所造成的生理與心理影響。理查．大衛森邀請這家企業員工報名參加禪修課程，做完一些初步的血液檢驗和腦電圖掃描之後，受試者被隨機分為兩組，其中一組馬上進行受訓課程，而對照的另一控制組則等到第一組的受試結果被詳加研究之後，才開始進行受訓課程。禪修課程為期十周，授課老師是麻州大

■詳細內容請參照《身心醫學》（Psychosomatic Medicine），六十五期（二〇〇四），〈明覺力對腦和免疫功能的轉變〉（Alterations in Brain and Immune Function Produced by Mindfulness），大衛森等人著（R. Davidson el al），第五六四～五七〇頁。

學（University of Massachusetts）醫學系教授鐘．卡巴辛（Dr. Jon Kabat-Zinn），他也是麻州大學紀念醫院減壓診所（Stress Reduction Clinic at the University of Massachusetts Memorial Medical Center）的創辦人。

受試者完成禪修訓練之後，連續幾個月仍不斷接受評估。大衛森和他的研究組員發現，禪修課程結束之後三～四個月期間，腦電圖測量與正面情緒有關的腦部左前額葉的電流活動時，此處的電流活動開始出現逐步且顯著的增長。而在這三～四個月期間，受試者也開始回報自己體會到壓力減輕些，心情較穩定，也更廣泛性的感到幸福。但是，真正有趣的結果才正要揭曉呢！

快樂的心，健康的身體

人類獨具的身、語、意，提供了獨特的能力，以利從事建設性的行為。

蔣貢．康楚．羅卓泰耶，《了義炬》，英譯：茱蒂斯．漢森

佛教徒與現代科學家大致都同意，心的狀態能夠對身體造成某種程度影響。舉一個日常生活的例子，如果你在白天跟別人發生爭執，或者因為沒繳電費而收到一張停電通知，那麼，晚上你大概沒辦法睡好覺了；又例如你正要做一份商業簡報，或跟老闆討論你目前所遭遇的難題，你大概也會感到肌肉緊繃，胃部也不舒服，或

突然間就頭痛得要命。

近年才開始出現許多支持心的狀態與生理經驗有所關聯的科學證據。理查・大衛森對企業員工所進行的研究，還謹慎地設計過，讓禪修訓練結束時，正好是公司年度流行性感冒疫苗的注射時間。當再度採取受試者的血液樣本時，理查・大衛森發現，曾接受禪修訓練的受試者流行性感冒抗體，比未受訓練的受試者明顯高出許多。換句話說，腦部左前額葉活動發生重大改變的人，免疫系統顯然也增強了。

這樣的結果顯示，現代科學已向前跨進了一大步。和我交談過的許多科學家們早就猜測到心和身體之間有所關聯，但在得到這個研究結果之前，卻沒有任何證據能夠清楚指出這樣的關聯性▼。

在漫長且成果斐然的科學歷史中，科學界幾乎一面倒地在鑽研心與身體的負面現象，反而疏忽了對正面現象的研究。不過，這樣的情形最近有了改變，有愈來愈多科學家開始對快樂、健康的人進行解剖學和生理學的詳盡觀察與研究。

過去數年中，已有相當多的研究結果顯示，正面的心理狀態與各種生理疾病的緩解和預防有著非常強烈的關聯。舉例來說，哈佛大學公共衛生學院社會、人類發展及衛生系助理教授庫桑斯基博士（Dr. Laura D. Kubzansky, Assistant Professor, Department of Society, Human Development, and Health at the Harvard School of Public Health）進行了一項研究，研究小組追蹤調查了大約一千三百位男士過去十年的病史▼。這些研究對象原本是退伍軍人，他們獲得的醫療照顧通常比一般人來得好，因

■《如何克服破壞性情緒？》（*Destructive Emotion: How Can We Overcome Them?*）丹尼爾・高曼著，（New York: Bantam Dell, 2003），第三三四頁。

■詳細內容請參照《身心醫學》（*Psychosomatic Medicine*），六十三，二〇〇一，〈杯子半空還是半滿？規範性的老化研究：樂觀的心態與冠狀動脈心臟病的預期研究〉（Is the Glass Half empty or Half Full? A Prospective Study of Optimism and Coronary Heart Disease in the Normative Aging Study），庫桑斯基（I. Kubzansky et al）等人著，第九一〇～九一六頁。

此他們的病歷相當完整，也易於長期追蹤。

由於「快樂」和「不快樂」的含意過於籠統廣泛，為了讓研究內容更清楚，庫桑斯基博士於是把焦點集中在樂觀和悲觀情緒的特定表現上。這兩種情緒的特性是以標準性向測驗▼（Standardized personality test）來定義：所謂「樂觀」，就是相信你的未來大有展望，因為你認為自己對重要事件的結果有一定程度的掌控力；而「悲觀」則是相信你正在經歷的所有問題都是不可避免的，因為你認為自己的命運不在自己的掌控之中。

研究結束後，庫桑斯基博士發現，對年紀、性別、社經背景、運動狀況、飲酒和抽煙習慣等因素進行統計上的調整之後，被歸類為樂觀者的研究對象，罹患某種心臟病的機率，比所謂的悲觀者少了百分之五十。「我雖然是個樂觀主義者，」庫桑斯基博士在最近一次訪談中說道，「但這樣的結果卻也非常出乎我意料之外！」▼

此外，由杜克大學（Duke University）心理學助理研究教授羅拉·斯馬特·理查門（Dr. Laura Smart Richman）所主持的一項調查研究中，也觀察了「希望」和「好奇心」這兩種跟快樂相關的正面情緒對生理狀態的影響▼。將近一〇五〇位綜合診所的病患同意參與問卷調查，問卷內容包括了他們的情緒狀態、行為模式，以及個人收入、教育程度等資訊。

理查門博士和她的研究小組追蹤了這些病患的病歷長達兩年。同樣地，經過前面所提到的，對控制因素進行統計上的調整後，理查門博士發現，抱持較高希望和

■明尼蘇達多方面個性一覽表（The Minnesota Multiphasic Personality Inventory）。

■《時代雜誌》（*Times*）〈喜樂的生物學說〉，麥克·理蒙尼（Michael D. Lemonick）著，二〇〇五年一月十七日。

■《健康心理學》（*Health Psychology*, 24, no. 4, 2005）之〈正面情緒與健康：超越負面心態〉一文，（Positive Emotion and Health: Going Beyond the Negative），理查門等人著（L. Richman et al)），第四二二～四二九頁。

好奇心的人，罹患糖尿病、高血壓和呼吸道感染的機率較低。理查門博士以刻意降低聳動性的典型謹慎科學語言，為她的研究下了結論：結果顯示「正面性情緒可能可以在疾病形成前扮演保衛者角色。」

■出處同前注。

關於喜樂的生物學說

所依即為無上珍貴的人身。

岡波巴大師，《解脫莊嚴寶鬘》，英譯：堪布貢秋・嘉晨仁波切

我們的心很有趣，倘若你問自己一個問題，然後靜靜地傾聽，答案通常會自動出現。因此，我相信現代科學之所以會發展出檢驗心對身體產生作用的各種科技，就是因為現代科學家對身心關係的研究逐漸發生興趣。目前，科學家們都以相當謹慎的態度提出問題，而他們所得到的答案，雖然很令人興奮，但還不能說是真正的結論。因為關於快樂與其特性的科學研究仍在初步發展階段，我們應該容許一些不確定性，好給科學發展一段時間去經歷成長的青澀過程。

在此同時，科學家也開始將一些客觀訊息銜接起來，或許有助於解釋佛法訓練的有效性。比方說，理查・大衛森在研究對象身上採取的血液樣本顯示，跟正面情緒有關的腦部前額葉活動很旺盛的人，其可體松（cortisol）——腎上腺在反應壓力時，自然分泌出來的賀爾蒙——分泌程度相對較低。而由於可體松通常會抑制免疫

■《喜樂的生物學說》，麥克・理蒙尼（Michael D. Lemonick）著。

系統的功能，因此我們可以說，認為較有自信、較快樂、較有能力掌控自己的生活，跟擁有強壯、健康的免疫系統之間，有著某種關聯性。相反地，大體上感到不快樂、失控，或必須依賴外在條件的人，可體松的分泌通常比較高，這樣就會削弱免疫系統，讓我們容易被各種生理疾病侵襲。

認證空性的利益

你自己成了活生生的教法，你自己成了活生生的佛法。

邱陽．創巴仁波切，《幻相的遊戲》

本書第二部所描述的任何一個禪修法門，都有助於緩解「失控感」，只要我們能夠耐心地觀察每個當下的念頭、情緒和感官知覺，逐漸地，我們就會認出這些現象並不是原本真實存在的。如果你所經歷的每一個念頭或感受都是原本真實的「東西」，那麼，它們全部加起來的重量就可以把你的腦袋瓜壓碎！

我的一個學生有次說道，「透過禪修，我瞭解到，所謂的感受並不是事實；它們隨著我自己當下不安或平靜的狀態來來去去，如果它們是真實的，那麼不管我所處的情況如何，它們應該都不會改變才對。」

我們也可把這個道理用在念頭、所接收的對境及身體的觸受上。根據佛陀的教導，這些全部都是空性無限可能的瞬息表現；它們就像機場裡南來北往，忙著趕去不同城市的人們一樣。你如果問這些人為何來到機場，他們一定會告訴你：「只是途中經過而已。」

那麼，認知空性又如何能減輕造成生理疾病的壓力呢？前面我們曾經探討過，我們可以將空性比喻為夢境經驗，也舉了「汽車」的例子；我們的夢中車並不「真實」，並非真實世界的工廠以各種實質零件所組合而成。然而只要還在夢中，我們開著車，到處兜風的經驗就會顯得很真實。我們真的很喜歡開著車，到處去跟親朋好友炫耀的這種「真實」體驗。但如果發生車禍，我們便會經歷「真實」的痛苦。然而，夢中車並不真實存在，對不對？就是因為我們陷在夢境的無明愚痴中，所以夢中開著車所經歷的一切才顯得那麼真實。

但是，即使在夢中，某些世俗常規還是會強化我們對夢境真實性的認同。例如夢到瀑布時，一般而言水都會往下流；夢到火時，火焰則是上揚的。而當我們的夢境變成夢魘，比如說，夢中發生了車禍，或夢到自己被迫從高樓跳下摔落地面，抑或被迫穿過火焰時，這些在夢中所經歷的痛苦似乎非常真實。

現在我要問你一個可能比前面所問，較難回答的問題：如何在尚未醒來的狀態下，讓自己從夢境的痛苦中解脫出來？

我曾經多次在公開授課中問過這個問題，得到的答案五花八門，什麼都有。有些答案非常有趣，例如有人建議應該聘請有神通的管家，因為他能直覺地認出你的痛苦，然後進入你的夢境，引導你度過難關。我可不知道坊間有幾個魔法管家可供聘請，也不知道如果在履歷表上註明自己的特殊才能是神通力的話，是否可以增加被雇用的機會……。

還有其他人建議說，清醒時花多一點時間做禪修，就會增加做美夢的機率。可惜的是，我在世界各地認識這麼多人，卻還沒聽說過有人可以這麼做。另外也有人說，夢到從高樓跳下時，你可能會突然發現自己會飛。我不知道這是如何或為何能做到，不過，這個建議聽起來挺冒險的。

極其難得地，有人建議說，最好的解決方法就是在夢中認出你正在作夢。就我所瞭解，這就是最好的答案了。陷入夢境時，如果可以認出自己正在作夢，那麼，你就可以在夢中隨心所欲地做自己想做的事：你可以從高樓跳下，一點都不會摔傷；也可以跳入火中，而不被燒傷；你可以在水面上行走，而不會被淹死；如果你開著夢中車出了車禍，也可以毫髮無傷地逃過一劫。

這裡的重點是，藉由訓練自己認出一切現象的空性，你可以在清醒的時刻達成驚人的成就。大部分人在清醒時，都還是困在跟夢境經驗相同的侷限與困惑的迷妄中。但是，如果你每天都能花一點時間——即使只是幾分鐘——詳加檢驗自己的念頭和所接收的對境等，你慢慢就會愈來愈確信，也會愈來愈能覺知地認出，日常生活的種種經驗，其實並不如你以往所想那般堅實不變；以前你認為很真實的神經元間話也會逐漸轉化，你的腦細胞和感官細胞之間的溝通也會隨之有所改變。

不過要牢牢記住，這個「改變」是個非常緩慢的過程，你必須給自己一點時間，依著自己的本性，讓這轉化過程依著自己的節奏自然發生。如果你企圖加速這個過程，充其量只會讓自己失望，最糟糕的是，還會傷害到你自己。（比方說，才禪修空性一、兩天，我就絕對不會建議你試圖要穿越火焰。）

想要認證自己全部的潛能——佛性，毅力與精進是不可或缺的，而關於這一點，我想不出有比電影「駭客任務（Matrix）」第一集更貼切的例子了。這部電影之所以讓我印象如此深刻，不僅因為它描述了被困在虛擬世界（matrix）的人們經歷了所謂「相對真理」，直到最後才發現，一切竟然是個幻相。而男主角尼歐（Neo），雖然具有各種配備之便、受過各種訓練，還是得花上好一段時間才認出他從小以為是真實的個人極限，其實只是自心的投射罷了。剛開始必須對抗這些挑戰時，他心中非常害怕。我很能體會他的這種恐懼感。雖然有莫菲（Morpheus）這位老師指引他、教導他，他還是很難相信自己真正擁有的能力——這種經驗我也有過，當能夠展現自心本性全面潛能的大師們初次對我指出我自身的本性時，我也覺得難以置信。電影最後，尼歐必須親自體驗他所學習到的知識是真實不虛之際，他才真正能夠讓子彈停在半空中、在空中飛翔，還能夠預知未來。

但是，他還是得循序學習才能做到這些事。所以呢，千萬不要禪修個兩、三天就以為自己可以安然無事地在水面上行走或飛越高樓。你最可能注意到的第一個改變是，你會體驗到更大的開闊感和自信，能夠更誠實地面對自己，並且能夠比以前更快速地認出旁人的念頭和動機。這可不是微不足道的成績，這可是智慧的開端！

如果持續練習下去，你本性中所有美好的特質就會逐漸展露；你會認識到，自心本性是無法被傷害或被摧毀的，你甚至可以在旁人都還搞不清楚他們自己的念頭和動機之前，就能「讀出」他們的心念；你也會更有能力看清楚未來，並看到自己和旁人所作所為的後果是什麼。最重要的一點是，你將會領悟到：無論你有什麼恐懼，無論你的身體發生了什麼變化，你的真實本性是真正堅不可摧的。

第十八章 310

向前邁進

要仔細思惟擁有珍貴人身的好處。

蔣貢・康楚・羅卓泰耶，《了義炬》，英譯：茱蒂斯・漢森

所有被現代科學家深入研究過的生物當中，我們可以肯定地說，只有人類具備審慎選擇自己人生方向的能力，也只有人類能夠分辨哪些抉擇是通往短暫快樂的山谷，而哪些又是進入恆常寧靜與福祉的樂土。雖然基因的影響可能會讓我們執著於短暫的快樂，但我們也天生具備認知內在更深刻恆久的自信、寧靜和福祉的能力。

在一切有情眾生之中，人類因清楚認知到在理智、情緒和生存本能之間建立聯繫的必要性而一枝獨秀，也因而創造出一個宇宙——不僅是為了自己和後代的子子孫孫，也為了所有能感受到煩惱、恐懼和痛苦的其他生物——在這宇宙中，一切有情眾生都可以滿足安然地和平共存。

即使我們渾然不覺，這個宇宙已經存在了。佛法的目標，就是在發展認識這個宇宙的能力，這個宇宙只是原本就存在自心的無限可能性。為了認識它，我們必須學會如何安住自心，唯有透過安住自心於本然的覺知，我們才能開始能認知到：

「我」，不是「我的念頭」、「我的感覺」、「我所接收的對境」。念頭、情緒和感知的對境只是身體的功能。身為佛教徒，我所學到的一切，以及我所知道關於現代科學的一切，都向我顯示人並非只是身體而已。

本書所提到的禪修練習，只是讓你邁向了悟自心全然潛能——「佛性」的第一階段。光是熟習這些安定自心的法門，並培養出慈心和悲心，就已經足以讓你的生命產生意想不到的改變了。有誰不想在面對困境時能夠感到自信鎮定？有誰不想減低或消除自己的孤立感？有誰不想要直接或間接地幫助他人得到快樂；並因而創造出良好的環境，讓我們自己，更讓我們所關愛的眾生與未來的世代子孫都可以興盛成長？誰不想要這樣？想要創造這些奇蹟的話，我們只需要一點點安忍的毅力、一點點精進的精神，還有一點點放下對自己和周遭世界既定成見的意願。我們只消練習一下如何在人生的大夢中清醒過來，並認出夢中經驗和作夢者的心之間並無不同就行了。

就如同夢中的景色是無所不有的，你的佛性也是如此。過去許多佛教大師神奇的生平故事中，都曾提到過這些大師能夠在水面上行走、毫髮無傷地穿越火焰，還可以用心電感應跟遙遠的弟子溝通。而我父親也能夠在沒有麻醉的狀態下接受眼部手術，當醫生切入敏感的眼部皮膚和肌肉組織時，他一點兒也不感到疼痛。

我還可以和你分享幾個有趣的故事，故事主角生於廿世紀，並以有情眾生的身分證得了全然的了悟；這個人就是十六世噶瑪巴，是藏傳佛教噶舉派的前一任法王。一九五〇年代末期西藏動亂不安之際，法王和一大群追隨者抵達北印度的錫金（Sikkim）。安頓下來之後，法王創建了一座大寺院、幾所學校，以及數個不同機構，藉以幫助西藏流亡人民社區的發展。錫金的社區穩定之後，噶瑪巴便開始旅行世界各地，教導當時逐漸增加，對藏傳佛教特色有所注意的人們。噶瑪巴在歐洲與北美行遊時，多次展現了所謂的奇蹟，比如在堅硬的石頭上留下腳印、為美國西南方嚴重乾旱的區域帶來雨水，還有一次在霍皮族印第安人（Hopi Indians）的領地上，令泉水從沙漠中自然湧出。

十六世噶瑪巴的圓寂，更對那些見證者生動展現了自心本性的特質。一九八一年，噶瑪巴在芝加哥市郊的一家醫院中接受癌症治療。但他的病情讓醫療小組困惑極了，因為他的症狀時而出現，時而消失，卻查不出明顯原因；有時候症狀全部消失了，但稍後又在尚未受到感染的身體部位出現。根據描述，這種狀態「就好像他的身體在跟醫療設備開玩笑似的。」▼在種種磨難之中，噶瑪巴卻從未抱怨過任何疼痛，他比較關心的反而是醫院員工的福祉。許多醫院員工經常來探望他，為的就是要感受他從內心發散出來，那種不為病痛折磨的極度寧靜與慈悲。

噶瑪巴圓寂之後，隨侍在側的喇嘛和其他藏人請求院方，是否能依照西藏大師圓寂時的習俗，將噶瑪巴的遺體靜置三天，不要受到任何打擾。由於醫院員工對噶瑪巴有著極為深刻的印象，行政部門答應了這項特殊的請求，沒有馬上將他的遺體移到太平間，而是留在病房中，維持圓寂時的禪修坐姿。

■《噶瑪巴》（*Karmapa*），肯．福爾摩斯著（Forres, Scotland: Altea Publishing），一九九五年出版，第卅二頁。

醫生們在這三天之中持續觀察了噶瑪巴的遺體。根據他們的紀錄，噶瑪巴的身體並沒有死後僵硬的現象，而且心臟部位的體溫跟活人幾乎一樣。即使是二十多年後的今天，噶瑪巴遺體的狀態仍是醫學所無法解釋的，也在所有見證者心中留下難以抹滅的深刻印象。

我認為十六世噶瑪巴決定接受西方醫學的治療，並於西方醫院中圓寂，是他留給人類最後，也是最美好的禮物；他對西方科學界展現了一項事實：我們人類確實擁有一些常理無法解釋的能力。

尋找上師

你需要一位真正的精神導師的指引。

第九世嘉華噶瑪巴，《大手印了義海》，英譯：伊莉莎白．克拉漢

關於過去或當代大師們，有一件值得注意的事，那就是他們都經過相似的訓練過程。他們先是練習本書所提到的安定自心與發展慈悲心的諸多法門，之後便透過更具智慧與經驗的老師引導，開展自己全然的潛能。如果你想要更深入地探索並體驗自己全然的潛能，那麼，你就需要一個指引者，一位上師。

什麼是一位好上師應有的特質？首先，他必須遵循某個傳承的訓練，否則他或她有可能會出於我慢而假造戒律或修持方式，也有可能誤解書中的知識，然後又將

錯誤的知識傳給弟子。此外，接受公認傳承訓練出來的老師的指導，會讓你獲得一種深刻且微妙的力量，也就是本書第一部中所描述「互為緣起」的力量。當你跟著某個傳承訓練下的老師學習時，你就成為這個傳承「家族」的一分子，就像你在原生家庭中耳濡目染地學習，你也從對傳承上師的觀察與互動裡學到無價的教導。

除了得受過某個傳承的訓練之外，一位具格上師也必須展現慈悲。他無須透過言語的表述，而是以自己的行持微妙地展現自己的了悟。千萬要遠離那些大肆吹噓自己有什麼成就的老師，因為這種大話或自吹自擂肯定是沒有獲得證悟的徵兆。已有證悟的老師絕對不會提到自己的成就，反而傾向於宣揚自己老師的品德。你可以透過他們所展現出來的氣質威儀，感受到他們的德行；就像黃金反射出光芒一樣，你看不到黃金本身，而是看到金色閃耀的光芒。

選擇快樂

動機就是心的業力。

《阿毗達磨藏》（*Gunaprabha*），英譯：伊莉莎白·克拉漢

只要看小孩子玩電玩時，沉溺在按鈕殺敵或贏得點數，你就知道這些電玩多麼令人著迷。然後你退一步想，錢財、感情或其他你曾經玩過的成人「遊戲」，是不是也同樣讓人上癮？成人和小孩子之間最大的不同就在於，成人已有過這樣的經

驗，也知道要從這些遊戲中退出；成人可以選擇更客觀地觀察自己的心，而且能夠對那些還做不到這樣選擇的人生起慈悲心。

本書前面說過，一旦下定決心要開發對自心佛性的覺知，你勢必會在日常生活中看到自己的改變；以前曾經困擾你的人事物，會逐漸失去對你的影響力；你會更具有直覺性的智慧，更放鬆，心胸更寬廣，你也開始可以認出「障礙即是成長的契機」。隨著假相的受限感和脆弱感逐漸消退，你就會發現內心深處那個真正自我的莊嚴偉大。

最棒的是，由於開始看到自己的潛能，你也會在周遭每個人身上認出這樣的潛能。佛性不是少數人才能擁有的特權，「真正」認出自心的佛性時，你會體會到佛性有多麼普遍平常；你會看到每個眾生都具有佛性，只不過並非每個眾生都有能力認出自心本具的佛性罷了。因此，曾經對你大吼大叫或做出傷害性舉動的人，你都不會再對他們關閉心門了，你的心會變得更加寬廣。你會認出，他們並非混蛋，他們跟你一樣，都想要快樂與平靜，而他們之所以會做出那些混蛋的行為，是因為他們尚未認出自己的真實本性，因而被脆弱感和恐懼感淹沒了。

你可以簡單的祈願作為修持的第一步，祈願自己下次做得更好，祈願自己能夠以更加正念覺察的心來從事所有的活動，祈願自己可以更寬大地對待他人。動機，是決定我們到底會痛苦還是平靜的，最重要，也是唯一的因素。正念覺察和悲心其實是同步發展的，你愈是能正念覺察，就愈容易變得更加慈悲；而你愈是能夠心胸寬廣地對待他人，從事任何活動時就愈能夠覺知。

無論何時，你都可以自行選擇要隨著那些會強化自我脆弱感和受限感的念頭、情緒和感官知覺而到處流轉，還是記得你的真實本性是清淨、無限且無法被損傷的；你可以繼續在無明愚痴中沉睡，也可以記得你當下就是覺醒的，而且一直都是覺醒的。無論身處哪一種狀態，你都是在展現自身真實本性無限的本質，愚痴、脆弱、恐懼、瞋恨及欲望等，也都是你佛性無限潛能的展現，而無論哪一種選擇，都沒有本質上的對或錯。佛法修持的成果，就是認出所有煩惱只不過是我們現有的選擇罷了，因為我們真實本性的境界是無限寬廣的。

我們選擇愚痴，是因為我們「可以」愚痴；我們選擇覺知，是因為我們「可以」覺知。輪迴和涅槃只不過是我們選擇如何檢視和瞭解自身經驗的兩種不同觀點罷了。涅槃並不神奇，輪迴也沒啥不好，如果你決定把自己想成是受限的、害怕的、脆弱的，或由於過去的經驗而感到驚恐的話，你要知道，是你自己「選擇」要這麼認為的。但是也要記得，你永遠都有機會選擇以不同方式來體驗自己。

佛法之道，主要是讓我們可以在熟悉感與實際性之間自行做選擇。毫無疑問地，維持熟悉的念頭和行為模式會讓我們擁有某種舒適和穩定感，一旦跨出舒適、熟悉的範圍，勢必就得踏入陌生經驗的領域，而這可能會讓我們感到非常恐懼。這就像是我在閉關時體驗到那個不安的灰色地帶一樣，你不知道到底應該退回自己雖恐懼卻熟悉的狀態，還是乾脆一咬牙，迎頭面對可能只因不熟悉才感到的恐怖經驗。

好幾個學生告訴我，就某種意義而言，放下熟悉的過去，選擇認出自己全然的潛能，有點像是結束一段受傷的感情一樣，在做了斷時，同樣都會感到既失敗又不甘願。然而這兩者之間最重要的差別在於，當你進入佛法修持之道時，是你與你自己了斷那段傷害自己的感情。當你選擇認證自己真正的潛能時，你就會逐漸發現自己輕視自己的次數減少了，對自己的觀感也變得較為正向且健康；你的自信增長了，單純的生活之樂也愈來愈多。同時，你也開始認出周遭每個人都擁有同樣的潛能，無論他們對它是否有所瞭解。你不再把旁人視為某種威脅或對手，你發現自己開始有能力「認出」並「同理」他們的恐懼和痛苦，並且能夠自然地以建設性的方式回應他們，向他們強調問題的解決之道，而非製造更多問題。

快樂的追尋到最後其實只剩下兩種選擇，你可以選擇「覺察煩惱時產生的不安」，或選擇「被煩惱控制的不安」。雖然我們說要單純地安住在覺察念頭、感受和所接收對境的覺性中，並認出這些都是身心之間互動的產物，但我可不能擔保這個過程一直都很愉快。事實上，我可以向你保證，以這種方式觀照自己，有時候是極度痛苦的，就像開始任何新的嘗試，比方到健身房運動、開始一個新工作或開始節食一樣。

最初幾個月總是很困難；為了熟練一份工作，必須學習所有必要技巧其實是很辛苦的；要激勵自己去運動也不容易，而要你每天都吃健康飲食也很難。但過了一陣子，困難消退之後，你就會逐漸感受到喜悅的成就感，這時，你整個「自我的觀感」也會開始轉變。

禪修也是如此。最初幾天你可能有非常好的覺受。但過了一個星期左右，禪修變成一種考驗了：找不出時間、發現打坐很不舒服、無法專心，或者感到很累——你遇到障礙了。就像賽跑選手要加跑半公里作為訓練一樣，身體會說：「我沒辦法！」心卻說：「我應該這麼做！」這兩種聲音都不怎麼討人喜歡，事實上，它們的要求都讓人覺得滿吃力的。

我們常說佛法是「中道」，因為佛法提供了第三種選擇。假如你下一秒鐘再也無法安住在聲音或燭火上，拜託你就停下來吧！不然禪修就會變成一件苦差事，每到固定時間，你就會想：「糟了！現在是七點十五分，我應該去打坐以便能生起快樂。」這樣做是不會進步的。但從另一方面來看，假如你發現自己可以再持續個一、兩分鐘，拜託就請繼續吧！你所學到的東西可能會讓你驚奇不已；你可能會發現，自己的抗拒感背後藏著一個你不想承認的念頭或感受；或者你也可能發現，自己能夠安住的時間比原先想像得還久。僅只是這發現就會讓你對自己更有信心，同時也能減少可體松的分泌，增加體內的多巴胺，並刺激大腦左前額葉的活動。這些身體的轉變提供了安定感、穩定感與信心的生理基準（physical reference point），會讓你的生活產生巨大的變化。

然而最特殊的是，不論你禪修時間多久，不論你運用什麼禪修技巧，也不論我們覺察與否，每一種佛法的禪修技巧最後都會引發慈悲心。每當你看著自己的心時，實在無法不看到自己與他人的相同點；當你看到自己「渴求快樂」的欲望時，一定也會看到他人有著相同的欲望；當你清楚觀照自己的恐懼、憤怒或瞋恨時，實在無法不看到周遭的人也都有著相同的恐懼、憤怒與瞋恨。當你看著自己的心時，所有虛構的自身與他人的差異就會自動消融，而古老的祈願「四無量心」就會變得像是自己的心跳般自然且持續：

願一切有情具樂及樂因，

願一切有情離苦及苦因，

願一切有情具喜及喜因，

願一切有情遠離怨親愛憎，常住大平等捨。

附錄

名詞解釋

三劃

三昧耶（Samaya）：梵文，誓言或承諾。

三轉法輪（Three Turning of the Wheel of Dharma）：佛陀在不同時期、不同地點，針對經驗之本質所教導的三套教法。

下視丘（Hypothalamus）：腦邊緣區域最底層的神經構造，負責促使將賀爾蒙釋放到血液中。

大手印（Mahāmudra）：梵文，也譯為「大印」。

大悉達（Mahāsiddha）：梵文，通過種種嚴苛的考驗，而獲得甚深了悟的成就者。

大腦皮質層（Neocortex）：腦部的最上層，是哺乳動物特有的構造，提供了推理、形成概念、計畫及微調情緒反應的能力。

四劃

不善（Mi-gewa）：用以形容會削弱力量的事物，一般都譯為「不善」。

互為緣起（Interdependence）：種種不同因緣條件聚合，而造成某種經驗。

心（Mind）：「存在」的一種跟心識有關面向。另參照「語」、「意」。

心（Sem）：藏文，能知者。

心子（Heart Sons）：佛法大師的主要弟子。

五劃

四聖諦（Four Noble Truths）：佛陀證悟後，在鹿野苑初次的教導，後以「四聖諦」名之，佛陀四聖諦的教導亦廣知為三轉法輪中的初轉法輪。

本然心（Natural mind）：或稱「平常心」，佛學名相，處於本身自然狀態中的心，超越所有概念的限制。另參照「佛性」、「證悟」。

正念（Mindfulness）：佛學名相，把心安住在念頭、情緒和感受經驗的純然覺性中。

六劃

光子（Photon）：光粒子。

光譜（Spectrum）：一組能量的階層，每種原子的光譜都不盡相同。

如來藏（Tathagatagarbha）：梵文，「通過此道者的本性」，以形容證得圓滿菩提的人，也譯為「佛性」、「證悟本質」、「平常心」、「本然心」。

有情眾生（Sentient being）：具有思考或感受能力的任何生物。

自律神經系統（Autonomic nervous system）：腦幹部位的神經系統，能自動調節肌肉、心臟與腺體的反應。

行菩提心（Application bodhicitta）：透過認證有情眾生的佛性，以實際行動幫助眾生從各種痛苦及苦因之中解脫。另請參照「絕對菩提心（勝義菩提心）」、「願菩提心」、「菩提心」、「相對菩提心（世俗菩提心）」等詞。

七劃

佛性（Buddha nature）：一切有情眾生的自然狀態，無比地覺知、慈悲，且能夠無限地展現。另參照「證悟（菩提）」、「本然的心」。

身（Body）：所謂「存在」的生理現象，另參照「語」、「意」。

八劃

卓千（Dzogchen）：或譯「佐欽」、「左千」，指大圓滿禪修。

咒語（Mantra）：梵文，用來重複唸誦的特殊組合的古老音節。

念珠（Mala）：梵文，用來計算持咒次數的串珠。

明性、清明（Clarity）：自然的覺性，自心能無限覺察的能力，也被為「心之明光」。

法（Dharma）：梵文，即真諦，或一切事物原本的真實面。

爬蟲類腦（Reptilian brain）：人類腦部最低層最古老的組織層，負責控管許多非自主性功能，諸如：新陳代謝、心跳，以及對抗或逃避等反應，另參照「腦幹」。

空（Tongpa）：藏文，無法描述、不可思議、無以名狀、缺乏任何一般名詞之意義。

空性（Emptiness）：一切現象（萬法）原本無法描述的根源，所有的一切都能從中生起。另參照「絕對真理」、「空性」。

空性（Tongpa-nyi）：藏文，請參照「空性」。

九劃

度趁（Dul-tren）：藏文。亦即微塵，極微小的粒子。

度趁恰美（Dul-tren-cha-may）：藏文，極微塵，不可再分割的粒子。

施受法（Tonglen）：藏文，字面意義為「傳送與承擔」。將個人所有的快樂送給其他有情眾生，並承擔他人痛苦的一種修持。

相對真理（Relative reality）：念頭、情緒和感受每一瞬間不斷改變的經驗。

相對菩提心（Relative bodhicitta）：或稱「世俗菩提心」，在自他相對的架構之下，欲想幫助一切有情眾生認證自身佛性的一種發心。另參照「勝義菩提心」「行菩提心」、「願菩提心」、「菩提心」等詞。

突觸（Synapse）：神經元之間溝通的相接空隙處。

十劃

娑婆或輪迴（Samsara）：梵文，字面意義為「車輪」，以佛法角度而言，指的是痛苦不斷輪轉循環。

息內（Shinay）：梵文「Shamate」的藏文翻譯，即「止」的修持，讓心平靜地如實安住。另參照「奢摩他」。

海馬迴（Hippocampus）：腦的神經元組織之一，負責組織語言和空間方面的記憶。

涅槃（Nirvana）：梵文，字面意義為「熄滅」或「吹熄」（就如同吹熄燭火一樣），一般解釋為「熄滅」或「吹熄」我執或「我」的概念之後，所生起的完全喜樂的狀態。

祖古（Tulku）：藏文，轉世活佛，選擇以人身轉世的證悟大師。

神經元（Neuron）：神經細胞。

神經元同步（Neuronal synchrony）：神經元跨越腦部不同區域，彼此之間自發且瞬間產生的溝通過程。

神經可塑性（Neuronal plasticity）：能夠以新神經元連結來取代舊神經元連結的能力。

神經傳導素（Neurotransmitter）：在神經元之間傳送電子化學訊號的一種物質。

十一劃

動作電位（Action potential）：神經元之間訊號的傳遞。

奢摩他（Shamata）：梵文，即「止」的修持，讓心如實地安住，另參照「息內」。

奢薩袓羅（Shastra）：梵文，針對佛陀在世時所教導的觀點或名相等所作的論書或釋論。

速度（Velocity）：粒子移動的速率和方向。

十二劃

悲心（Nying-jay）：藏文，心全然直接延伸擴展的狀態。

無障礙（Magakpa）：藏文，不受障礙，一般譯為「能力」或「力量」，是佛性的一種面向，超越個人慣有的受限感。

絕對真理（Absolute reality）：也作「勝義諦」，能使任何事物生起的無限潛能，另參照「空性」一詞。

絕對菩提心（Absolute bodhicitta）：也作「勝義菩提心」，對自心本性的直接洞察，另參照「行菩提心」、「願菩提心」、「菩提心」及「相對菩提心（世俗菩提心）」等詞。

善根（Gewa）：藏文，形容能賜予力量或增強力量的事物，常譯為「善」。

菩提心（Bodhicitta）：梵文，覺醒的心。另請參照「勝義菩提心」、「行菩提心」、「願菩提心」、「相對菩提心」等詞。

視丘（Thalamus）：腦部正中央的神經元構造，負責將感受訊息彙整過後，再傳到腦部的其他部分。

軸突（Axon）：神經元的主幹。

十三劃

慈心（Loving-kindness）：佛教名相，指的是希望其他有情眾生，甚至是那些我們不喜歡的眾生，都可以體驗自己也渴望感受到的喜悅和自由。

業（Karma）：梵文，指行為或活動。

經（Sutra）：梵文，字面意義為「縷線」，以佛學名相而言，特別指的是佛陀多年以來教導的所有言教「串連」起來。

經部（Sautantrika）：梵文，佛教哲學早期的一個學派。

腦邊緣區域（Limbic region）：腦部中層組織，包含了讓我們得以經驗情緒和撫育衝動的神經元連結。

腦杏仁核（Amygdala）：腦部的神經元組織之一，負責產生情緒性記憶，特別是恐懼和愉悅感。

腦幹（Brain stem）：人類腦部最低且最古老的一層，負責控管非自主性功能，諸如新陳代謝、心跳以及對抗或逃避反應。另參照「爬蟲類腦（Reptilian brain）」。

腦邊緣共振作用（Limbic resonance）：一種腦對腦的能力，能夠透過臉部表情、費洛蒙、肢體語言和肌肉位置，而認出他人的情緒狀態。

腦邊緣修正作用（Limbic revision）：透過跟他人直接互動的經驗，而改變或修正腦邊緣區域之神經元迴路的一種能力。

補盧沙（Purusha）：梵文，字面意義為「具有力量者」，通常指的是人類。

雷甦容哇（Le-su-rung-wa）：藏文，可塑性。

電子（Electron）：帶電的次原子粒子。

十四劃

寧瑪（Nyingma）：藏文，可略譯為「舊有的」，特別指的是藏傳佛教最古老教派「寧瑪派」，約於西元七世紀時創立。

緊巴（Dzinpa）：藏文，緊握或執持。

語（Speech）：一種存在的面向，涉及以言語或以非言語的溝通。

說一切有部（Vaibhasika）：梵文，即「有部」，佛教哲學早期的一個學派。

質量（Mass）：此為科學用語，指物體中所包含的物質計量。

十六劃

噶瑪巴（Karmapa）：藏傳佛教噶瑪噶舉派傳承的法王。

噶舉（Kagyu）：藏傳佛教四大教派之一，上師以口傳的方式傳授教法給弟子。藏文「噶」指的是「語」，而「舉」指的是傳承。

學柵（Shedra）：藏文，佛學院之意。

十七劃

禪修（Gom）：藏文，字面意義為「熟悉之」，一般則說為「禪修」。

十八劃

證悟（Enlightenment）：或作「菩提」，佛學名相，一種對自身佛性確鑿且不可動搖的認識。另參照「佛性」、「本然心」。

十九劃

願菩提心（Aspiration bodhicitta）：一種想要度脫眾生，使其得以認證其佛性的熱切發心。另請參照「絕對菩提心（勝義菩提心）」、「行菩提心」、「菩提心」、「相對菩提心（世俗菩提心）」等詞。

致謝辭

我要感謝我的每一位老師，包括尊貴的泰錫度仁波切（H.E. Tai Situ Rinpoche）、尊聖的頂果・欽哲仁波切（H.H. Dilgo Khyentse Rinpoche）、薩傑仁波切（Saljay Rinpoche）、紐舒・堪仁波切（Nyoshul Khen Rinpoche）、我父親祖古・烏金仁波切（Tulku Urgyen Rinpoche）、堪千貢噶・旺秋仁波切（Khenchen Kunga Wangchuk Rinpoche）、堪布洛桑・天津（Khenpo Losang Tenzin）、堪布竹清・南達（Khenpo Tsultrim Namdak），以及堪布札西・嘉晨（Khenpo Tashi Gyaltsen）、竹奔喇嘛・竹清（Drupon Lama Tsultrim）、我祖父札西・多傑（Tashi Dorje），以及法蘭西斯寇・斐瑞拉博士（Dr. Francisco J. Varela），感謝他們對我的啟發與教導。

還要感謝理查・大衛森博士（Dr. Richard Davidson）、安東尼・露茲博士（Dr. Antoine Lutz）、奧菲・夏皮爾博士（Dr Alfred Shapere）、福瑞・庫伯博士（Dr. Fred Cooper）、羅拉・庫桑斯基博士（Dr. Laura D. Kubzansky）、羅拉・斯瑪特・理查門博士（Dr. Laura Smart Richman），以及安東尼亞・孫本杜（C.P. Antonia Sumbundu），感謝他們不厭其煩地提供我科學資訊，並解答我的疑問。

另外，也要感謝幫忙校對與文稿編排的安・班森（Anne Benson）、阿尼蔣諄（Ani Jamdron）、亞歷斯・堪貝爾博士（Dr. Alex Campbell）、克理斯丁・布魯雅（Christian Bruyat）、喇嘛秋札（Lama Chodraka）、艾文・卡利與摩欣・卡利（Edwin and Myoshin Kelley）、何怡頤博士（Dr. E.E. Ho）、菲力克斯・莫斯博士（Dr. Felix Moos）、海倫・佛肯（Helen Tvorkov）、傑奇・鴻恩（Jacqui Horne）、珍・奧斯汀・亨利（Jane Austin Harris）、吉爾・賽特菲（Jill Satterfield）、賀瑞森・麥祺（M.L. Harrison Mackie）、菲若尼・湯瑪斯威奇・雷蒙斯（Veronique Tomaszewski-Ramses），以及雷士傑博士（Dr. William Rathje）。

本書最後能出版問世，還要感謝我的經紀人艾瑪・斯維尼（Emma Sweeney）、發行人夏耶・阿瑞哈爾特（Shaye Areheart）、編輯約翰・格勒斯門（John Glusman）等人的協助，以及提姆與格林納・歐門斯提（Tim and Glenna Olmsted）、陳美燕（Mei Yen）與蔣智勇（Dwayne Ladle）、羅伯特・米勒（Robert Miller）、克理斯汀・米那尼利（Christine Mignanelli）、喇嘛噶瑪・秋措（Lama Karma Chotso）、伊蓮・普利歐博士（Dr. Elaine Puleo）、蓋瑞・史旺森（Gary Swanson），與南西・史旺森（Nancy Swanson）的支持。

特別要感謝我的哥哥措尼仁波切（Tsoknyi Rinpoche）、喬許・巴倫（Josh Baran）、丹尼爾・高曼（Daniel Goleman）、塔拉・貝納高曼（Tara Bennet-Goleman），

以及喇嘛札西（Lama Tashi），謝謝他們的啟發、愛心，並慷慨提供各方面的協助，促成本書的出版。

最後，我要謝謝艾瑞克．史旺森（Eric Swanson），雖然我一再修改文稿，但他總是以無比的耐心將工作完成；他學識淵博，心胸開放，臉上總是帶著笑容，如果沒有他這麼努力的付出，這本書是不可能完成的。

觀自在系列 BA1010

世界上最快樂的人

作者——詠給・明就仁波切（Yongey Mingyur Rinpoche）
執筆——艾瑞克・史旺森（Eric Swanson）
譯者——江翰雯／德噶（Tergar）翻譯小組
執行主編——田麗卿
文字編輯——田麗卿
美術構成——吉松薛爾
發行人——蘇拾平
總編輯——于芝峰
副總編輯——田哲榮
業務發行——王綬晨、邱紹溢、劉文雅
行銷企劃——陳詩婷
出版——橡實文化 ACORN Publishing
發行——大雁出版基地
地址——231030 新北市新店區北新路三段207-3號5樓
電話——(02)8913-1005 傳真——(02)8913-1056
劃撥帳號——19983379
戶名——大雁文化事業股份有限公司
讀者服務信箱——andbooks@andbooks.com.tw

印刷——中原造像股份有限公司
初版一刷——2008年2月
初版52刷——2024年4月
定價——360元
ISBN——978-986-83880-1-7（平裝）

世界上最快樂的人／詠給・明就仁波切（Yongey Mingyur Rinpoche）著；艾瑞克・史旺森（Eric Swanson）執筆；江翰雯, 德噶（Tergar）翻譯小組譯 .── 初版 .── 臺北市：橡實文化出版：大雁文化發行, 2008. 02
336 面；17×22 公分 .──（觀自在系列；BA1010）
譯自：The Joy of Living：unlocking the secret & science of happiness
ISBN 978-986-83880-1-7（平裝）
1. 佛教修持

225.79　　96023208